STREPHON KAPLAN-WILLIAMS

Im Garten des Herzens

STREPHON KAPLAN-WILLIAMS

Im Garten des Herzens

Die Kindheit als Schlüssel zu persönlichem Wachstum

Kösel

Übersetzung aus dem Englischen: Karin Petersen, Berlin. Die Originalausgabe erschien unter dem Titel »Transforming Childhood. A Handbook for Personal Growth« bei Element Books Limited, Longmead, Shaftesbury, Dorset, England.

ISBN 3-466-34294-5
Copyright © 1990 by Strephon Kaplan-Williams.
© 1993 für die deutsche Ausgabe by Kösel-Verlag GmbH & Co., München.
Printed in Germany. Alle Rechte vorbehalten.
Druck und Bindung: Kösel, Kempten.
Umschlag: Elisabeth Petersen, Glonn.
Umschlagmotiv: Elisabeth Petersen, Glonn.

1 2 3 4 5 6 · 98 97 96 95 94 93

Gedruckt auf umweltfreundlich hergestelltem Werkdruckpapier
(säurefrei und chlorfrei gebleicht)

◊ Wünschenswertes ◊

Gehen Sie durch das Lebensgetümmel mit all seinen Anstrengungen, ohne sich aus Ihrer Mitte bringen zu lassen. Bleiben Sie innerlich still, und achten Sie immer darauf, was Ihren Mitreisenden Freude bereiten könnte.

◊

Spielen Sie im Leben weder die Rolle des ständigen Ja-Sagers noch die des Nein-Sagers, sondern nehmen Sie jeden Augenblick so an, wie er kommt, und handeln Sie aufrichtig und von ganzem Herzen. Stellen Sie sicher, daß Sie wissen, mit wem Sie es zu tun haben, und lassen Sie sich nicht an der Nase herumführen. Aber ziehen Sie bei jeder Begegnung auch in Betracht, daß Sie sich irren könnten. Wer weiß schon, ob nicht auch auf dem Grund des dunkelsten Teiches Gold verborgen liegt?

◊

Gehen Sie nichts und niemandem aus dem Weg. Setzen Sie sich mit allem, was Ihnen begegnet, mutig und bewußt auseinander. Ihre Anwesenheit auf dieser guten Erde ist nicht von langer Dauer. Nutzen Sie sie gut, indem Sie sich allem stellen, was auf Ihrem Weg liegt. Akzeptieren Sie alles als Teil des Planes eines größeren Ganzen.

◊

Schließen Sie Frieden mit Ihrer Seele, denn Sie haben bei keinem Schritt, den Sie tun, Wichtiges ungelöst gelassen. Sie haben sich der Herausforderung gestellt und sind diesen Gelegenheiten – wie recht oder schlecht auch immer – wachsam begegnet, immer auf der Suche nach der stimmigsten Richtung für Ihre Lebensreise.

Sie sind ein Kind des Universums. Mißbrauchen Sie es nicht. Trachten Sie ständig danach, Ihr Leben und Ihren Alltag mit dem in Einklang zu bringen, was das gesamte System nährt und nicht zerstört. Tun Sie sich mit anderen verwandten Seelen zusammen, um die Falschheiten dieser Welt zu berichtigen und neue Denk- und Lebensweisen einzubringen. Halten Sie diesen Erdball und alle, die auf ihm leben, liebevoll in Ehren. Keines von Gottes Geschöpfen existiert ohne sinnvolle Beziehung zum Ganzen.

◊

Beschließen Sie bewußt, auf dem Planeten Erde zu leben. Die Sterne und alles, was uns hier auf Erden leitet, sind voller Zauber. Tanzen Sie mit einer inneren Freude, und suchen Sie die Verbindung zu jenen, die Ihnen helfen, sich an den Sinn des Ganzen anzuschließen. Streben Sie immer nach Bewußtheit, indem Sie die Wahrheiten umsetzen, die jeder Augenblick birgt. Werden Sie weiser in Ihrer Stille. Bringen Sie Liebe zum Ausdruck, aber verbinden Sie sie immer mit einer neuen Bewußtheit.

◊

Stellen Sie sich dem Negativen, ohne dabei zu verweilen. Suchen Sie in allem, was Sie tun, das Positive. Nutzen Sie es sowohl, um eine neue Richtung zu finden und die Fehler und Mängel des Lebens auszugleichen, als auch um die Liebe in sich und anderen zum Wachsen zu bringen. Feiern Sie die Liebe als ein praktisches Tun und nicht als Ideal. Arbeiten Sie in dieser Welt an dem, was Sie reich belohnt mit Sinn und Nutzen. Setzen Sie sich mit Macht auseinander, mit Ihrer eigenen und der von anderen, und nutzen Sie sie für wertvolle Ziele. Aber folgen Sie vor allem der Lebensquelle, dem, was Ihrem Leben Richtung und Lebendigkeit verleiht. Darin liegt eine höhere Freude, die über unser Glück und Unglück hinausführt. Die Seele ist in Frieden, wenn das Zentrum uns führt und trägt.

Übersetzung a.d. Englischen: Karin Petersen, Berlin

Inhalt

Anhang

Vorwort

Dieses Buch enthält das Geschenk des Lebens: das reiche Lebensgefühl, das für unser Wohlbefinden so wesentlich ist und uns so leicht verloren geht, wenn wir anfangen, uns zu panzern, um der schrecklichen Verletzlichkeit zu entkommen, mit der wir alle als Kinder unsere Erfahrungen machen.

Strephon schreibt mit tiefem Verständnis, Einfühlungsvermögen und Mitgefühl – eine ungewöhnliche Kombination von fachlicher Kompetenz und verletztem Kind. Er bringt sich selbst als fühlendes Wesen in seine Arbeit ein und ermöglicht damit seinen Leserinnen und Lesern, das gleiche zu tun. Es wird Ihnen schwerfallen, sich mit diesem Buch zu beschäftigen und dabei passiv zu bleiben – und darin liegt der wahre Wert seiner Arbeit. Sie ruft nach einer Antwort, nach Einlassen und Engagement, und zwar mit einer Stimme, die ebenso zwingend wie wohlklingend ist, so daß man ihr nur schwer widerstehen kann.

Dieses Buch führt auf den Weg der Transformation der eigenen Person; die Arbeit mit ihm hat bei mir selbst, vielen Klienten, Studenten und Freunden viel bewirkt. Wenn Sie bereit sind, das Risiko einzugehen, sich selbst mehr zu finden, sich dafür zu öffnen, wie Ihre Kindheit wirklich für Sie war, und anfangen, sich mit Ihrem verletzten und auch wunderbaren inneren Kind zu versöhnen, dann hat Ihnen das Prinzip der Synchronizität einen verläßlichen und liebevollen Begleiter für Ihre Reise beschert.

Sie können sicher sein, daß dieser Reiseleiter den Weg selbst gereist ist und Ihnen uneingeschränkt mitteilt, was er dabei erlebt hat. Sie sind im Begriff, eine fruchtbare und herausfordernde Beziehung einzugehen – mit diesem Buch, mit Strephon und natürlich mit sich selbst.

Eine Beziehung mit Strephon ist niemals leicht, auch nicht, wenn sie über ein Buch läuft. Er wird Sie immer wieder zum Nachdenken bringen. Er wird Sie mit sich selbst konfrontieren, Sie bewegen, alte Gefühle und Erinnerungen noch einmal zu durchleben, um Ihnen dann zu zeigen, wie Sie sie verarbeiten und heilen können. Er wird Sie wütend machen und Sie amüsieren. Sie werden sich ganz gewiß nicht langweilen. Und er ist auch feinsinnig und bahnt Ihnen einen klug gewählten Pfad durch die Vielschichtigkeiten des kindlichen Lebens bis hin zum Potential für ein Leben als bewußter, engagierter Erwachsener.

Aber konzentrieren Sie sich nicht zu sehr auf das mögliche Ziel. Kosten Sie den Weg aus, er hat Ihnen viel zu bieten. Gute Reise!

Ich selbst bin weite Strecken des Weges allein gereist. Ich kam zu dieser Arbeit als Autodidaktin in Traumarbeit, die ich zunächst für mich selbst machte, um später dann auch Traumgruppen in Südwestengland zu leiten. Meine eigene Entwicklung ist also das Produkt dieses Prozesses, den ich in vieler Hinsicht für eine Alternative zur traditionellen Therapie halte.

Nach meiner Ausbildung in transpersonaler Psychologie begann ich als Beraterin und Traumtherapeutin zu arbeiten. Als ich Strephons Bücher entdeckte, hatte ich das Gefühl eines glücklichen Wiedererkennens, und sie waren ganz gewiß ein wertvoller Beitrag zu meiner eigenen Arbeit.

Als ich etwa drei Jahre alt war, bekam meine Mutter einen Wutanfall und versuchte, mich zu erwürgen. Es gelang mir, dieses Trauma zu »vergessen«, bis ich über dreißig war. Zuerst arbeitete ich mit den starken Gefühlen, die meine Erinnerungen begleiteten. Dann half mir dieses Buch, tiefer in mein Verletztsein hineinzugehen. Die Ausbildungsarbeit mit Strephon erwies sich als transformierend und versetzte mich in die Lage, diese schreckliche Erfahrung zu integrieren und zu heilen. Der Ausgleich war die fröhliche Arbeit mit meinem wunderbaren Kind, das während meiner Arbeit mit transpersonaler Psychologie befreit wurde. Mir fällt manchmal auf, daß ich mich an einfachen Dingen sehr freuen und meine Freude über das Kind auch direkt zum Ausdruck bringen kann.

Im Sommer 1989 wurde ich Strephons Mitarbeiterin, und heute leite ich Kurse für die Ausbildung in der Mandala-Traumarbeit, die sich weitgehend auf Strephons Bücher stützen und uns ermöglichen, unsere Ideen und unser Gefühl für die Arbeit miteinander zu verbinden.

Die Zusammenarbeit mit Strephon und das Leiten dieser Kurse hat sich als Prozeß erwiesen, der selbst wiederum eine Inspiration und eine Herausforderung ist. Mein Engagement für die Arbeit und für meine eigene Reise ist zentral für mein Leben. Ich lerne ständig dazu, und die Reise geht immer weiter.

Direktorin des Journey Centre, England   *Maggie Peters*

Vorwort für die deutsche Ausgabe

Bei einer Veranstaltung in einer Buchhandlung in Schottland lernte ich einen Arzt kennen. Er erzählte mir, daß er jeden Morgen, wenn er mit dem Bus zu seiner Arbeit fuhr, dieses Buch bei sich hatte und mit einem Kapitel arbeitete. Das berührte mich, denn es bedeutet, daß man an der Transformation seines Lebens nahezu überall und zu jeder Zeit arbeiten kann. Dieser Arzt hatte den Wunsch, seine Zeit sinnvoll zu nutzen und den Tag mit dem besonderen Gefühl zu beginnen, etwas Wertvolles für sich selbst zu tun.

Ich beschäftige mich dieser Tage sehr viel damit, mir über unsere Bewußtheit bewußt zu werden. Es ist von entscheidender Bedeutung, was wir mit der Zeit in unserem Leben anfangen, gerade mit unserer Freizeit.

Die Geburt des neuen Bewußtseins findet innerhalb des Menschen statt, im geistigen, fühlenden und sinnlichen Bereich. Arbeiten Sie mit diesem Buch, nehmen Sie sich jeweils nur eines der kurzen Kapitel vor - und Sie werden tiefe Gefühlsbewegungen und -muster in sich noch einmal durchleben und wieder heilen. Es funktioniert wirklich! Ich habe diese Methoden in meiner Arbeit als Jungscher Therapeut und in Gruppen und Workshops entwickelt.

Nehmen Sie sich immer nur wenig auf einmal vor. Beginnen oder beenden Sie Ihren Tag mit einer Übung zur Entwicklung des Bewußtseins. Die Belohnung erfahren Sie sofort, und die positive Wirkung hält lange an.

Der Grundgedanke der Transformation des Kindheitsmythos ist der, daß Sie in Ihrem erwachsenen Leben auf eine heilendere und bewußtere Weise handeln werden, mit viel mehr Kreativität und ohne so viel Abhängigkeiten. In gewisser Weise wiegt die Arbeit mit diesem Buch Hunderte von normalen Therapiestunden auf. Sie richtet sich ständig an die tieferen Schichten der Psyche. Sie können allein damit arbeiten, oder als Paar, um die Beziehung auf eine neue Ebene zu bringen, oder in Gruppen und Workshops. Schließen Sie sich mit einer Gruppe von Freunden zusammen und nehmen Sie bei jedem Treffen gemeinsam eine Lektion durch. Sie lesen einfach den Text und beantworten die Fragen, indem Sie Einsichten vermitteln und persönliche Beispiele einbringen. Sie werden auch die Erfahrung machen, wie Tagesgeschehnisse direkt an das gerade untersuchte Material gekoppelt sind.

Ich hoffe, daß ich in Workshops und regelmäßigen Trainingsprogrammen bald auch im deutschsprachigen Raum arbeiten kann. Vielleicht werden wir uns eines Tages persönlich begegnen? Bis dahin treffen wir uns durch diese Worte, die Worte der Kindheit und der erwachsenen Jahre, die Reise des Lebens selbst.

Ich wünsche diesem Buch viel Erfolg bei seinen deutschsprachigen Leserinnen und Lesern.

August, 1992 *Strephon Kaplan-Williams*

1 Der Mythos der Kindheit

BILD: ES WAR EINMAL...

»Unser Ziel ist, die Kindheit wirklich abzuschließen.«

Wir alle tragen eine Geschichte mit dem Titel »Der Mythos der Kindheit« in uns: zumindest in Teilen werden wir von Verhaltensmustern geprägt, die wir in der Kindheit entwickelt haben und die uns in unserem Erwachsenenleben immer noch beherrschen.

Als ich vor einigen Jahren beim Schachspielen einen dummen Zug machte, und meine Frau mich schachmatt setzte, kippte ich das Schachbrett um. Der Archetyp des verletzten Kindes überfiel mich. Mein verletzter Junge aus der Vergangenheit drückte seine Gefühle aus. Ich fühlte mich von einer überlegenen Kraft und meiner Unfähigkeit, mit ihr umzugehen, in die Enge getrieben. Das geschieht sehr häufig in unserem Leben. Wir befinden uns in einer sogenannten »erwachsenen« Situation, und plötzlich meldet sich unser inneres Kind. Die Ursache dafür sind alte Konditionierungen.

Eltern mißbrauchen ihre Kinder, und ihre Kinder wiederum wachsen zu Erwachsenen heran, die mit ihren Kindern hart umgehen. Die familiäre Neurose kann ein schreckliches Vermächtnis sein, das von Generation zu Generation weiter vererbt wird. Wir fürchten uns davor. Viele kehren nur deswegen in ihre Kindheit zurück, weil sie sich von dem verzweifelten Versuch getrieben fühlen, ihre Probleme zu lösen. Sie suchen die Kindheit noch einmal auf, um sich dem ursprünglichen Trauma zu stellen und es zu transformieren.

Es kann aber auch sein, daß Ihr inneres Kind gerade im richtigen Augenblick zur Stelle ist. Sie sind frustriert über einen Geliebten oder eine Freundin, und Sie lachen einfach über die Absurdität der Situation. Sie müssen ein Referat oder einen Brief schreiben, und plötzlich kommen Ihnen neue Formulierungen in den Sinn, mit denen Sie genau das Richtige sagen können, und rufen die Spontaneität

17

wach, die Sie als kleines Kind mit Sicherheit hatten. Oder Sie verhalten sich bei einer ersten Verabredung etwas ungestüm und daneben und fragen sich, woher das wohl kommt. Sie wollten sich an jenem Abend einfach amüsieren, nicht wahr? Das wollte auch Ihr inneres Kind, das vielleicht auf eine eher spießige oder ernste Person reagierte, mit der Sie zum ersten Mal in Berührung kamen.

Und was ist, wenn Sie gern Kinder hätten, aber Angst davor haben, weil Ihre eigene Kindheit so schwer war? Der Archetyp Ihres eigenen verletzten Kindes lauert direkt um die Ecke auf Sie, um in die Dunkelheit Ihres Herzens zu laufen. Solange Sie sich Ihrer vor langer Zeit verlorengegangenen Kindheit nicht annehmen, wird das Thema »eigene Kinder« schwierig für Sie sein.

Wir kehren auch zur Kindheit zurück, um die Freude zu finden, die mit einer Erfüllung einhergeht, die auf Heilung beruht. Ganz gleich, um welches Trauma es geht, es gibt die Möglichkeit, es zu heilen, wenn wir uns auf den Prozeß der inneren Transformation ebenso verbindlich einlassen können wie auf äußere Veränderungen. Für den Weg dorthin brauchen wir Führung und Hinweisschilder. Dieses Buch enthält eine Fülle von Wegweisern für Ihre Forschungsreise. Sie können viel erreichen, wenn Sie sich auf das einlassen, was diese Seiten Ihnen vermitteln. Schon allein das Lesen hilft, aber zur Veränderung der Realität kommt es durch die konkrete Arbeit.

Das Kind und die Elternarchetypen

Es gibt genug Leid in dieser Existenz, aber bevor Sie sich dadurch von der wertvollen inneren Arbeit abhalten lassen, sollten Sie folgendes bedenken:

Ebenso wie das verletzte Kind die Quelle für Heilung ist, ist das wunderbare Kind die Quelle für Kreativität. Unsere Kreativität und unsere Bestimmung können sich nur dann ganz entfalten, wenn wir in tiefem Kontakt mit unserem Kind- und Elternarchetyp sind. Auch die erwachsene Welt ist voller Wunder. Wir können in die Kindheit zurückkehren, nicht nur um zu leiden, sondern um Erneuerung zu finden. Wir können im vertrauten Umgang mit uns und anderen sowohl spielen und spontan und kreativ sein, als uns dabei auch mit unserem alten Müll auseinandersetzen.

Alles Sehnen nach dem Paradies gilt in Wirklichkeit der verlorenen Kindheit, wie wir sie niemals hatten. Projizieren Sie Ihre Sehnsucht nach der vollkommenen Kindheit mit vollkommenen Eltern nicht auf den Himmel oder ein Paradies nach dem Tode. Leben Sie jetzt ein gewandeltes Leben, indem Sie sich das Paradies in Ihrer eigenen Seele erschließen.

Und warum über andere Leben reden, wie die Anhänger der Reinkarnationslehre es tun? Im Augenblick müssen Sie nur dieses eine Leben leben. Kehren Sie in die Kindheit zurück, um sich transformieren zu lassen; vielleicht versöhnen Sie sich so mit Ihrem Leben. Sie müssen nicht wiederkehren, wenn Sie Ihr Leben hier abgeschlossen haben. Aber es gibt auch keine Erleuchtung, bevor Sie nicht in dieses eine Leben wiedergeboren wurden.

Kindheit

Mit unserer Geburt in dieses Leben werden wir auch in eine bestimmte Umgebung mit bestimmten Eltern geboren. Aber tief in unserer Psyche lebten bereits »Der Vater«, »Die Mutter« und »Das Kind«. Anfangs waren wir ganz. In uns spielte sich eine Dynamik von Persönlichkeiten ab, die wir Archetypen nennen. Leider mußten die meisten von uns erleben, daß diese inneren Archetypen nur teilweise erfüllt wurden. Wenn der Vater abwesend ist, wird unser »innerer Vater« sich nicht voll entwickeln. Wenn die Mutter die Vaterrolle spielt, ist unsere »innere Mutter« gestört. Wenn der Kindarchetyp, den wir als Kind ausleben, von den Eltern angegriffen wird, was oft geschieht, kann er eine Spaltung in das verletzte und das wunderbare Kind erleiden. Die Eltern spielen das Machtspiel mit uns und versuchen, unsere Entwicklung zu beherrschen. Damit bewirken sie, daß wir uns mit dem verletzten Kind identifizieren. Wir können das wunderbare Kind dann immer noch erleben, müssen uns aber vielleicht in Phantasien flüchten, um ihm zu begegnen.

Mit anderen Worten: Wir lernen durch eine schwere Kindheit, uns zurückzuziehen.

Aber selbst wenn wir es als Kind leicht hatten, können wir uns verloren oder mißverstanden fühlen. Die leiblichen Eltern können immer nur gewisse Aspekte des elterlichen und des kindlichen Archetyps konstellieren. Wir bringen tiefe Wunden mit in unser Erwachsenenleben.

Die größte Wunde von allen ist, daß die Archetypen in unserer konkreten Lebenserfahrung nicht erfüllt wurden. So sind wir für den Eintritt in das Erwachsenenleben zwar körperlich bereit, aber kaum in der Lage, auch psychisch als Erwachsene zu agieren. Wir betreten das Erwachsenenleben und heiraten unsere Eltern. Die Archetypen suchen Erfüllung, wir vermählen uns und suchen in dieser neuen Verbindung, was wir in unserer ersten Kindheit nicht gelebt haben.

Beziehungen zwischen Erwachsenen sind eine zweite Kindheit. Nicht viele werden in ihrem Leben wirklich erwachsen. Vielleicht haben sie einen Beruf, ziehen Kinder groß, werden zusammen alt, aber die Symptome sind da und äußern sich als kindisches und abhängiges Verhalten.

Denken Sie an all das Zwangsverhalten, den Alkoholismus, die Abhängigkeitserscheinungen, die Regierungen, die von machthungrigen Gewohnheitstrinkern und -trinkerinnen beherrscht werden. Der Alkoholismus selbst ist nicht die Krankheit, vielmehr leiden zwanghafte Menschen darunter an einer unbewältigten Kindheit. Kein Mensch, der seine Kindheit bewältigt hat, zeigt sich selbst oder anderen gegenüber ein destruktives Verhalten.

Ist es nötig, auch noch all die Trennungen zu erwähnen sowie all die Beziehungen, die sich überlebt haben? Solange das Abhängigkeitsproblem besteht, sind wir nicht erwachsen geworden, sondern, wie die meisten von uns, erwachsene Kinder, die sich unweigerlich in den Mythos der Kindheit verirrt haben und damit in Verhaltensweisen, mit denen wir unreif bleiben.

Unser langfristiges Ziel besteht darin, die Kindheit zu verlassen, indem wir die Kind- und Elternarchetypen innerlich integrieren, statt sie nach außen auf Eltern, Geliebte, Autoritätspersonen, Götter und Regierungen zu projizieren.

20

Das Vorgehen

Unser Vorgehen ist sehr einfach und beruht auf direkter Erfahrung. Die einzelnen Kapitel dieses Buches bringen Sie zu den wichtigsten archetypischen Erfahrungen der Kindheit. Indem Sie das Material, die Fragen und die Übungen durcharbeiten und dadurch diese Erfahrungen noch einmal durchleben, werden Sie mit einem tiefgehenden transformatorischen Prozeß beginnen. Vielleicht möchten Sie in dieser Zeit auch mit einem Therapeuten oder einer Therapeutin arbeiten, Workshops besuchen und Traumarbeit machen, um sich zusätzliche Unterstützung zu holen; oder Sie können eine Selbsthilfegruppe gründen, in der sämtliche Teilnehmerinnen und Teilnehmer gemeinsam mit dem gleichen Material arbeiten und ihre Erfahrungen austauschen.

Die Lektionen der einzelnen Kapitel haben keine strikt chronologische Reihenfolge, so wie auch der Mythos der Kindheit ursprünglich nicht chronologisch angeordnet war. Stellen Sie sich Ihren Mythos der Kindheit als organisches Gebilde aus Eindrücken vor, die ein lockeres Muster formen, einen Kristall mit vielen Facetten, die Sie mit wachsendem Bewußtsein betreten und wieder verlassen. Je weiter Sie kommen, um so mehr werden Sie ein Gespür für das Ganze entwickeln, das nicht linear verläuft, sondern sich kreisförmig um ein allgemeines und bewegliches Zentrum anordnet. Wir müssen die alten, rationalen Wege verlassen, um zu einer neuen Lebendigkeit zu finden.

Der Sinn

Wir kehren zu den Kindheitserfahrungen zurück, um die Traumen ausfindig zu machen. Wir durchleben diese erneut, dieses Mal aber in einem heilenden Umfeld. Wir wollen die Archetypen heilen und bringen dazu die Aspekte zum Vorschein, die in uns noch nicht aktualisiert oder bewußt gemacht worden sind. Wir wollen ein umfassenderes Muster für unser Leben entdecken und mit Hilfe eines Prozesses, der unsere Ganzheit umfaßt, Erfüllung finden. Wir wollen mit einem starken Ich leben, einer Grundlage, auf der wir Entscheidungen treffen, aber auch dem umfassenderen Prozeß des Selbst dienen, dem zentralen Archetyp der Integration und Heilung. Wir wollen das Kind zwanglos ausleben und lernen, für uns selbst Eltern zu sein, ohne nach außen zu projizieren und nach Elternfiguren und entsprechenden Situationen zu suchen. Wir wollen in dieser Welt unsere wahre Aufgabe finden und Beziehungen haben, die uns erfüllen. Wir wünschen uns, bei allem, was wir tun, zentriert zu sein.

Die Eltern

Wenn wir erst einmal mit unseren unterdrückten Verletzungen und Wutgefühlen aus der Kindheit in Berührung kommen, scheint es naheliegend zu sein, unseren Eltern Vorwürfe zu machen. Nein, sie waren nicht vollkommen. Vielleicht hat einer von ihnen oder haben sogar beide uns mißbraucht, vernachlässigt. Vielleicht waren sie zu streng mit uns oder haben uns nicht verstanden, weil sie zu sehr mit ihrer eigenen Welt der Großen beschäftigt waren. Also machen wir ihnen Vorwürfe und sehen die Unterdrücker außen, ohne uns die Seite in uns anzuschauen, die uns selbst bekämpft. Aber wenn wir anderen und manchmal auch uns selbst Vorwürfe machen, hilft uns das wenig, mit dem Leben zurechtzukommen. Niemand hat Schuld. Die Realität ist wie sie ist, und Sie können nichts unternehmen, um das zu ändern, was Ihnen oder irgendeinem anderen Menschen gerade passiert. Die Fakten der Erfahrung sind unwiderlegbar. Wir können niemandem die Schuld geben und keinen Menschen heruntermachen. Wenn die Folgen eintreten, ist es zu spät, ihre Ursache zu ändern. Die einzige Möglichkeit, die Vergangenheit zu verändern, besteht darin, in der Gegenwart anders zu handeln. Sie haben nur das in der Hand, was jetzt geschieht.

Solange wir unsere Kindheit nicht so akzeptieren, wie sie verlief, werden wir nach Ursachen suchen und Vorwürfe verteilen. Wir werden zu Geiseln unseres eigenen Schicksals. Wir können zwar nicht verändern, was uns widerfährt, wohl aber eine neue Einstellung zu den Ereignissen gewinnen. Das ist der entscheidende Punkt. Alles muß ständig besser werden, überall ist Heilung vonnöten. Aber Heilung kommt durch Handeln, nicht indem wir die Erfahrungen im Leben in gute und schlechte einteilen und dabei die einen ablehnen und die anderen annehmen. Für das Erwachsenenleben reif werden heißt, das Ganze akzeptieren und sich damit so kreativ und mutig auseinandersetzen, wie Sie nur können, während Sie sich gleichzeitig die heilenden Quellen des Lebens erschließen.

Der Abschluß der Kindheit hat wenig mit Ihren leiblichen, äußeren Eltern zu tun (wenn diese noch leben). Der einzige Weg besteht darin, daß Sie nicht Ihre Eltern verändern, sondern sich selbst. Ihr Mythos der Kindheit ist in Ihnen, und genau dort müssen Sie auch daran arbeiten. Sie können einem anderen Menschen nicht verzeihen. Das wäre arrogant, weil es impliziert, Sie hätten besondere Kräfte. *Sie können jedoch die Heilung Ihrer eigenen inneren Eltern und Ihres inneren Kindes einleiten und dadurch selbst Vergebung erfahren.* Wenn Sie sich ändern, wird die Welt sich mit Ihnen ändern. Machen Sie sich an die innere Arbeit, und die Außenwelt wird sich ebenfalls ändern.

Was ist der Mythos der Kindheit?

Der Mythos der Kindheit ist das innere Verhaltensmuster, das in der eigentlichen Kindheit entwickelt wurde, damit wir uns in unserem Erwachsenenleben ausdrücken können. Wir haben in der Kindheit gelernt, wie wir grundsätzliche Erfahrungen bewältigen und uns zurückziehen können, um zu überleben. Wir haben damals ein Abwehrsystem aufgebaut, um mit Kräften umzugehen, die uns möglicherweise überfordern. Wir haben Erfahrungen mit Gott oder einer heilenden Kraft gemacht, die andere vielleicht nicht verstehen oder akzeptieren konnten. Wir sind in uns selbst und anderen auf gegnerische Energien gestoßen. Wir haben ein Ich und eine eigene Identität entwickelt. So vieles haben wir erlebt. Wir haben uns entfaltet und dann die Erwachsenenwelt betreten.

Jeder von uns hat seine eigene Kindheitsgeschichte. Sie ist zugleich unser Mythos der Kindheit, der auf einer selektiven Erinnerung und unserer individuellen inneren Konstellation der archetypischen Dynamik beruht. Mit dem Transformationsprozeß der Kindheit arbeiten wir jetzt den Mythos, den wir entwickelt haben, noch einmal durch, so daß das Muster vervollständigt und das Verletzende mit dem Wunderbaren verbunden werden kann, damit wir uns zu einem zentrierten und tatkräftigen Menschen entwickeln können.

Wir können unseren Kindheitsmythos transformieren. Menschen, die diesen Prozeß durchlaufen haben, können eine anregende Geschichte darüber erzählen, und sie führen ein neues Leben. Sie leben aus ihrer eigenen Mitte heraus, statt vom ursprünglichen Kindheitsmaterial beherrscht zu werden. Das ist eine große Leistung, wahrscheinlich das Schönste, was wir in diesem Leben erreichen können. Sie können als Kind leben und sterben oder sich voll in das Erwachsenenleben hineinbegeben. Sie haben die Wahl.

Das Bild, das wir von der Kindheit haben, ist auch unser Bild vom Erwachsenenleben.

2 Wie Sie dieses Buch benutzen können

BILD: DAS TAGEBUCH LIEGT OFFEN DA – TRÄNEN UND
GELÄCHTER.

»Um frei zu werden, müssen wir die Vergangenheit auf einer
inneren Ebene noch einmal durchleben.«

Den Übungen in diesen Lektionen liegen Erfahrungen mit Heilungsarbeit auf der Grundlage der Analyse nach C.G. Jung zugrunde. Sie
hilft Menschen, sich auf ihre eigene Entwicklung zur Ganzheit
zurückzubesinnen, indem sie das Kindheitsmaterial durcharbeiten,
das sie heute noch beeinträchtigt.

Sie können mit diesem Buch in der Therapie, einer kleinen Gruppe,
einem Workshop oder allein arbeiten. Es empfiehlt sich, sich ein
Kapitel oder eine Lektion pro Woche vorzunehmen und verschiedene
Fragen zu beantworten. Auf einige Fragen werden Sie gründlich
eingehen, auf andere gar nicht. Schreiben Sie Ihre Antworten in ein
Tagebuch, und teilen Sie sie dann einer kleinen Gruppe, einem Freund
oder einer Therapeutin mit. Vorstellbar ist auch, daß eine ganze
Familie das Buch zusammen durcharbeitet. Was für ein Abenteuer
wäre das! Sollten Sie sich von Ihrem Material überwältigt fühlen,
suchen Sie sich bitte kompetente therapeutische Hilfe.

Methoden zur Transformation der Kindheit

Damit wir uns im Umgang mit hochkommendem Kindheitsmaterial
sicher fühlen können, brauchen wir Methoden, mit deren Hilfe wir
es integrieren. Eine der wichtigsten, die wir verwenden, ist die Arbeit
mit dem Tagebuch.

Beim Tagebuchschreiben gehen wir davon aus, daß das Material aus
dem Unbewußten zu weiten Teilen verstanden und verarbeitet werden

25

kann, ohne daß wir es unbedingt ausagieren müssen. Wesentlich dabei ist, daß wir zulassen, von unseren eigenen Erfahrungen mit den Archetypen innerlich und gefühlsmäßig berührt zu werden.

Wenn wir uns von dem, was wachgerufen wird, berühren lassen, durchleben wir oft Aspekte der Kindheit auf einer archetypischen Ebene noch einmal. Tatsächlich erleben wir jedoch nicht eine Kindheitserfahrung wieder, auch wenn es sich so anfühlen mag. Vielmehr wird das mythische Muster in unserer Psyche wieder aktiv, das ursprünglich in der Kindheit durch unsere natürliche Veranlagung, den Einfluß unserer Eltern und anderer wichtiger Menschen sowie die Ereignisse selbst entwickelt wurde. Das Wiedererleben ist die erneute Erfahrung des archetypischen Musters, so daß dieses verändert werden kann, und wir in unserem Erwachsenenleben nicht unbewußt davon beherrscht werden. Unser Ziel ist, uns von der Vergangenheit zu befreien, um in der Gegenwart kreativ wirken zu können. Um von der Vergangenheit frei zu werden, müssen wir sie auf einer inneren Ebene noch einmal durchleben. Frei werden heißt, Projektionen zurücknehmen, die ihren Ursprung in der Kindheit haben und die wir auf Menschen und Situationen in unserem augenblicklichen Leben gerichtet haben. Als Erwachsene sollten wir besser nicht in der Welt herumwandern und unser inneres Kind und unsere inneren Eltern auf Freunde und Autoritätspersonen projizieren.

Die Arbeit auf der inneren Ebene ist auch deswegen wertvoll, weil wir dabei mit dem wachgerufenen Material meist in so gering dosierten Portionen umgehen können, daß es uns nicht überwältigt. Das Tagebuchschreiben und unsere anderen Techniken helfen zu verarbeiten, was hochkommt. Wenn wir unterdrückte Energien konkret ausagieren, können wir uns in explosive Situationen bringen, die bewirken, daß wir uns erneut zurückziehen und alles noch einmal unterdrücken.

Die letzte Ebene des Prozesses besteht darin, das Material und die innerlich stattgefundenen Veränderungen mit den Entscheidungen zu verbinden, die wir im Leben treffen. Wir bewegen uns auf die Außenwelt zu, von einer festen Grundlage in der inneren Welt aus, in der die archetypischen Muster und unbewußten Einstellungen verborgen liegen, die das Ich kontrollieren.

26

Zusammengefaßt heißt das, Sie werden lernen, wie Sie mit Hilfe eines ganzheitlichen Prozesses, der auf jedes Lebensgebiet, auf Träume und Beziehungen bis hin zu anderem Material aus dem eigenen Unbewußten angewendet werden kann, auf die Individuation hinarbeiten können. Unser Ziel ist, immer mehr der verschiedenen Elemente des Lebens einzubeziehen, indem wir unsere Fähigkeit immer weiter entwickeln, alles, was uns im Inneren wie im Äußeren begegnet, zu verarbeiten.

Verarbeitung ist alles!

3 Die Methoden

BILD: DAS GEMÜSE LIEGT FEINGESCHNITTEN AUF DEM SCHNEIDEBRETT.

»Ihr Tagebuch enthält die wahre Geschichte Ihres Lebens.«

Das Tagebuch

Ein Tagebuch ist ein leeres Buch, in dem wir über unsere persönlichen Gefühle und Erfahrungen schreiben. Ein Tagebuch in diesem Sinn verstanden ist kein kalendarischer Bericht, in dem wir unser Leben chronologisch festhalten. Beim Tagebuchschreiben konzentrieren wir uns vielmehr darauf, die Lebensenergien zu verarbeiten, indem wir über sie schreiben, meistens freifließend und unstrukturiert. Hier liegen uns vor allem die inneren, bewußtseinserweiternden Aspekte einer Erfahrung am Herzen.

Wir können unser Tagebuchschreiben so strukturieren, daß wir unsere Einträge datieren und den meisten eine Überschrift geben. Wenn wir uns Überschriften für unsere Einträge ausdenken, können wir ihre Kernaussage leichter erkennen. Sie können Ihre Einträge auch noch einmal getrennt untersuchen und zusammenfassen, um von dem Material eine noch deutlichere Richtung zu gewinnen.

Am besten machen Sie klar, daß niemand Ihr Tagebuch unerlaubt lesen soll. Wenn ein Mensch, der Ihnen sehr nahesteht, darauf besteht, Ihr Tagebuch zu lesen, sollten Sie versuchen, ihn anzuregen, selbst Tagebuch zu schreiben. Sie müssen die Freiheit haben, alles, was Sie fühlen, zu Papier zu bringen. Wenn Sie das Material zensieren müssen, bedeutet das für die Psyche eine Einschränkung. Wir sind in unserem äußeren Leben häufig genug mit sozialen Strukturen konfrontiert und müssen uns zumindest innerlich freier bewegen können.

Ihr Tagebuch ist Ihr Freund und Vertrauter. Sie werden durch das Tagebuchschreiben auch von dem Druck befreit, ständig alles mit anderen besprechen zu müssen. Dadurch sind Sie den Einflüssen anderer Menschen nicht mehr so stark ausgesetzt, ruhen mehr in sich und sind ausgeglichener. Ihr Tagebuch enthält die wahre Geschichte Ihres Lebens.

Spezielle Techniken des Tagebuchschreibens

Freifließendes Schreiben: Auf diese Weise werden die meisten Einträge geschrieben. Sie haben im Kopf, worüber Sie schreiben wollen und finden das Thema aufregend, machen aber im allgemeinen keine Gliederung. Stattdessen lassen Sie die Worte einfach kommen. Sie werden feststellen, daß Sie beim Schreiben fast immer über Ihre bislang bekannte Sicht des Themas hinausgehen. Vielleicht haben Sie auch das Gefühl, etwas gelöst zu haben oder in bezug auf Ihr Problem weitergekommen zu sein. Datieren Sie die Einträge, geben Sie Ihnen eine Überschrift und arbeiten Sie schnell und an einem Ort, wo Sie nicht so leicht gestört werden können.

Dialoge führen: Das ist eine Form des freifließenden Schreibens, bei der Sie mit einem Teil von sich oder einer Energie ein Gespräch führen. Wenn Sie sich zum Beispiel über einen Freund aufregen, können Sie sich zuerst Ihrem Tagebuch zuwenden und das Bild des Freundes fragen, warum Sie sich so über ihn ärgern. Sie stellen die Frage und schreiben dann schnell und ohne zu zensieren alles auf, was Ihnen in den Sinn kommt. Dann können Sie eine weitere Frage stellen oder über eigene Gefühle schreiben. Und so machen Sie weiter, bis Sie das Gefühl haben, daß Sie zu einer Lösung gekommen oder so weit gelangt sind, wie Sie gehen wollten. Ein solcher Dialog verleiht uns oft einen anderen Blickwinkel. Er eröffnet uns andere innere Seiten und kann uns sogar Informationen geben, denen wir uns verschließen wollten. Mit anderen Worten, wir entdecken, daß wir auf Situationen oder Menschen projizieren und sie uns aneignen. Wenn wir uns das immer stärker bewußt machen, bewirkt es oft auch Lösungen in der äußeren Welt.

Der nicht abgeschickte Brief: Dieses Verfahren hat oft sehr tiefgreifende Wirkungen und ist deswegen besonderen Gelegenheiten vorbehalten. Vielleicht möchten wir einem anderen Menschen gewisse Dinge – oft ärgerliche Dinge – mitteilen, was aber gefährlich oder unpassend sein mag. Oder wir haben einfach zuviel Angst, anderen unsere wahren Gefühle zu zeigen. Da kommt uns der nicht abgeschickte Brief zu Hilfe. Sie schreiben ihn so, als ob Sie ihn absenden. Sie schreiben alles hinein, was Sie zum Ausdruck bringen möchten, obwohl Sie dachten, Sie könnten es nicht. Eine solche Erfahrung kann befreiend und erlösend sein, und wenn Sie sich wirklich gefühlsmäßig darauf einlassen, ist sie so real, als würden Sie den Brief wirklich losschicken. Wenn Sie dann Ihre Gefühle erst einmal geäußert haben, können Sie eine abgewandelte Version des Briefes abschicken, die vorsichtiger und angemessener ist, trotzdem aber Ihre Haltung zu dem entsprechenden Thema zum Ausdruck bringt. Es geht darum, die Gefühle auszudrücken, wie auch immer sie aussehen mögen, und dies ist eine ziemlich sichere Methode.

Dichten: Poesie ist die Sprache der Gefühle und kann deswegen benutzt werden, um Gefühle zum Ausdruck zu bringen, die anders nicht angemessen geäußert werden können. Wenn wir zum Beispiel intensive Liebesgefühle für einen Menschen verspüren, der diese nicht erwidert, können wir für das Objekt unserer Liebe immer noch einen schönen Text dichten, der unsere eigenen Gefühle zeigt. Meistens geben wir dem anderen das Gedicht nicht. Das Schreiben reicht aus, um die Gefühle ans Licht zu bringen. Das Tagebuch nimmt unsere Dichtungen an, und so werfen wir uns niemandem an den Hals. Werfen Sie sich niemals an einen Menschen weg, der nicht bereit und in der Lage ist, Sie anzunehmen. Dichtung ist ein Ausdruck von Gefühlen in Bildern und Gedanken. Tagebuchdichtung muß sich in keinster Weise an irgendwelche literarischen Formen halten. Lassen Sie Ihre Poesie ohne Angst und ohne den Gedanken an Anerkennung oder öffentlichen Beifall aus dem Unbewußten fließen. Poesie ist freifließendes Schreiben unter Benutzung von Bildern und Gefühlen.

Traumarbeit: Auch das Aufzeichnen von Träumen, die mit Datum und Überschrift versehen werden, kann Teil des Tagebuchschreibens sein. Es ist hilfreich, den Traumbericht anschließend mit Kommentaren in Form von Fragen oder Gefühlen zu dem Traum zu versehen, ohne ihn aber rational zu interpretieren. Zur Erschließung der Traumbedeutung können wir verschiedene Methoden (siehe z.B. Kaplan-Williams: *Durch Traumarbeit zum eigenen Selbst*) benutzen, mit deren Hilfe wir den Traum noch einmal erleben. Manchmal können wir Verbindungen zwischen unserem Traum- und unserem Wachleben herstellen. Träume spiegeln oft die archetypischen Energien wider, die unsere Psyche gerade beherrschen und beschäftigen.

Äußere Lebensereignisse beschreiben: Gewisse Erlebnisse in unserem Leben haben für uns eine besondere Bedeutung, zum Beispiel der Beginn ein neuer Beziehung oder der Antritt einer neuen Arbeitsstelle. Wichtig ist hier die Energie, die durch das Ereignis ausgelöst wird. Wenn ich im Bett liege, darauf warte einzuschlafen und dabei über bestimmte Ereignisse des vergangenen Tages nachdenke, wäre es wichtig, darüber freifließend zu schreiben, bis ich bei der Essenz, der Entscheidung oder dem Thema angelangt bin, um das es geht. Ziel ist die Verarbeitung, nicht die reine Beschreibung. Ich habe etwas erlebt. Welche Bedeutung hat es? Welche Möglichkeiten enthält es? Welche Gefahren? Worin liegt sein Wert?

Aktive Imagination: Die aktive Imagination oder meditative Wiederholung einer Erfahrung ist ein ausgezeichnetes Mittel, um etwas noch einmal zu durchleben und zu einer Lösung zu bringen. Wir schließen unsere Augen, werden innerlich still und konzentrieren uns auf das Erlebnis oder visualisieren es. Wenn der Fluß der Bilder und Gefühle erst einmal in Gang gebracht wurde, können sich neue Dinge entwickeln, die wir gar nicht vorausgesehen haben, und zu einer natürliche Lösung des Themas führen. Wenn wir eine bestimmte Erfahrung durchlebt haben, schreiben wir sie in unser Tagebuch und können auch erläutern, welche Bedeutung sie für uns hat. Diese Technik geht oft sehr tief, weil wir damit tatsächlich direkt in unsere archetypischen Muster einsteigen und durch das

Erleben helfen, ihren statischen und blockierten Zustand aufzulösen, so daß sie in Bewegung geraten und wieder lebensfähig werden. Die Gefahr dabei ist, daß wir uns manchmal in dieser Erfahrung verlieren können, und aus diesem Grund ist es notwendig, sie aufzuschreiben und zu verarbeiten. Natürlich sollten Sie nicht mehr Material wachrufen, als Sie Ihrer Einschätzung nach bewältigen können. Meistens reicht es, wenn Sie diese Dinge in kleinen Dosierungen verarbeiten.

Einstellungen ändern: Eine Einstellung ist ein Bezugsrahmen, auf dessen Grundlage wir Entscheidungen treffen. Einstellungen sind oft unbewußt und können in einem einzigen Satz formuliert werden. »Die Zukunft wird wahrscheinlich noch schlimmer als die Gegenwart« – diese Einstellung haben viele von uns. Wenn eine solche Einstellung nicht bewußt erkannt wird, bewirkt sie, daß wir Entscheidungen treffen, mit denen wir Veränderungen vermeiden und beim Status quo bleiben, ganz gleich, worum es geht. Wir können in jeder Situation sorgfältig beobachten, wie wir uns verhalten, und nach den Einstellungen suchen, die unser Handeln motivieren. Sind diese dann erst einmal formuliert worden, können wir neue Einstellungen entwickeln, mit denen wir uns stärker an der Realität orientieren und die weniger lebensfeindlich sind. Es reicht nicht, daß wir uns Einstellungen bewußt machen. Wir müssen auch daran arbeiten, sie zu verändern. Werte sind bewußt erkannte Einstellungen. Je bewußter wir werden, desto größer ist unser Entscheidungsspielraum und desto mehr sind wir in der Lage, ein erfülltes und sinnvolles Leben zu leben. Wenn wir eine neue Einstellung formuliert haben, arbeiten wir mit ihr in Form einer Affirmation. Wir sagen uns die neue Einstellung vor und probieren sie im Leben aus, indem wir sie in eine Handlungsabsicht umwandeln.

Künstlerische Gestaltung: Von Zeit zu Zeit können wir auch in unser Tagebuch malen oder zeichnen, um eine Energie, mit der wir uns gerade auseinandersetzen, zu verstärken oder symbolisch darzustellen. Es geht uns nicht um eine bildgetreue Darstellung oder schöne Kunstwerke, sondern um einen bestmöglichen Ausdruck der Energien, die uns bewegen. Es ist wichtig, uns nicht dadurch zu negieren, daß wir etwas anstreben, was wir nicht gut können. Das Tagebuch ist ein Zufluchtsort auf unserer Reise, ein Platz, an dem wir Sicherheit und Akzeptanz finden, um die Energien des Lebens und der Psyche verarbeiten zu können. Nutzen Sie es gut.

Therapie und Analyse: Eine Therapie kann dann nötig werden, wenn das Material, mit dem Sie arbeiten, so eindringlich und überwältigend zu werden scheint, daß Sie es nicht mehr sicher handhaben können. Eine Therapie schenkt Ihnen Unterstützung und die Einsicht, wie Sie sich mit Ihrem Material uneingeschränkt auseinandersetzen können. Das Ziel der meisten Therapien ist, den Klienten zu befähigen, sein Material selbst zu verarbeiten und zu integrieren. Vieles von dem, was wir in Gruppen oder mit der Tagebucharbeit tun, zielt auf das gleiche ab. Aber wenn Erfahrungen besonders intensiv sind, oder wir den Wunsch verspüren, mit der Arbeit so tief wie möglich zu gehen, kann auch eine Therapie oder eine Analyse in Betracht gezogen werden.

Rollenspiel: Gewisse Schlüsselerfahrungen, die nicht unbedingt traumatisch sein müssen, können in längeren Trainingsgruppen erneut durchgespielt werden, was tiefgreifende Veränderungen auf der Gefühlsebene bewirkt. Das geschieht am besten in einem sicheren Rahmen unter Anleitung von erfahrenen Trainern oder Therapeuten.

Mandala-Traumarbeit-Training: So bezeichne ich die Methode, die ich mit meinen Mitarbeitern Menschen in einem einjährigen Kurs vermittle, wo wir Traumarbeit und die Transformation der Kindheit zum Zweck der persönlichen Transformation kombinieren. Dieses Training wird auch in Intensivkursen gelehrt (siehe die Kontaktadressen am Ende dieses Buches).

Das christliche Mandala, wie es sich in der Geschichte der Geburt Christi
etwa 300 Anno domini darstellte

4 Die Reise beginnen

BILD: DAS SCHIFF.

»…wirksam ist nur eine Wiedererinnerung, die zugleich ein Wiedererleben ist.«
C.G. Jung

Man kann sich natürlich von der Kindheit nicht befreien, ohne daß man sich ausgiebig mit ihr beschäftigt… Mit einem bloß intellektuellen Wissen ist es dabei nicht getan, sondern wirksam ist nur eine Wiedererinnerung, die zugleich ein *Wiedererleben* ist. Vieles bleibt wegen des raschen Flusses der Jahre und des überwältigenden Einströmens der eben entdeckten Welt unerledigt zurück. Davon hat man sich nicht *befreit*, sondern bloß *entfernt*. Kehrt man also aus späteren Jahren wieder zur Kindheitserinnerung zurück, so findet man dort noch lebendige Stücke der eigenen Persönlichkeit, die sich umklammernd an einen anschließen und einen mit dem Gefühl der früheren Jahre wieder durchströmen. Jene Stücke sind aber noch im Kindheitszustand und deshalb stark und unmittelbar. Nur wenn sie mit dem erwachsenen Bewußtsein wieder verbunden werden, können sie ihren infantilen Aspekt verlieren und korrigiert werden. Dieses »persönliche« Unbewußte muß immer zuerst erledigt, das heißt bewußt gemacht werden, sonst kann der Eingang zum kollektiven Unbewußten nicht eröffnet werden. Die Reise mit Vater und Mutter, die über viele Leitern auf- und abführt, entspricht dieser Bewußtmachung infantiler, noch nicht integrierter Inhalte.
C.G. Jung, Psychologie und Alchemie, S. 83

Dieser Abschnitt der Reise bildet die Grundlage für all unser weiteres Tun. Er enthält die Schlüssel für den Umgang mit der Kindheit. Diese kleinen Schritte und Fragen sind von primärer Wichtigkeit für die Auseinandersetzung mit unserer eigenen Psyche. Jung betont hierzu, wie wichtig die Integration der verlorengegangenen Teile ist, die die Kindheit überlebt haben und tief in unserem Unbewußten wirken. Wenn wir diese Teile nicht ans Licht bringen und integrieren, werden sie bei uns als Erwachsenen ein kindisches Verhalten, hartnäckige Abhängigkeiten, merkwürdige Stimmungen und einen generellen Mangel an reifem Verhalten bewirken. Insofern erweist sich die Kindheit, von der man meinen möchte, sie sei eine Erfahrung des Wachsens und der Vorbereitung auf die Erwachsenenjahre, auch als Behinderung des Reifens, als Anfälligkeit, die wir mit in das Erwachsenenleben nehmen. Wir müssen die Seiten in uns, die vernachlässigt wurden, sowohl heilen als auch integrieren.

Wir müssen hier auch betonen, daß wir alle nicht nur die Kindheitsgeschichte aufzuweisen haben, an die wir glauben, den Mythos der Kindheit, der aus einer ganzen Reihe von traumatischen und freudigen Erlebnissen besteht, sondern auch den unerfüllten Mythos der Kindheit. Wir können zur Kindheit zurückkehren, um die Archetypen, die wir hier zum ersten Mal erfahren haben, zu heilen und zu vervollständigen. Das Endresultat besteht in dem, was wir Jung und seiner Betonung des Traumas hinzufügen, nämlich eine Vitalität der Archetypen in ihrer ganzen Fülle. Wir suchen die Große Mutter und den Großen Vater. Wir suchen sowohl das wunderbare als auch das verletzte Kind. Bei »Abschluß der Kindheit« werden wir dann einen wahren neuen Mythos entwickelt haben. Wir werden die verlorenen Teile gefunden haben, die vollständigen Archetypen, die uns unsere leiblichen Eltern nur als Teilkonstellation boten. Wir werden das Leben gefunden haben.

Die Arbeit

Beantworten Sie in Ihrem Tagebuch offen und ehrlich einige oder sämtliche der folgenden Fragen, die entwickelt wurden, um Ihnen zu helfen, sich die Bedeutung des oben Geschriebenen klarzumachen. Natürlich gibt es keine »richtigen« Antworten. Real ist das, was die Fragen in Ihnen anregen, während Sie sich selbst zuhören. Schreiben Sie ohne Hemmungen.

☐ *Was bedeutet es, sich von der eigenen Kindheit zu befreien? Warum sollen wir so etwas überhaupt versuchen?*

☐ *Was ist für Sie »ein Erinnern, das zugleich ein Wiedererleben ist?«*

☐ *Warum sind die Erinnerungen aus der Kindheit wichtig?*

☐ *Was würde es bedeuten, wenn die Kindheitserfahrungen ihre infantilisierende Wirkung verlören?*

☐ *Warum müssen wir mit unserem eigenen Unbewußten ins reine kommen und es kennen?*

☐ *Wie sieht eine konkrete Erfahrung aus, die Sie bei der Beantwortung einer der oben gestellten Fragen machen?*

Wir setzen unsere Reise fort, indem wir zum Anfang zurückkehren.

5 Die Großeltern

BILD: WURZELN, DIE AUS DEM BODEN RAGEN.
»...auf irgendeine Weise bin ich zur Tür meines Erbes geführt
worden.«

Als ich meinem Großvater väterlicherseits zum ersten und letzten
Mal begegnete, war der alte Mann 96 Jahre alt, und ich war dreißig.
Zwei Tage nach dem Tod meines Vaters nahm sein Bruder mich zu
einem Besuch meines Großvaters mit. Als wir vor ihm standen,
schüttelte er meine Hand und verließ dann kurz den Raum. Mein
Onkel hatte dem alten Mann ein paar Worte in Jiddisch über mich
gesagt, die für mich übersetzt werden mußten. Als Großvater wieder
hereinkam, gab er mir einen Zwanzig-Dollar-Schein und nahm wieder
meine Hand. Ich war ziemlich berührt, nicht von dem Geld, sondern
von der Akzeptanz, die er mir ganz offensichtlich entgegenbrachte.
Die Erinnerung an diesen Mann und dieses Erlebnis haben sich meiner
Seele unauslöschlich eingeprägt. Ich verließ ihn mit dem Gefühl, auf
irgendeine Weise zur Tür meines Erbes geführt worden zu sein.
Durch diesen einfachen Akt war mir der Familiensegen zuteil geworden, den nur ein Ältester geben kann. Mein Großvater hatte um
die Jahrhundertwende herum, als er selbst etwa dreißig war, eine
Nierenoperation überstanden. Zu der Zeit überlebte nur einer von
sechs Patienten die operative Entfernung einer Niere. Welcher Geist
war es, der in den Adern dieses Mannes lebte und damit auch in
mir? fragte ich mich. Mit dieser Geste, diesem Segen konnte und
würde ich viel in der Welt erreichen.

Die Arbeit

☐ *Welche Gefühle hat das Lesen dieses Abschnitts in Ihnen aus-gelöst?*

☐ *Was ist ein Segen?*

☐ *Auf welche Weise sind Sie von Ihren Großeltern gesegnet oder nicht gesegnet worden?*

☐ *Wenn Sie keinen Segen von Ihren Großeltern empfangen haben, was dann?*

☐ *Sie könnten einen Brief schreiben, den Sie nicht abschicken, in dem Sie beschreiben, wie es sich für Sie anfühlt, gesegnet zu werden.*

☐ *Sie könnten ein vierteiliges Diagramm anfertigen, das illustriert, was jeder Ihrer Großeltern für Sie symbolisiert.*

☐ *Vielleicht haben uns unsere Großeltern und andere familiäre Vorfahren ein sehr viel besseres Zeitgefühl beigebracht als sämtliche Uhren und Kalender. Schreiben Sie auf, welche Emp-findungen für Sie mit dem Begriff »Schicksalszeit« verbunden sind.*

So wie die Vergangenheit uns mit Weisheit beschenkt, schenkt die Zukunft uns neues Leben.

6 Unsere Eltern als Kinder

BILD: ENTEN SCHWIMMEN AUF EINEM TEICH.
»Kinder sind oft die besten Eltern.«

Lassen Sie uns in der Zeit zurückgehen bis zu den Jahren vor unserer Geburt. Unsere Eltern kannten sich damals wahrscheinlich noch nicht und lebten sicherlich bei unseren Großeltern. Auf der materiellen und spirituellen Ebene bot unsere Umgebung als Gesellschaft und Welt ein radikal anderes Bild als heute.

Und trotzdem sind wir heute hier und fragen uns, inwiefern wir uns immer noch auf unbefriedigende Weise an dieser Vergangenheit orientieren und danach leben. Welche Einstellungen und Werte hatten die Menschen damals, die zu der Zeit angemessen waren, heute aber ziemlich unzulänglich sind?

Malen Sie sich aus, wie Ihre Eltern als Kinder waren. Womit mußten sie sich zufrieden geben? Welches Erbe, positiv wie negativ, wurde ihnen übermittelt, das sie an Sie weiterzugeben versuchten, als Sie Kind waren?

Ich bin davon überzeugt, daß das verbreitetste Thema sämtlicher Kindheiten die Tendenz von Eltern ist, ihre eigenen unterdrückten oder in anderer Form nicht erfüllten Kindheitserwartungen auf ihre Kinder zu projizieren. In diesem ganz konkreten Sinne sind wir alle Eltern für das innere Kind unserer Eltern. Wir befanden uns in einem Grundkonflikt, ob wir ihr unfertiges Kind aufziehen oder unser eigenes natürliches Kind bestätigen und zum Ausdruck bringen sollten, die Person, die wir eigentlich waren und die unserem wirklichen Wesen entsprach.

Was also ist es, das wir unseren Eltern am meisten verzeihen müssen? Sicherlich die Traumen und die Vernachlässigung, aber am dringlichsten wahrscheinlich, daß sie so enorm viel Zeit und Mühe aufgewendet haben, um aus uns das Kind zu machen, das sie immer sein wollten und niemals waren. Unsere einzige wirkliche Wunde ist die, die das verlorene Leben gerissen hat, das niemals wieder zurückgewonnen werden kann und deswegen als unwiderbringlicher Verlust den erlösenden Flammen übergeben werden muß. Die Ironie liegt in der Erkenntnis, daß das, was die Eltern uns mit besten Absichten zu geben versuchten, für uns in Wirklichkeit ein Verlust war.

Vielleicht haben wir das Gefühl, den Erwartungen der Eltern niemals entsprochen zu haben, da wir doch gegen den Druck rebellierten. Aber während wir Distanz schufen, blieben wir unbewußt doch so stark an sie gebunden, wie wir es immer waren. Statt in Anpassung zeigte sich unsere fortbestehende Bindung als Reagieren. Wahre Freiheit ist, den eigenen individuellen Weg zu finden, den Weg vom natürlichen Kind zu dem Erwachsenen, der wir sind und sein sollen.

Die Arbeit

☐ *Woran halte ich fest, ohne es meinen Eltern verziehen zu haben?*

☐ *Wie sieht das lebhafteste Bild aus, das ich von der Kindheit meiner Eltern habe? Welche Bilder habe ich von meinen Eltern als Kindern? Welches innere Bild der Eltern in mir wird dadurch geweckt?*

☐ *Wie könnten einige der Lebenseinstellungen aussehen, die meine Eltern vielleicht als Kind entwickelt haben?*

☐ *Stellen Sie sich vor, Ihren Vater oder Ihre Mutter als Kind in Ihren Armen zu halten. Welche Gefühle ruft das hervor?*

☐ *Haben Ihre Eltern ihren eigenen Eltern verziehen oder nicht? Wie hat sich das auf Sie ausgewirkt?*

☐ *Beschreiben Sie, wie Sie Vater oder Mutter für das innere Kind Ihrer Eltern hätten sein können.*

☐ *Auf welche Weise könnten Sie das innere Kind Ihrer Eltern heute immer noch bemuttern oder bevatern?*

Das Kind ist für uns alle Eltern.

7 Unsere Evolutionsgeschichte

BILD: EINE LEUCHTEND DUNKLE SPHÄRE, BESCHATTET
VON LICHT.

»Du bist noch nicht geboren, und trotzdem ist bereits etwas da,
eine immense Komplexität, das Wunder von Milliarden von
Geburten.«

Malen Sie es sich selbst aus: Bevor Sie geboren wurden, existierte
der große Organismus Leben bereits hier auf diesem Planeten. Jeder
von uns besteht aus konkreten Molekülen, den gleichen Grundein-
heiten der Materie, die vor vielen Jahrhunderten bereits an der
Zusammensetzung anderer lebender Kreaturen mitwirkten. Wir existieren mit einem Bewußtsein, das sich in Tausenden von Jahren
der Arbeit und Erfahrung des *Homo sapiens*, Mann und Frau,
entwickelte.

Das Erbe dessen, was wir Leben nennen, liegt in uns heute und geht
weit über das hinaus, was wir als einzelne Individuen sein können.
Die ganze Evolutionsgeschichte unseres Seins existiert jetzt in jedem
von uns, und trotzdem bilden wir gemeinsam einen großen, lebenden
Organismus, der Bewegungen und Veränderungen auf dieser Erde
auslöst, um die Essenz zu produzieren, die von der nächsten Generation wieder einen Schritt weiter entwickelt wird, als wir es augen-
blicklich sind.

Denken Sie darüber nach und staunen Sie. Wie winzig unsere
Probleme sind, wenn wir uns die immensen Errungenschaften anschauen, die uns für unser heutiges Leben zur Verfügung stehen.
Werden wir das Leben mit offenen Armen willkommen heißen und
unseren Beitrag zum Ganzen leisten?

Sie kommen auf diesen Planeten, auf dem bereits Leben existiert.
Sie sind noch nicht geboren, und trotzdem ist schon etwas hier
vorhanden, eine immense Komplexität, das Wunder von Milliarden

von Geburten. Sie sind nur ein Potential von vielen; bald werden Sie eintreffen. Denken Sie darüber nach. Eines Tages werden Sie an der Reihe sein.

Was werden Sie mitbringen? Was werden Sie hier auf dem Planeten Erde bereits vorfinden? Was werden Sie beigetragen haben, wenn Sie das Leben wieder verlassen?

Die Welten verdichten sich wirbelnd. Heißen Sie willkommen, was schon bald Ihr Boden sein wird, Ihr Ruheplatz, Ihr manifestierter Zustand. Begrüßen Sie die großartige Essenz, die wir Leben nennen!

Die Arbeit

☐ *Lesen Sie den vorangegangenen Text noch einmal durch, vielleicht laut. Lassen Sie sich fühlen, was Sie lesen. Gehen Sie über zum Meditieren oder Visualisieren. Halten Sie sich dort irgendwo im Universum auf. Wer sind Sie an diesem Punkt? Worauf bewegen Sie sich zu?*

☐ *Schreiben Sie Ihre Erfahrung anschließend bitte auf, einschließlich der auftauchenden Gefühle, Bilder und so weiter, und beantworten Sie die Fragen, die der obige Text enthält.*

☐ *Schreiben Sie auf, welche Möglichkeiten Ihnen in den Sinn kommen, wenn Sie den Funken dessen, was sein könnte, zu spüren beginnen, und treten Sie eine Reise an, auf der Sie einen Körper erhalten, der geboren wird, die Kindheit durchlebt und zum Erwachsenenleben gelangt.*

☐ *Und natürlich schreiben Sie auch alle Unschlüssigkeiten, Widerstände oder Fragen auf, die Ihnen kommen. Es kann schließlich sein, daß ein Teil von Ihnen nicht geboren werden will.*

Sich entfalten heißt, durch die Zeit in die Zeit eintreten.

8 Die Empfängnis

BILD: DIE FLAMME HAT IHR FEUER VERLASSEN.

»Selbst geboren – woraus und wohin?«

In einem einzigen Augenblick war etwas von Ihnen irgendwo irgendwie präsent. In der dunklen, warmen Tiefe menschlichen Fleisches arbeitete sehr viel Energie, sich ausdehnend und zusammenziehend.

Und wo war die Seele, jener unendlich winzige Funke, der weder Körper noch Energie ist? Der Augenblick, wo die Essenz ins Sein gelangte, muß tatsächlich der Augenblick überhaupt gewesen sein. Ein Nichts gezeugt aus dem Nichts, und etwas wird geboren. Welch mächtige Lebens- und Schicksalsströme trafen sich in der Vereinigung Ihrer Eltern und wirkten schöpferisch zusammen in der Zeit ihrer Lust?

Von einem kosmischen Gesichtspunkt aus betrachtet, trafen zwei mächtige Energien zusammen, das Männliche und das Weibliche, und aus diesem Zusammentreffen wurde das Selbst geboren – geboren woraus und wohin?

Nicht alle Samen gelangen zu einem Ei. Einem gelingt es, und es kommt zur Penetration. Es folgt eine rasche Vervielfältigung, unglaublich schnell beschleunigt sich die Materie. Und heftet sich dort an warmes, nährendes Fleisch, die Wand des Schoßes, der für das sorgt, was zum Werden gebraucht wird. Das kostet alles. Das Einlassen ist total. Oft gibt es keine Umkehr.

Die Arbeit

☐ Wie würden Sie den Augenblick der Empfängnis, wie er Ihrer Meinung nach für Sie war, beschreiben?

☐ Wie sah die Vereinigung Ihrer Eltern aus? War sie spontan und freudig, oder ambivalent und angestrengt? Waren sie nicht nur körperlich, sondern auch geistig vereint?

☐ Welche Auswirkungen – wenn überhaupt – hat die Qualität der elterlichen Vereinigung Ihrer Meinung nach auf Ihren Eintritt ins Leben gehabt?

☐ Wie würden Sie die beiden Lebensströme beschreiben, die zusammenkamen, als Ihre Eltern sich vereinigten und Sie empfingen?

☐ Wie würden Sie Ihre Seele oder Ihren spirituellen Kern zur Zeit Ihrer Empfängnis beschreiben? Lassen Sie einfach los und beschreiben Sie. Es stimmt, wir berühren das Unbekannte, nicht auf der Suche nach Tatsachen, sondern nach dem archetypischen Fluß.

☐ Wie würden Sie Ihre Mutterleibsumgebung in jenen ersten Tagen des raschen Wachsens beschreiben?

☐ Bedauern Sie in irgendeiner Weise, empfangen worden zu sein? Empfinden Sie irgendein Bedauern über die Vereinigung der Eltern, die Sie empfangen haben? Welches?

Wir werden empfangen im Schoß der Zeit, um auszubrechen in die Ewigkeit.

9 Der Schoß

BILD: DIE FISCHERSFRAU HAT EINEN SILBERFISCH
GEFANGEN.

»Begrenzung ist wahre Freiheit.«

Etwas ist auch mit Ihnen geschehen, als Sie noch im Schoß waren.
Was? Versuchen Sie, sich daran zu erinnern.

Wenn Sie in der Gegenwart bleiben möchten, können Sie sich auch
fragen, was für Sie in diesem Augenblick der Schoß Ihres Lebens
ist. Wie gehen Sie damit um, wenn Sie in Ihrer persönlichen Freiheit
behindert und eingeengt werden? Rebellieren Sie? Treten Sie um
sich und versuchen Sie, sich den Weg freizukämpfen? Oder akzeptieren Sie Ihr Schicksal und fügen sich in alles, was Ihnen widerfährt?
Ist der Schoß für Sie ein Segen oder ein Fluch?

Irgendwo damals in den tiefen Innenwelten des bauchigen Schoßes
des Körpers Ihrer Mutter stießen Sie auf Ihre erste Erfahrung mit
dem Eingeschlossensein und setzten sich damit auseinander. Machen
Sie sich ein Bild von sich in den ersten drei Monaten Ihres Wachsens,
ein dahintreibendes Knäuel im warmen Teich Ihrer eigenen Frucht-
blase. Beim Heranwachsen stießen Sie an die Wände, die natürlichen
Begrenzungen, die der Schoß Ihrer Mutter formte.

Sie müssen sich zusammenrollen, ja, fast zusammenziehen, und
trotzdem weiter wachsen, fortfahren, nach allen Seiten um sich zu
stoßen, um sich weiterhin manifestieren zu können. Und das Stoßen
und sich Ausdehnen wird immer schwieriger, bis die Wände Ihres
Lebens eines Tages beginnen, sich zusammenzuziehen, und Sie
erleben, wie Sie herausgepreßt werden.

Wie gut können Sie heute mit Einschränkungen umgehen? Begrenzung ist wahre Freiheit!

Die Arbeit

☐ *Visualisieren Sie sich im Schoß Ihrer Mutter. Nehmen Sie sich ein paar Minuten Zeit, um sich mit geschlossenen Augen in das Gefühl und in möglicherweise auftauchende Bilder hinein zu entspannen. Wie ist diese Erfahrung? Wie reagieren Sie?*

☐ *Wie sieht Ihre persönliche Erfahrung mit schwindelig werden aus? Wann passiert Ihnen das? Welche Gefühle kommen hoch, wenn Ihnen übel wird? Was können Sie dagegen tun? Welche Art Perspektive ist erforderlich?*

☐ *In welchen Bereichen Ihres augenblicklichen Lebens müssen Sie sich zügeln? Was heißt sich zügeln, und wie funktioniert dieser Prozeß?*

☐ *Welche Beziehung könnte zwischen Verbindlichkeit und der Mutterleibserfahrung existieren?*

☐ *In welcher Weise könnte Begrenzung wahre Freiheit für Sie sein? Wie kann Begrenzung Ihnen die Freiheit geben, Sie selbst zu werden?*

Der Schoß der Verbindlichkeit ist ein Ort für neues Leben.

10 Meditativer Wiedereintritt in die Geburtserfahrung

Die folgende Meditation dient dazu, die Empfängnis und die Geburtserfahrung noch einmal zu durchleben. Das kann in einer Gruppe geschehen, in der der Leiter oder die Trainerin die Worte meditativ spricht. Wenn Sie es allein machen wollen, nehmen Sie die Meditation zunächst auf und hören Sie das Band dann ab, während Sie Ihre eigene Erfahrung durchleben. Der meditative Wiedereintritt in die mystische Geburtserfahrung hilft Ihnen, Ihre ursprüngliche Begegnung mit diesem Erlebnis zu heilen, das weit zurück in der Kindheit liegt. Wir gehen dabei davon aus, daß die Kindheit in uns Erwachsenen als Mythos der Kindheit immer noch lebendig ist. Wir kehren bewußt zum Mythos zurück, um ihn noch einmal zu durchleben und zu transformieren. Ist das erst einmal geschehen, leben wir unser Leben anders als zuvor. Denn der Mythos selbst ist das archetypische Muster, das uns bei allem, was wir tun, weiterhin beherrscht, ob uns das bewußt ist oder nicht. Wenn der Wiedereintritt uns tief berührt, ändert sich das Muster. Ob Sie davon berührt werden oder nicht hängt unter anderem von Ihrer Fähigkeit ab, loszulassen und mitzugehen. Einige Menschen haben bereits viele gelenkte Phantasiereisen gemacht und sind dadurch dagegen abgestumpft, sich von authentischen Bilderwelten berühren zu lassen. Sie haben gelernt, Bilder ebenso zu kontrollieren wie Ideen. Wenn Sie als Ich die Kontrolle behalten, kann der Archetyp, die tiefere Schicht des Unbewußten, Sie nicht wachrufen. Es ist besser, dann loszulassen.

Die Skeptiker, die nicht daran glauben, daß die Kindheit archetypisch in ihnen fortlebt, müssen sich nur einmal anschauen, wie sie morgens aufwachen. Denn in der Art und Weise, wie wir beim Aufwachen dem Tag begegnen, zeigt sich, wie wir geboren wurden. Wenn Sie schwer traumatisiert wurden, werden Sie jeden Morgen ungern aufwachen. Vielleicht schlafen Sie noch nicht einmal gern ein. Wenn

Sie sich beim Hinübergleiten in den Tag nicht an Träume und andere Gedanken aus der Nacht erinnern können, war Ihre Geburt ein abrupter und traumatischer Übergang. Diese Aussagen sollen eine Vorstellung davon vermitteln, welche Symbolismen hier eine Rolle spielen. Sie leuchten vielen Menschen ein. Überprüfen Sie sie für sich und vergleichen Sie Ihre Schlaf- und Aufwachgewohnheiten mit Ihrem Wissen oder Ihren Vorstellungen von Ihrer Geburt. Wir möchten all das verändern, nicht rational, sondern indem wir den Archetyp vervollständigen.

Sämtliche Geburten beinhalten das eine oder andere Trauma, sonst wären sie keine Initiationsriten. Aber nur das Trauma sehen – grelles Licht, Kälte, das Vermissen warmer Haut, der fehlende Kontakt zu Mutter und Vater, der Schock, einen Klaps zu bekommen, nicht gewollt zu sein, fallengelassen zu werden, Atemnot, weil die Nabelschnur zu schnell durchgeschnitten wurde und anderes mehr –, heißt die Geburt einseitig betrachten. Ist da nicht auch die Liebe, die spirituelle Aura, die Mutter und Kind umgibt, die Ruhe, die Stille, die Freude, die Empfindsamkeit, der warme, anschmiegsame Körper, die nährende Brust, die lächelnden Gesichter, die Fürsorge? Auch das muß in den Geburtsprozeß mit einbezogen werden. Und eine Warnung an jene, die heutzutage versuchen, die Geburt eines Kindes einfach nur wunderbar und leicht zu gestalten, zum Beispiel durch Wassergeburt. Wir kommen in diese Welt und brauchen außer Nahrung und Wohlbehagen auch Herausforderungen und Schwierigkeiten, ja, bereits von Anfang an. Achten Sie auf die Gegensätze und darauf, daß immer beide Seiten präsent sind. Das Prinzip ist, sich mit der Realität so auseinanderzusetzen, wie sie ist, und nicht wie Sie sie gern hätten.

Nehmen Sie sich für die meditative Erfahrung, geboren zu werden, ein bis zwei Stunden Zeit. Die Übung selbst kann 45 Minuten bis eine Stunde dauern. Dann haben Sie noch Zeit, sie zu verarbeiten, aufzuschreiben, anderen mitzuteilen, sich die Erfahrung bewußt zu machen und tief zu fühlen. Sie liegen dabei bequem auf dem Boden und sind, ohne einzuschlafen, tief entspannt. Wenn Sie einschlafen, haben Sie Widerstände, Sie lassen sich ins Unbewußte gleiten, so groß ist das ursprüngliche Trauma. Vielleicht brauchen Sie das, aber wenn Sie können, sollten Sie dem Schlaf widerstehen und aktiv bewußt bleiben. Zwischen den einzelnen Sätzen sollten Pausen gemacht werden, so daß Zeit bleibt, Bilder und Gefühle hochkommen zu lassen. Bei dieser Übung wird Ihnen nicht diktiert, was Sie auf der inneren Ebene zu sehen haben, wie es bei so vielen Visualisierungsübungen der Fall ist. Fangen Sie jetzt an! Die Absätze weisen auf Pausen von ein, zwei Minuten hin, damit die Teilnehmerinnen und Teilnehmer ihre eigenen Erfahrungen ausreifen lassen können, aber nicht zu lange Zeit haben, um abzuschweifen oder zu schnell weiterzugehen. Als Leiter oder Leiterin haben Sie Ihre Augen ebenfalls geschlossen, um besser spüren zu können, was in den einzelnen vorgeht – es sei denn, Sie müssen den folgenden Text vorlesen.

Der meditative Wiedereintritt

»Finden Sie bitte einen bequemen Platz auf dem Boden. Sie können auf dem Rücken liegen oder auf der Seite, wie ein Fötus zusammengerollt. Wenn es sein muß, können Sie sich auch hinsetzen, aber können Sie sich in dieser Position wirklich entspannen und tief gehen? In den nächsten ungefähr 45 Minuten werden wir uns in einen inneren Prozeß hinein entspannen. Durch den meditativen Zustand werden wir in der Lage sein, zur ursprünglichen Erfahrung, wie sie sich in unserer Psyche verwurzelt hat, zurückzugehen und sie auch zu durchleben, um sie heilen zu können. Die meisten von uns, wenn nicht alle, hatten eine traumatische Geburtserfahrung, und das wirkt sich noch heute auf uns aus. Jeder sollte sich jetzt also mit geschlossenen Augen wohlfühlen. Ich werde als Leiterin auf Sie achten, und wenn es jemandem zuviel wird, steigt er einfach aus der Meditation aus. Falls nötig können Sie auch den Raum verlassen.

Erlauben Sie Ihrem Körper, sich zu entspannen, und lassen Sie los in innere Räume. Stellen Sie sich vor, mit Ihrem Atem einen leeren Raum zu reinigen. Atmen Sie hinein und hindurch, sich für den inneren Raum öffnend, und lassen Sie alles los, was Sie ablenkt. Die

Ablenkungen können weiter da sein, existieren aber außerhalb des Raumes, den Sie öffnen. Lassen Sie auch die Sorgen des Ich los, bringen Sie den Verstand zur Ruhe, keine inneren Kommentare mehr, kein Verallgemeinern und Analysieren, Sie lassen einfach los und sind da, lassen los und lassen geschehen. Es ist Zeit, einfach mitzugehen, präsent zu sein für das Mysterium, das sich für Sie auftut oder auch nicht.

Wo sind Sie jetzt? Es scheint vor Ihrer Empfängnis zu sein, bevor Sie hier auf dieser Erde ein Körper waren. Irgendwo da draußen, irgendwo da draußen, fühlen Sie einfach – lassen Sie sich das Universum vor der Geburt spüren.

Ist da eine Präsenz im Raum? Wie ist Ihr erster Eindruck? Bleiben Sie dabei, wie flüchtig er auch sein mag.

Und wenn Sie jetzt diesen Ort finden, diesen Punkt, diese Präsenz, die Sie sind, können Sie spüren, wie Sie für ein größeres Universum präsent sind, sogar noch vor der Geburt? Sie wissen noch nichts von der Erde.

Aber jetzt wird Ihre Aufmerksamkeit irgendwohin gezogen. Spüren Sie das als einen Sog? Oder wie sonst?

Jetzt geschieht etwas. Sind Sie bereit oder so gut wie bereit?

Sie werden jetzt in eine Energie hineingesaugt, die Form annimmt, spüren, noch bevor Sie als Körper existieren, zwei andere Körper, die zusammenschwingen, Energie und Rhythmus, Materie, angesaugt werden, hineingesaugt werden. Werden Sie hineingezogen oder gebeten, in die Umarmung der beiden einzutreten, mitten hinein in diese großartige Energie?

Wie lieben die beiden sich? Was fühlen Sie? Lassen Sie los und geben Sie nach, denn Sie sollen dort sein.

Seien Sie jetzt bereit. Wie empfinden Sie sich selbst und die Präsenz der beiden, ihre Vereinigung, die Sie erschafft, den Augenblick.

Lassen Sie den Augenblick Ihrer Schöpfung näherkommen und geben Sie sich ihm hin, der Energie, der Ausdehnung und Zusammenziehung, dem Augenblick. Erleben Sie ihn!

Jetzt sind Sie fleischgewordene Energie, wie fühlt sich das an? Sehen Sie, wie Ihre Zellen sich teilen, vervielfältigen, Ihre Embryoform, gleitend in einem Muttermeer, sich an die Wände des Schoßes heftend. Bleiben Sie einen Augenblick dabei. Sehen Sie es, spüren Sie es, seien Sie präsent dafür. Was erleben Sie in sich selbst? Was passiert außerhalb von Ihnen?

Aber wir können nicht ewig hier bleiben. Sie wachsen und wachsen, Ihre Zellen teilen sich, das Gespür für Ihr eigenes Sein wird sogar noch größer. Ist irgendetwas übrig von dem, was Ihres war, bevor Sie Körper wurden? Wie ist es jetzt, im Alter von etwa drei Monaten, im Mutterleib zu sein?

Und dann wachsen Sie weiter, das scheint niemals aufzuhören, Ihr wogendes Meer ist kleiner, Sie stoßen gegen die Wände des Schoßes, der Sie in den mittleren Monaten berührt und umgibt, fühlen Sie diese mittleren Monate. Spüren Sie sie jetzt, seien Sie dort. Gefällt Ihnen das nicht oder doch?

Enger wird es jetzt, Sie als Embryo werden so groß und fühlen, wie die Enge des Mutterleibs um Sie herum zunimmt. Können Sie Töne machen, vielleicht sogar stoßen und treten, was tun Sie jetzt dort? Wie ist Ihr Dasein, während Sie auf die Verengung reagieren, während alles um Sie herum sich zusammenzieht, wie empfinden Sie das?

Und was für Stimmen hören Sie von da draußen? Nehmen Sie sich einen Moment Zeit, die Aktivitäten draußen zu spüren, selbst wenn Sie noch keine Worte dafür haben.

Ah, zusammengepreßt werden, die Enge, Sie sind so groß in Ihrem Schoßnest. Wie ist das? Welche neuen Gefühle regen sich in Ihnen? Spüren Sie das nächste notwendige Ereignis bereits? Die Zeit kommt näher, ist sie schon da? Nein, Sie sind noch nicht bereit? Sie möchten noch nicht geboren werden, oder möchten Sie doch geboren werden? So viele Gefühle!

Wer leitet die Arbeit ein, Sie als Baby oder Ihre Mutter? Jetzt beginnen die Wehenwellen, die Kontraktionen, das Pressen und Ihr Reagieren, sind Sie schon bereit, den Sprung mit dem Kopf zuerst zu wagen, oder ist die Lage für Sie anders, und ungewöhnliche Dinge passieren? Lassen Sie sie jetzt auf sich zukommen. Der Augenblick – *der* Augenblick ist fast da.

Jetzt ist er da. Die Geburt. Vorwärts! Kommen Sie an! Die Zeit wartet nicht!

Was für Geräusche? Welches Licht? Welche Wesen kommen auf Sie zu? Lassen Sie es zu. Dies ist Ihre Geburt, wie sie ursprünglich verlief. Sie erleben sie jetzt. Lassen Sie es geschehen, und reagieren Sie trotzdem auf Ihre Weise. Was fühlen Sie gerade?

Wo sind Sie jetzt? Was empfinden Sie, wie fühlen Sie sich? Entspannt? Verkrampft? Umsorgt? Geliebt? Verletzt? Initiiert? Was ist mit den anderen an dem Ort, wo Sie sich jetzt befinden und nie zuvor gewesen sind? Was ist mit den anderen?

Ruhen Sie sich jetzt aus, bleiben Sie bei Ihrer Erfahrung, vielleicht können einige von Ihnen ein kleines bißchen erzählen, was Ihnen gerade kommt, das Wesentliche von dem, wo Sie sich gerade befinden. Beschreiben Sie, was Sie jetzt fühlen. Machen Sie es sich bewußt, wenn Sie können.«

Vielleicht wird nicht viel erzählt. Die Teilnehmerinnen und Teilnehmer sollen in ihrem meditativen Zustand bleiben, denn wir werden sie gleich bitten, noch einmal durch ihre Geburt hindurchzugehen, diesmal aber so, wie es für sie am besten ist. Wenn Sie mit einer Gruppe arbeiten, sollten Sie an dieser Stelle um ein paar Rückmeldungen bitten, einmal um die Eingeschlafenen zu wecken, aber auch um allen Anwesenden ein Gefühl für das Geschehene zu vermitteln. Das dauert nur etwa fünf Minuten, in denen ein paar Leute kurz sprechen. Kommentieren Sie nicht, was gesagt wird, und fangen Sie keine Dialoge an. Entlocken Sie ihnen einfach persönliche Mitteilungen.

Zweiter meditativer Wiedereintritt

»Schließen Sie die Augen jetzt wieder. Diesmal haben wir die Chance, unsere Geburtserfahrung so zu durchleben, wie wir sie gern gehabt hätten, keine perfekte, aber eine reiche Erfahrung mit sehr viel Liebe und auch Einfühlung.

Sehen und spüren Sie sich wieder irgendwo da draußen im Universum, eine Präsenz vor der Geburt, bevor der Körper, ja, sogar bevor die Eltern kamen. Sie sind eher im Transzendenten präsent, nur Ihre Essenz, wie ist das? Was ist Ihre Essenz da draußen?

Spüren Sie sich zu einer Bestimmung, einem Schicksal hingezogen? Möchten Sie diesmal in den Körper eintreten? Sind Sie bereit, so bereit, wie Sie nur sein können? Was zieht Sie an?

Jetzt lassen Sie zu, daß Sie sich auf die Empfängnis zubewegen, sehen Sie, wie die Energie sich irgendwo konzentriert, Ihre Eltern sich als körperliche Wesen zusammen bewegen, das kommende Kind zeugen, Sie. Wissen sie es? Heißen sie Sie willkommen? Wollen Sie sie? Und wollen Sie zu ihnen?

Und jetzt lassen Sie es geschehen! Sie sind empfangen worden und wachsen rasch als Körper. Fühlen Sie es! Wie ist das? Lassen Sie es zu.

Und wo sind Sie? Spüren Sie Ihre eigene Präsenz in einer größeren Präsenz, dem Mutterleib, dem Zittern, der Bewegung, der Wärme, den Geräuschen, dem Meer, in dem Sie treiben und schwimmen.

Spüren Sie, wie Sie wachsen, Ihr Körper und Ihr Bewußtsein. Was erleben Sie jetzt, während die Monate dahingehen, und der Schoß sich um Sie zusammenzieht? Lassen Sie es zu, fahren Sie fort, die Ereignisse zuzulassen.

Und jetzt im letzten Monat, wie ist da alles, und in welchem Gemütszustand sind Sie? Welche Bestimmung hat Besitz von Ihnen ergriffen, während Sie sich auf den Eintritt in diese Welt und dieses Leben vorbereiten? Unterstützen Sie die stattfindenden Ereignisse? Oder widerfahren sie Ihnen?

Lassen Sie die Kontraktionen beginnen! Jetzt die Wehenarbeit, der Wechsel, der Initiationsritus, der Übergang. Erleben Sie ihn ganz, gehen Sie hindurch und fühlen Sie.

Der Teil von Ihnen, der jetzt herauskommt. Erlauben Sie, noch während es geschieht, daß Ihr Körper sich auf dem Boden dazu bewegt, die Kontraktionen, die Preßwehen, die Geräusche, die mütterlichen Töne und die Töne des Embryos, die zu Babytönen werden. Lassen Sie Ihren Körper alles ausdrücken, was er empfindet und fühlt, während Sie sich jetzt den Bewegungen der Reise überlassen.

Und dann die Öffnung und die Geburt. Die *Geburt!*

Auf welche Reaktionen treffen Sie diesmal, Mutter, Vater, die Energie, die anwesenden Hebammen und Helfer, die Geräusche, das Licht und die Dunkelheit, was läuft gut und was geht ein bißchen daneben? Und trotzdem ist es die Geburt in ihrer ganzen Fülle, die gewollte Geburt. Wollen Sie sie jetzt? Wollen die anderen diese Geburt jetzt? Ja, lassen Sie sich hineinfallen, und erleben Sie das Ereignis in seiner ganzen Vollkommenheit. Die Ganzheit!

Was kommt jetzt in Ihnen hoch? Was brauchen Sie? Werden Sie gestillt? Wie neu das alles ist. Die Empfindungen auf Ihrer Haut und in Ihrem Körper. Sehen Sie die Bilder. Sehen Sie sie – Ihre Mutter. Sehen Sie ihn – Ihren Vater. Sehen Sie sich selbst. Schauen Sie hin!

Schauen Sie wirklich hin. Spüren Sie wirklich. Beschreiben Sie sich selbst die Erfahrung.

Und jetzt, still ruhend in dem Wissen, sehr viel durchgemacht zu haben, seien Sie einfach da, in sich. Vorläufig wird Sie niemand bitten, aus diesem tiefen Ort hervorzukommen. Er gehört Ihnen, damit Sie dort sein, ihn hegen, mit ihm zurechtkommen können. Lassen Sie die Bilder, Gedanken und Gefühle so fließen, wie Ihre Psyche es möchte.

Jetzt beginnen Sie, sich ein wenig zu erinnern und zu vergleichen, sich Ihren Prozeß bewußt zu machen. Ja, es ist schwer, von einem solchen tiefen Ort zurückzukehren, aber Sie werden etwas Zeit dafür haben. Schauen Sie einmal, ob Sie jetzt damit anfangen können. Langsam, aber konzentriert. Vielleicht vergleichen Sie die beiden Geburten, die Gegensätze. Was ist beim zweiten Durchgang Neues für Sie geschehen?

Zu welcher neuen Heilung mag es gekommen sein? Welcher neuen Bestimmung?

Wir machen uns den Prozeß jetzt als eine Form des Übergangs bewußt, um zu seinem Kern zu gelangen und ihn zu würdigen.

Möchten einige von Ihnen ein paar Worte mitteilen, ein Gefühl vielleicht, oder einfach die Bilder beschreiben, nicht das Ganze, sondern Ausschnitte dessen, was Sie berührt hat?«

Bei der Gruppenarbeit folgt jetzt wahrscheinlich ein einfühlsames Gespräch, in dem die Teilnehmer ein paar Dinge mitteilen. Als Leiter oder Leiterin können Sie ein paar Fragen stellen und wichtige Äußerungen wiederholen. Aber nicht zu viel tun! Wir sind auf die Erfahrungen der Teilnehmenden aus, nicht auf unsere! Langsam werden die Teilnehmer ihre Augen öffnen und zurückkehren. Wenn das nicht passiert, weisen Sie sie an, langsam in diese Realität zurückzukommen, ihre Augen zu öffnen, sich umzuschauen und mit dieser Welt hier wieder Verbindung aufzunehmen. Bitten Sie sie dann, ein paar Minuten lang Tagebuch über diese Erfahrung zu schreiben. Dann lassen Sie die Teilnehmerinnen und Teilnehmer im Kreis ihre Mitteilungen machen, ohne Kommentare von Ihrer oder von anderer Seite. Schließen Sie dann den Kreis, indem Sie sich an den Händen fassen. Beenden Sie die Sitzung. Bitten Sie darum, daß zu Beginn des nächsten Zusammenkommens ein vollständiger schriftlicher Bericht über die Erfahrung abgegeben wird.

Auch als Leiterin oder Leiter müssen Sie verarbeiten, was für Sie geschehen ist. Sie können nach der Sitzung selbst den Prozeß durchlaufen, gleich im Anschluß daran, wenn die Energie noch frisch ist, und alle anderen gegangen sind. Was haben Sie aus alledem gelernt? Wie haben Sie sich verändert?

11 Ihre Eltern aussuchen

BILD: EIN BAUM, GESPALTEN VON EINER MÄCHTIGEN KRAFT.

»Wir müssen akzeptieren, was wir erleben, statt uns dagegen aufzulehnen.«

Wir kommen in diese Welt als bloßes Häufchen Fleisch und Seelenfunke im Körper eines anderen Menschen. Wir haben uns nicht ausgesucht, hier zu sein. Unsere Mutter und unser Vater haben Sex, und Sperma und Ei kommen zusammen, um mich, das Ich, zu zeugen. Wollte ich hier sein? Habe ich darum gebeten, daß man mich wählt? Hatte ich in irgendeiner Form Einfluß darauf, wie die Eltern sein würden, die ich bekam? War das alles reiner Zufall oder spielt dabei Bestimmung mit?

Wenn Sie mich fragen, warum ich mir meine Eltern ausgesucht habe, würde ich als erstes sagen, daß ich darauf keinen Einfluß hatte. Aber wenn Sie mich drängen würden, weiter darüber nachzudenken, müßte ich mit einem Ja antworten – Ja, ich muß mir diese ganz speziellen Eltern ausgesucht haben, denn niemand, der recht bei Sinnen ist, hätte mir die Menschen gegeben, die ich als Eltern bekam. Ich habe tatsächlich eine merkwürdige Wahl getroffen. Gott hätte mit Sicherheit nicht so entschieden, also muß ich sie mir selbst gewählt haben.

Warum habe ich mir meine Eltern ausgesucht?

Ich wollte mir das Leben selbst schwer machen. Ich muß als sehr starke Person in diese Welt gekommen sein, da ich mir selbst so schwierige Eltern gab. Ich wurde im Alter von sechs Jahren in ein Internat gesteckt, weil beide zu dem Schluß gekommen waren, daß sie sich nicht als Eltern eigneten und sich nur der Poesie und der Kunst widmen wollten. Und um die Sache auf die Spitze zu treiben, erzählte mir die Freundin meines Vaters nach dem Tod meiner Mutter, er habe gesagt, er habe in den ersten zehn Jahren ihrer Ehe nicht mit ihr geschlafen, und ich sei ein »Unfall«.

Ich muß mir also meine Eltern ausgesucht haben, vom Strom der Bestimmung getragen, der so stark war, daß er sie zwang, miteinander zu schlafen. Ich schaue mir das an und kann nicht glauben, daß das Leben so beliebig ist. Es könnte genauso gut jemand anderes an unserer Stelle geboren werden, aber auf irgendeine Weise waren wir es, die hier sein sollten.

Wie tragisch oder schön unsere Kindheit auch gewesen sein mag, wir alle können uns die Frage stellen: Warum habe ich mir meine Eltern ausgesucht? Warum diese beiden? Warum war es notwendig, diese Eltern zu haben? Die Kindheit transformieren heißt, sie so zu akzeptieren, wie sie ist. In der Therapie entdeckte ich meine Wut über das, was man mir angetan hatte, aber was konnte ich mehr tun, als sie ausdrücken und loslassen? Die Kindheit war für mich vorbei. Ich hatte nur noch die emotional stark besetzten und tragischen Erinnerungen. Auch diese würde ich durcharbeiten müssen, denn an der Tragödie der Vergangenheit festhalten heißt, uns auch für die Zukunft zu verschließen.

Eine wichtige Lektion im Leben besteht darin zu akzeptieren, was uns widerfährt, statt uns dagegen aufzulehnen. Ich hätte lieber bessere Eltern gehabt, als die, die ich hatte. Aber nach all den Jahren habe ich jetzt meine Ablehnung überwunden. Sie sind meine Eltern, kurios, Mißbrauch treibend, aber wesentlich für meine Bestimmung. Ich wünsche mir nicht mehr wie früher die Eltern anderer. Diese meine Eltern haben etwas ganz Besonderes, Wunderbares an sich.

Ich habe die Realität akzeptiert.

Ich habe mir meine Eltern ausgesucht.

Die Arbeit

☐ *Warum haben Ihre Eltern Sie ausgesucht?*

☐ *Warum haben Sie sich Ihre Eltern ausgesucht? Schreiben Sie frei heraus, welche Rolle Sie dabei spielten, die Eltern zu bekommen, die Sie bekamen. Was an Ihrer ganz speziellen Elternkonstellation ist notwendig für die Erfüllung Ihres eigenen Lebens?*

☐ *Warum war es notwendig, daß Sie geboren wurden? Warum ist es notwendig zu leben?*

☐ *Bringen Sie etwas Humor in die Tatsache, daß Sie den Eltern geboren wurden, die Sie bekamen. Erzählen Sie etwas darüber, oder spielen Sie der Gruppe zu diesem Thema etwas vor.*

Durch freie Wahl verwandeln wir Schicksal in Bestimmung.

12 Genährt werden

BILD: IHRE BRÜSTE SIND BLOSS.

»Niemand wird uns all die Liebe geben, die wir unserem Gefühl nach in diesem Leben brauchen.«

Wie gut und befriedigend wurden Sie nach Ihrer Geburt genährt, gestillt und gewärmt? Wie entstanden Stabilität und Offenheit, während Sie an der vollen Brust saugten und sich an den sicheren Halt des mütterlichen Körpers klammerten?
Oder erlebten Sie genau das Gegenteil? Haben Sie erfahren, daß man Sie wegnahm und der Brust und dem Gehaltenwerden beraubte? Haben Sie auch die Leere und die Kälte der dunklen Mutter der Entbehrungen erfahren?

Es gibt eine Fotografie von mir als Baby in Windeln, wie ich auf dem Schoß meiner Mutter stehe. Mit einer Hand stützt sie mich, während sie in der anderen eine Babyflasche hält. Meine Mutter ist gut gekleidet und gebildet. Meine praktisch veranlagte Tante, ihre Schwester, und meine Kusine sind auch auf dem Bild. Offensichtlich betrachtete meine schlanke Mutter sich nicht als stillende Frau, und so fehlte mir eine ganz essentielle Form des Genährtwerdens. Ich weiß jetzt, wie es ist, an der warmen Brust einer Frau zu saugen, sich mit einem Gefühl der Sicherheit einem Grundbedürfnis zu überlassen, die Erleichterung zu erleben, wenn jemand tatsächlich für mich da ist und es genießt, mir etwas zu geben. Welche Kämpfe muß ich mit jener Flasche ausgefochten haben, dem ersten zivilisierten Werkzeug für Manipulationen, kalt und unpersönlich, wie es war, selbst wenn es warme Kuhmilch enthielt. Ich mußte in erwachsenen Beziehungen mit liebevollen Frauen lernen, daß man nicht durch Manipulation erzwingen kann, genährt zu werden. Ich mußte wieder zum verletzlichen Baby werden, damit sie mir etwas geben konnten. Zuerst war es demütigend. Jetzt erlebe ich es als ein natürliches Loslassen, um zu empfangen und zu genießen. Ich empfange. Ich werde von etwas ganz Realem genährt!

Betrachten Sie diesen Augenblick als den Schoß des Jetzt. Wie erfüllend empfinden Sie Ihr Geben und Nehmen? Sind Sie zwanghaft auf der Suche danach, genährt zu werden? Oder ist Ihr Geben zwanghaft, weil Sie nichts annehmen können? Wenn ja, welche unbefriedigten Bedürfnisse aus der Kindheit sind noch in Ihrem Unbewußten verborgen?

Die meisten Erwachsenen suchen in Beziehungen danach, genährt zu werden und zu nähren. Aber vielleicht ist es viel entscheidender, daß wir uns selbst immer mehr nähren.

Niemand wird uns all die Liebe geben, die wir unserem Gefühl nach in diesem Leben brauchen. Die Lösung besteht darin zu lieben! Und sich selbst zu lieben.

Die Arbeit

☐ *Welche Gefühle haben Sie beim Lesen dieses Abschnitts?*

☐ *Welche Fragen aus diesem Text wären für Sie wichtig zu beantworten? Wie sieht Ihre Antwort aus?*

☐ *Meditieren Sie, stellen Sie sich vor, spüren Sie richtig, wie Sie an der Brust Ihrer Mutter saugen. Wie lange können Sie dort bleiben und alles erleben, was hochkommt? Wie ist das? Schreiben Sie darüber.*

☐ *Betrachten Sie Ihre augenblicklichen Beziehungen unter dem Aspekt, daß Sie andere nähren möchten. Finden Sie heraus, wie Sie das anstellen können und welche Werte und welches Bewußtsein dabei mitspielen.*

☐ *Betrachten Sie Ihre augenblicklichen Beziehungen auch als Möglichkeit, selbst genährt zu werden, sich der Wärme und Akzeptanz hinzugeben und gesättigt zu werden.*

Und wir sollen mit Bedacht genährt werden, nicht wahllos und im Überfluß.

62

13 Bindung

BILD: EIN VOGEL FLIEGT IN DIE SONNE.

»Und liefern wir uns bei unserem Liebesspiel nicht wieder
der primären Bindung aus?«

Bindung ist das Mandala, der geschlossene und der unterbrochene
Kreis des Lebens. Wir werden geboren und versuchen sofort, uns
anzuklammern, um wieder mit dem mütterlichen Körper vereint zu
sein, der nährenden Wärme der primären Quelle, aus der wir gerade
gekommen sind. Und liefern wir uns beim Liebesspiel nicht wieder
der primären Bindung aus? So vielen von uns fällt es schwer, eine
Beziehung wirklich loszulassen, wenn sie zu Ende ist. Der oder die
Geliebte ist wieder Vater oder Mutter, und wir sind wieder das Kind.
Die Realität fordert von uns, daß wir die Mutterbindung aufgeben,
aber wir kämpfen dagegen an. Wir haben Angst, allein zu sein, uns
unserer Einsamkeit zu stellen.
Beobachten Sie das Kleinkind im Alter von anderthalb Jahren, das
sich vom Vater wegbewegt in das nächste Zimmer und dann rasch
zurückkehrt. Laß die Tür offen, Vati. Löse unsere Bindung nicht.
Wir binden uns im Leben an alle möglichen Dinge. Als Raucher
binden wir uns an unsere Zigaretten. An unsere Geliebten, Freundinnen und Freunde binden wir uns, um unterstützt zu werden, an
unsere Arbeit, um Sicherheit zu finden. Das Leben ist so simpel,
wenn wir es mit den Augen eines Kindes betrachten. Aber als
Erwachsene sind wir nicht hier, um das Leben eines Kindes zu leben,
zumindest nicht ständig, auch wenn sämtliche lustvollen Erfahrungen
tatsächlich eine wichtige Form der Rückkehr in die Kindheit darstellen
mögen. Der Erwachsene braucht die primären Erfahrungen, hat es
aber nicht nötig, sich von ihnen binden zu lassen.
Manchmal erfordert es einiges an Bereitschaft, durch das Feuer zu
gehen. Das kleine Kind krabbelt von seinen Eltern weg, um die

Welt zu erforschen. Schließlich gibt es im Leben noch mehr als Mutter und Vater. Fühlt der Abstand sich aber zu groß an, wird die Bindung zu locker, weint das Kind, um wieder mit den Eltern vereint zu sein. Es ist vorwärtsgegangen, hat sich dann aber wieder zurückgezogen. Und so ist es auch mit uns Erwachsenen. Wir brauchen die Bindung und die Wärme des Liebesobjektes, die uns wieder aufbauen. Aber die Abhängigkeit brauchen wir nicht. Es ist aber gut, wenn wir uns innerlich etwas Abhängigkeit bewahrt haben, damit wir zu Individuen werden können, die die elterliche Dynamik verinnerlicht haben. Dann ist die primäre Bindung als heilender Kreis in uns, in den wir alle Seiten von uns integrieren. Die innere Familie ist lebendig, und wir müssen als Erwachsene nicht in äußeren Familien oder Gruppen zwanghaft nach primären Bindungen suchen, sondern entwickeln als Individuen unsere innere Ganzheit.

Die Arbeit

☐ *Sehen Sie sich mit geschlossenen Augen als kleines Kind, das sich auf einen Elternteil bezieht. Welches Bindungsmuster zeigt sich dabei? Wie behauptet sich dieses Muster auch in Ihrem augenblicklichen Leben? Welche kreativen Möglichkeiten können Sie hinsichtlich Ihres Bindungsmusters entwickeln?*

☐ *Wie könnten Sie sich mit einer Quelle verbinden, die Sie aufbaut, wenn Sie sich manchmal isoliert und kalt fühlen? Finden Sie heraus, welche kreativen Bindungserfahrungen es für Sie gibt, die nicht selbstzerstörerisch oder zwanghaft sind. Wenn Sie zwanghaft essen, Sex haben, Drogen nehmen, reden oder rauchen, zeigen Sie ein unbewußtes Bindungsverhalten. Die Liebe zu anderen, die Beziehung zu einem Tier, Massage und Körperarbeit mit anderen – das sind bewußtere Wege, um sich durch eine Bindung wieder aufbauen zu lassen.*

☐ *Üben Sie sich auch darin, sich von zwanghaften Bedürfnissen freizumachen. Durchbrechen Sie zwanghafte Gewohnheiten mit Hilfe Ihres Willens, und setzen Sie sich mit der Ängstlichkeit auseinander, die dadurch ausgelöst wird. Geben Sie sich soviel Liebe und Bestätigung, daß sich das zwanghafte Bindungsbedürfnis auflöst. Übergewichtige sind oft Menschen, die Angst vor Liebe und Bindung haben oder sich unfähig dazu fühlen. Wir verschlingen unser Essen weniger zwanghaft, wenn wir uns selbst lieben und unseren Körper einfühlsam wahrnehmen. Unseren Körper lieben heißt, ihn spüren und heilen.*

Wenn wir eine heilende innere Bindung entwickelt haben, können wir auch Bindungen mit anderen eingehen.

14 Das Baby als Körper

BILD: IN DER BEFESTIGTEN STADT STEHEN EINIGE
HÄUSER IN FLAMMEN.

»Deswegen müssen wir den Körper ebenso befreien wie die
Seele.«

Der Körper ist der Ort, an dem wir leben. Er ist das Haus, das wir
bewohnen. Aber wie viele von uns akzeptieren dieses Haus, das wir
mit uns tragen, wirklich voll und ganz? Es ist die Quelle und der
tragende Boden für all unsere Abenteuer. Wir können ihm nicht sehr
lange entkommen. Dieser Körper hat seine eigene Sprache. Wir
müssen mit dem Ort, an dem wir leben, ins reine kommen.
Das Baby wird geboren, es hat Empfindungen im Schoß und später
außerhalb des Mutterleibs. Welche Fürsorge erfährt dieser hilflose
Körper unmittelbar nach der Geburt und in der weiteren Zukunft?
Babys haben einen Körper. Körper brauchen sehr viel Berührungen
und Umarmungen, und ihre Bedürfnisse müssen befriedigt werden.
Körper brauchen Nahrung und Bewegung. Der Körper hat von Anfang
an seine eigenen Bedürfnisse, und das Baby schreit sie hinaus. Aber
viele Eltern fangen sofort an, den natürlichen Rhythmen des Körpers
Widerstand zu leisten. Viermal am Tag füttern. Laß das Baby schreien.
Trag das Baby ja nicht ständig mit dir herum.
Das Neugeborene, das sehr viel körperliche Zuwendung bekommt,
wächst mit der Haltung auf, daß seine Bedürfnisse in einer Welt des
Überflusses befriedigt werden können und auch werden. Stärke
erwächst sowohl daraus, daß uns gegeben wird, als auch daraus, daß
wir geben.

Die Liste mit all den wichtigen Körpererfahrungen, die wir als Kind
machen, ist lang. Geburt … die Brust oder die Flasche bekommen…
Darmbewegungen… hinfallen und Schmerzen spüren… essen… aus-
scheiden; gebadet werden… masturbieren… Umarmungen… Ärger…

sich selbst im Spiegel sehen... Männlichkeit und Weiblichkeit... Krankheit... Lebendigkeit und sehr viel Energie... auch den warmen Körper anderer Menschen spüren.

So viele Erlebnisse der ersten Lebensjahre werden körperlich empfunden, und in den Erwachsenenjahren erleben wir dann alle möglichen körperlichen Symptome, wenn wir uns mit den Belastungen und Veränderungen des Lebens auseinandersetzen. Es ist, als wäre uns körperlich ein rigides Muster einpägt worden, mit dem wir auf ganz bestimmte Weise auf die Probleme des Lebens reagieren. Und wie so oft ist auch hier das ursprüngliche Muster in der frühen Kindheit gebildet worden. Halten Sie Ausschau danach. Wann werde ich krank, und welche Art Krankheiten bekomme ich?

Viele Krankheiten, von leichten bis zu schweren, von Allergien bis zu Krebs, von der üblichen Erkältung bis zu Blähungen, beruhen auf den körperlichen Reaktionsmustern, die in der Kindheit entwickelt wurden. Was hilft? Versuchen Sie, sich diese Abläufe bewußt zu machen und sie zu verändern. Entdecken Sie selbst das Muster, das den gegenwärtigen Symptomen zugrundeliegt. Versuchen Sie, das Reaktionsmuster aus der Kindheit in natürlichere und lebendigere Abläufe umzuwandeln. Jeder von uns kann durch intensive Körperarbeit der einen oder anderen Richtung nur gewinnen. Sind wir als Kinder liebevoll genug gehalten worden? Versuchen wir im Erwachsenenleben die Sexualität zur Heilung des traumatisierten Körpers zu benutzen, obwohl das nie ihre Aufgabe war?

Eine Prämisse gilt für sämtliches Material aus der Kindheit: Wir sind unser Körper. Unsere Symptome im Erwachsenenleben werden zwar durch die heutigen Belastungen hervorgerufen, aber ihr Ursprung liegt in körperlichen Reaktionsmustern, die in der frühen Kindheit entwickelt wurden. Deswegen müssen wir den Körper ebenso befreien wie die Seele. Wir müssen die Lebenskraft sowohl körperlich als auch geistig freisetzen.

Die Arbeit

☐ Fertigen Sie eine Liste der typischen körperlichen Symptome an, unter denen Sie als Erwachsener regelmäßig leiden. Das müssen keine schweren Krankheiten sein, sondern kann auch so einfache Beschwerden beinhalten wie Rückenschmerzen und Warzen. Für jedes Symptom assoziieren Sie jetzt Erinnerungen und Bilder aus der frühen Kindheit oder lassen diese einfach aufsteigen. Wann haben Sie Ihren Körper zum ersten Mal bewußt erlebt? Schreiben Sie das auf. Lassen Sie die Gedanken und Gefühle frei fließen.

☐ Zeichnen Sie die Umrisse Ihres Körpers, und tragen Sie die Symptome, die Sie heute haben oder unter denen Sie leiden, in die entsprechenden Körperteile ein. Wo fühlen Sie sich am anfälligsten? Schreiben Sie auf, welche Schritte Sie unternehmen werden, um sich mit den anfälligen Körperbereichen auseinanderzusetzen, zum Beispiel Körperübungen oder andere Formen der Heilung.

Ihr Körper ist Wirklichkeit.

15 Aufwachen

BILD: EIN FEUERBALL, DER IMMER INTENSIVER GLÜHT.
»Unser anfängliches Tun bestimmt den Kurs des weiteren
Geschehens.«

Es kann sein, daß wir morgens so aufwachen, wie wir in die Welt
geboren wurden, ganz gleich, ob wir uns an diesen ersten Eintritt
erinnern oder nicht.

Betrachten Sie Ihr Leben und Ihre Art, den Tag zu beginnen. Sind
Sie beim Aufwachen begierig, den neuen Tag zu erleben? Oder
neigen Sie dazu, zum Schlaf als Ihrem Lieblingsaufenthalt zurückzukehren? Warum der Welt früher gegenübertreten als unbedingt
nötig? Wir können die Bettwärme und das unbekannte Land des
Unbewußten dem Leiden, den Aufregungen und den an einem aktiven
Tag zu treffenden Entscheidungen vorziehen. Stürzen Sie sich eher
zu früh aus dem Bett in die Tagesaktivitäten? Oder nehmen Sie sich
einen Augenblick Zeit, den Übergang zwischen Schlaf und Wachen
auszukosten und zu würdigen?

Wie viele von uns wachen morgens auf, begierig dem Leben möglichst
intensiv zu begegnen und es ganz erfüllt zu leben? Wie viele von
uns bringen einen Traum aus der Nacht mit in den Tag und gestalten
den Übergang von der Welt des Mondes zur Welt der Sonne bewußt?
Wenn unser Übergang vom Schlafen zum Wachen nicht ausgeprägt
ist, verlief der Übergang vom Leben im Mutterleib zum eigenen
Leben in der Welt wahrscheinlich schwierig und abrupt.

Viele Menschen haben Angst, abends einzuschlafen. Vor dem Zu-
bettgehen essen sie ängstlich oder lesen ein Buch. Nach dem Schlafen
haben sie mit dem Aufstehen zu kämpfen, sie brauchen ein krei-
schendes Radio oder einen lauten Wecker, um wachzuwerden. Ihr
Grundverhalten im Leben bekam bei der Geburt mit Sicherheit eine
traumatische Prägung, die sie noch heute täglich im wachen Leben
beeinträchtigt.

Was würde es für uns bedeuten, wenn wir morgens langsam aufwachen und dabei einen Traum oder einen wesentlichen Gedanken oder ein wichtiges Gefühl erhaschen? Was würde es heißen, erfrischt aufzuwachen, begierig, das Bett zu verlassen und den Freuden und Herausforderungen eines typischen Tages zu begegnen? Es ist entscheidend, daß wir jeden Tag am Anfang beginnen und nicht irgendwann in seinem späteren Verlauf. Unser anfängliches Tun bestimmt den Kurs des weiteren Geschehens. Wenn Sie Ihren Tag nicht sinnvoll beginnen, sollten Sie sich Ihr augenblickliches Schlaf- und Wachverhalten anschauen und es befriedigender gestalten. Mit jedem Tag, am dem wir voll und bewußt erwachen, transformieren wir den traumatischen Eintritt bei unserer ursprünglichen Geburtserfahrung ein Stück mehr.

Es ist Zeit zum Aufwachen! Es ist Zeit, daß wir endlich wachsen, uns verändern, lebendig werden. Entscheiden Sie sich und setzen Sie sich in Bewegung!

Die Arbeit

☐ *Wie sieht Ihr Schlaf- und Aufwachverhalten genau aus? Beschreiben Sie es im einzelnen, und vergleichen Sie es dann mit Ihrem gefühlsmäßigen Eindruck von Ihrer Geburt. Sind Sie beim Aufwachen nach innen oder nach außen orientiert? Denken Sie beim Aufwachen an einen Traum oder an eine äußere Aufgabe, die Sie an diesem Tag erledigen müssen? Oder wachen Sie widerstrebend auf, mit dem Wunsch, sich zu verkriechen oder weiterzuschlafen?*

☐ *Wie sind Sie für das Leben erwacht, und welche Bedeutung hat das? Inwiefern könnte es sein, daß Sie immer noch schlafen?*

☐ *Was heißt für das Leben erwachen? Stellen Sie diese Frage in dieser Woche sich selbst und ein paar Freundinnen und Freunden.*

☐ *Schreiben Sie eine Woche lang in Ihr Tagebuch, wie Sie aufwachen und wie Ihr Aufwachverhalten sich ändert.*

Wer aufwachen will, muß zuerst schlafen.

16 Der Schmerz der Kindheit

BILD: EIN AST DES BAUMES IST GEBROCHEN.

»Wir sind noch nicht reif, wenn wir immer nur auf der Suche nach Lust sind und diese über den Schmerz stellen.«

»Hansi, Du sollst Tommy nicht schlagen. Das ist nicht schön.«
»Nina, sei lieb zu Deiner kleinen Schwester. Sie hat Dich auch lieb. Es ist nicht schön, wenn Du sie so anschreist. Siehst Du, jetzt weint sie Deinetwegen.«
Hinter jeder dieser typischen Äußerungen, die in der Kindererziehung benutzt werden, stehen gewisse Einstellungen:

- Es ist nicht richtig, Menschen zu verletzen.
- Richtig ist vielmehr, dafür zu sorgen, daß andere sich gut fühlen. Sie möchten doch genauso behandelt werden, oder nicht?

Wer vermittelt uns diese Einstellungen? Entstammen sie unserer eigenen unmittelbaren Weisheit, oder werden sie uns von außen aufgedrängt? Die Antwort scheint klar zu sein. Die reale Situation sieht so aus, daß Kinder von ihrem natürlichen Wesen her sowohl miteinander spielen als auch gegeneinander kämpfen, sich sowohl Schmerzen zufügen als auch sich Gutes tun. Und was machen Eltern mit ihren Kindern? Alle Eltern fügen ihren Kindern Schmerzen zu, obwohl kein Vater und keine Mutter das als gutes Verhalten betrachten würde. Wenn sie wenigsten zugeben könnten, daß sie ihren Kindern sowohl Schmerz als auch Lust bereiten, dann würden die Eltern dieser Welt das Leben sehr viel realistischer sehen.
Der Schmerz wird bleiben. So wie unser Körper Lustzentren hat, hat er auch Schmerzrezeptoren. Uns wird beigebracht, Schmerz zu vermeiden und Lust zu suchen, aber ist das die richtige Einstellung zum Leben? Nehmen wir einmal an, wir könnten durch Leiden ebensoviel lernen wie durch lustvolle Erlebnisse.

Unsere Erziehung in der Kindheit versagt dort, wo sie uns beibringt, daß Lust, das Gute, das gesellschaftlich Anerkannte und das Erfreuliche von Wert sind, während Schmerz, Leiden, Verrücktheit, Wildheit und Rebellion als durch und durch schlecht und böse verdammt werden.

Ist es da noch ein Wunder, daß uns nicht beigebracht wurde, mit den schwierigen Seiten des Lebens umzugehen? Man lehrte uns, das Schlechte zugunsten des Guten zu unterdrücken. Betrachten Sie Ihre eigene Vergangenheit. Welches war Ihre erste Erfahrung mit Schmerz? Was ist daraus entstanden? Wurde Ihnen gezeigt, wie Sie damit umgehen können?

Eine neue, reife Einstellung zum Schmerz ist, daß Schmerz in einem sinnvollen Leben die gleiche Berechtigung hat wie Lust.

Wir sind noch nicht reif, wenn wir immer nur auf der Suche nach Lust sind und diese über den Schmerz stellen. Lust ist da, wenn die Lebenskraft frei fließt, wenn wir uns gesund fühlen, wenn im Leben alles gut geht. Schmerz tritt auf, wenn die Lebenskraft blockiert ist, wenn wir Widerstände gegen Veränderungen haben, wenn die Dinge nicht im Gleichgewicht sind oder zerstört werden müssen. Schmerz wird auch durch die Herausforderung bewirkt, das Alte loszulassen und das Neue einzubringen. Lassen Sie ruhig zu, daß diese Äußerungen bestimmte Einstellungen zerstören. Wenn Sie jetzt ärgerlich oder aufgebracht sind, dann vielleicht weil einige Ihrer eigenen Überzeugungen auf dem Spiel stehen. Lassen Sie los und gehen Sie mit. Lernen Sie von dem Neuen, selbst wenn es die dunkle Seite des Lebens verkörpert.

Wenn wir voller Mitgefühl sind, können wir den überwältigenden Schmerz spüren, den wir damals in der Kindheit erlitten haben müssen. Wir alle werden in ein rauhes Leben geboren, und irgendwo lauert »der oder die Verletzte« in uns und wartet voller Hoffnung darauf, gerettet zu werden. Und trotzdem kommt niemand. Wir müssen unser Versteck selbst verlassen und dort hingehen, wo es Heilung und Wahrheit gibt. Ja, der unendlich tiefe Sorgenbrunnen existiert, und manchmal tauche ich mit meinem eigenen Verletztsein ein in eine universelle Verzweiflung. Das macht mich sehr traurig, aber meine Traurigkeit ist real. Ich heiße den Schmerz, real zu sein, willkommen. Nein, ich bin nicht immer glücklich und muß es auch nicht sein. Ganz sein ist besser als jeden Tag glücklich sein, und wenn mein Schmerz auf mich zukommt, werde ich bereit für ihn sein.

Ich weiß, daß der Schmerz das Feuer meiner eigenen Transformation birgt.

Die Arbeit

☐ *Kehren Sie zu den schmerzlichsten Erfahrungen Ihrer Kindheit zurück, und schreiben Sie darüber. Damit akzeptieren Sie den Schmerz als natürlichen Bestandteil des Lebens, gegen den Sie sich ursprünglich verschlossen haben. Öffnen Sie sich jetzt, und lassen Sie diese Seite zu.*

☐ *Arbeiten Sie mit dem Schmerz in Ihrem Leben nicht als »Schmerz«, sondern als »Energie«. Energie ist das Gefühl von innerer und äußerer Bewegung, die neues Leben schafft. Sie fühlen Schmerz. Konzentrieren Sie sich ganz darauf. Finden Sie ihn in Ihrem Körper, suchen Sie nach Bildern, die ihn begleiten, schauen Sie sich Ihre Reaktionen auf ihn an, und vor allem, erinnern Sie sich an Erlebnisse und Einstellungen aus der frühen Kindheit, die mit Ihrem jetzigen Schmerz zusammenhängen. Schmerz stürzt uns sofort wieder direkt in die Kindheit.*

☐ *Schreiben Sie Ihre Einstellungen zum Schmerz auf. Überprüfen Sie diese Einstellungen im einzelnen, und verändern Sie sie so, daß sie realistischer und akzeptierender sind.*

Es gibt Dinge, die uns nur der Schmerz beibringen kann.

17 Ärger

BILD: DER BRUNNENZUFLUSS IST VERSTOPFT.

»Es erfordert Energie, Energie zu unterdrücken.«

Letzten Endes sind wir immer nur auf uns selbst ärgerlich. Auch wenn es sich so anfühlt, als wären wir auf sämtliche Menschen ärgerlich, die uns jemals verletzt haben, richtet sich der Ärger, den wir verspüren, letztlich gegen uns.

Wir werden ärgerlich, wenn wir uns ohnmächtig und verletzlich fühlen. Normalerweise sorgt unser Abwehrsystem dafür, daß negative Energie nicht in unser Bewußtsein vordringen kann. Aber häufig genug »drückt« uns jemand unsere »Knöpfe«, der Angriff durchdringt unsere übliche Abwehr und unterdrückte Energie reizt uns bis aufs Blut.

Es erfordert Energie, Energie zu unterdrücken. Um unsere Wunden zu schützen, werden wir ärgerlich, und damit unser Selbstbild bewahrt bleibt, unterdrücken wir den Ärger. Das führt zu einem Abzug von Energie, der uns schwächt und Depression und Verzweiflung bewirkt. Indem wir unseren blockierten Ärger freisetzen und transformieren, befreien wir also die Lebensenergie aus dem Abwehrsystem. Um unseren Ärger freizusetzen, müssen wir zuerst das Abwehrsystem erkennen, das uns davon abhalten kann, den Ärger zu fühlen. Dann drücken wir unseren Ärger aus. Ärger ist einer von zwei kraftvollen instinktiven Formen energetischen Ausdrucks, der andere ist Sex. Schließlich transformieren wir unseren Ärger, indem wir uns die Wunde spüren lassen, die ihm zugrundeliegt. Wir müssen die Wonnen des Leids ebenso uneingeschränkt erleben wie die der Lust.

Lassen Sie uns jetzt erforschen, wie unser Abwehrsystem beschaffen ist. An irgendeinem Punkt der Kindheit haben wir beschlossen, unsere Emotionen und Gefühle vor anderen zu verbergen. Wir waren mit der überwältigenden Macht der Eltern und anderen wichtigen Autoritätspersonen oder einem traumatischen Ereignis konfrontiert. Wir konnten das nicht ertragen, also bauten wir ein Abwehrsystem auf, um uns selbst zu entkommen und die volle Wucht der Realität zu leugnen.

Für uns Erwachsene funktioniert dieses Abwehrsystem nicht mehr so gut wie für Kinder. Tatsächlich hält es uns gefangen und hindert uns, das Leben voll zu leben. Vielleicht verleugnen wir gewisse Aspekte der Realität, träumen, identifizieren uns mit Archetypen, bestimmten Rollen und Religionen, rationalisieren Gefühle oder unterdrücken sie, vermeiden intensive Situationen und die Lebensschritte, die für uns als nächstes anstehen. Sie haben recht, wir alle tun das unter dem Vorwand, uns selbst zu schützen.

Aber wovor sollten wir uns schützen müssen? Alles ist Leben. Realität ist das, was existiert, warum sie also nicht ohne Einschränkungen annehmen?

Wir kehren einfach deswegen emotional zu unserem Mythos der Kindheit zurück, weil dort alles angefangen hat. Wir kehren zurück zu den Traumen und großen Verletzungen, um uns unseren Gegnern zu stellen, um diese Erfahrungen noch einmal emotional zu durchleben, ohne uns diesmal zu verschließen. Indem wir das Trauma erleiden, ohne total abzuwehren, verhelfen wir den zugrundeliegenden Verhaltensmustern und Einstellungen zur Transformation, so daß wir unsere Lebensenergie und unsere Richtung im Leben wiedergewinnen können.

Ja, das ist schmerzhaft. Aber Schmerz ist eine Energie, und wir können lernen, mit ihr umzugehen. Das Leiden existiert und ist wesentlich für das Leben, warum es also nicht emotional akzeptieren und damit Neues schaffen?

Die Arbeit

☐ *Wie äußerte sich Ihr Ärger in der Kindheit? Wie ähnelt er oder unterscheidet sich von Ihrer Art, als Erwachsener Ärger auszudrücken?*

☐ *Versuchen Sie eine verletzende Kindheitserfahrung zu beschreiben, bei der der Schmerz überwältigend war. Durchleben Sie sie mit Hilfe der Tagebucharbeit in irgendeiner Form noch einmal. Vielleicht können Sie sich davon freischreiben oder in Briefen, die Sie nicht abschicken, Ihre Gefühle ausdrücken. Oder die Szene malen? Oder Ihren Freunden und Freundinnen solange von Ihrem Trauma erzählen, bis Sie es selbst akzeptiert haben? Oder es in einer Gruppe noch einmal durchspielen?*

☐ *Wie würden Sie Ihr Abwehrsystem im Hinblick auf Ärger beschreiben? Schreiben Sie eine Affirmation, mit der Sie Ihren eigenen Ärger akzeptieren. Formulieren Sie eine Absichtserklärung, Ihren Ärger kreativer auszudrücken.*

Um das Schwert zu schwingen, müssen Sie es zuerst aus seiner schützenden Scheide ziehen.

18 Hexen

BILD: DER BAUM IST HOHL.

»… die böse Hexe, die vertraut ist mit dem Üblen…«

Als ich als Kind im Internat war, verbrachten wir die Sommer in einem Schullager tief im Wald. Für uns als elfjährige Jungen war es immer ein besonderes Ereignis, 25 Cent zu bekommen und den ganzen Tag lang zum Honigmann zu wandern. Wir kletterten und rannten durch den Forst und stiegen dann auf einem schmalen Pfad zu einem kleinen Holzhaus hinab, das noch ein Mühlrad hatte, das sich im Bach drehte. Die »gute Hexe« war ein alter Mann, umgeben von seinen Bienenschwärmen und seinen vielen Bienenkörben. Er schien krumm zu sein, nicht weil er litt, sondern weil er eine Art Wächter der Gewässer und der Schützer der Bienen war. Für uns war er verzaubert und wurde deswegen gefürchtet. Bienen bedeuteten für uns eine Gefahr, wenn wir barfuß durch die Felder mit Wildblumen rannten. Aber dieser Mann, der allein lebte, konnte einen geheimen Einfluß auf die Bienen ausüben, damit sie ihr Bestes gaben.

Wir zahlten jeder unsere 25 Cent und bekamen eine Honigwabe, die uns ganz allein gehörte. Für mich war die »gute Hexe« eine, die die Natur kannte und durch sie geprägt worden war. Der Preis, den er zahlte, war sein hohes Alter, und der Gewinn, den er mit seinen Arbeitsbienen erzielte, war das Elixier, die süßeste und mächtigste Essenz des natürlichen Lebens.

Am nächsten Tag kam mir die Welt sehr viel langweiliger vor. Aber etwas, das über den Alltag hinausging, blieb in unserer Vorstellung für immer bewahrt. Die gute Hexe hatte in uns kleinen, heranwachsenden Jungen einen ängstlichen und aufgeregten Respekt für die natürlichen Kräfte des Lebens hervorgerufen.

Ich hatte auch mit schrecklichen Hexen zu tun. Meine eigene Mutter war eine, die im Bett brütete, wenn ich in den kurzen Ferien jedes Jahr nach Hause kam. Die schimmernden Augen verbargen ihre Traurigkeit, zeigten aber dem kleinen Jungen – mir – nur zu deutlich ihre Wildheit. Diese Frau hatte enorme Macht über mein Denken und meine Bestimmung, und langsam lernte ich, sie versöhnlich zu stimmen, wenn ich konnte. Aber ach, sie folgte mir in meine Träume und geheimen Gedanken und terrorisierte mich jahrelang. Sie war für mich die böse Hexe, die vertraut war mit dem Üblen, das sie über mich verhängte, und die jede ihrer Handlungen rechtfertigte. Ich lernte von ihr eine Wahrheit, der sie sich selbst nicht zu stellen schien, daß es nämlich vor dem Schmerz des Bewußtseins kein Entkommen gibt, und daß die Dunkelheit der Nacht nur allzuoft durchwebt ist von Verzweiflung.

Jetzt weiß ich, daß sie meine Mutter ist, die alte, neurotische Gene Derwood Williams, die ein Jahr lang in der Psychiatrie gewesen ist, als ich drei war.

Die Arbeit

☐ *Welche Gefühle oder Stimmungen löst dieser Textabschnitt bei Ihnen aus?*

☐ *Beschreiben Sie doch einmal eine Erfahrung mit einer »Hexe« aus Ihrer eigenen Kindheit. »Hexen« scheinen die magische, manchmal böse und manchmal naturgewaltige Seite der Dinge zu repräsentieren. Welche Wirkung hatte Ihre Hexe damals auf Sie?*

☐ *Überlegen Sie einmal, ob Sie sich in Ihrem jetzigen Leben an ein Erlebnis mit einer »Hexe« erinnern können, mit jemandem, der eine numinose oder archetypische Macht über Sie hat. Das kann ein realer Mensch sein oder eine Gestalt aus Ihren Träumen.*

☐ *Wie verleihen Sie Ihrer eigenen Hexennatur Ausdruck? Oder wie unterdrücken Sie sie? Halten Sie Ausschau nach Verhaltensweisen, die eher irrational und bizarr sind und trotzdem eine sonderbare Logik und eine geheime Bedeutung haben. Vielleicht ist dieses Hexenwesen eine Besonderheit Ihres eigenen Geisteszustands oder Bewußtseins? Könnte das sein?*

☐ *Was geben Hexen der Kindheit?*

Öffnen Sie die Tür zum Irrationalen, um erneuert zu werden.

19 Angst

»Nur das Ich verspürt Angst.«

So, Sie haben Angst? Sie wissen nicht, was Sie tun sollen und möchten vielleicht wegrennen, sich verstecken, um sich sicher zu fühlen. Sicher vor was? Vor dem großen Gegner? Vor dem Leben selbst? Es gibt so viele Dinge in diesem Leben, die uns Angst machen können. Das Leben ist so schwer, so voller Leiden und Schwierigkeiten.

Aber weswegen sollten wir überhaupt vor etwas Angst haben? Alles da draußen ist das Leben selbst, das Leben, das voll und ganz gelebt werden will, das Gutes und Schlechtes, Kreatives und Destruktives umfaßt. Leben, ich liebe alles an Dir, Deine Gefahren und Deine Zerstörungskraft ebenso wie Deine Wärme und Dein Glück. Vielleicht bekommen wir alle gleich viel Leben geschenkt, gleich viel von den dunklen und hellen Seiten, den großen Gegensätzen.

Aber so fängt niemand von uns an, stimmt es? Sind Kinder offener für das Leben, wie es ist, als Erwachsene? Sicherlich leben offene Kinder intensiver als verschlossene Erwachsene. Das Leben ist da, um gelebt zu werden. Deswegen bin ich für alles, was es ausmacht. Ich möchte das Ganze, denn sonst komme ich mit gar nichts im Leben gut zurecht.

Einige von uns weisen bestimmte Seiten des Lebens immer noch als dumm, böse, schrecklich und so weiter zurück. Wer die größten Ängste hat, scheint sich im Leben am ablehnendsten zu verhalten. Wo ich Angst habe, bin ich auch voller Ablehnung, und wenn ich ablehnend bin, entgehen mir wichtige Aspekte des Lebens.

Nur das Ich verspürt Angst. Und was ist Angst? Wenn ich mich der Möglichkeit meiner eigenen Vernichtung gegenübersehe, verspüre ich Angst. Ich habe Angst, wenn ich glaube, etwas zu verlieren, vielleicht mein Leben. Wenn ich Angst verspüre, kann es wichtig sein, Maßnahmen zu ergreifen, um mich, andere oder bestimmte Dinge zu schützen, die ich für wertvoll erachte. Aber manchmal kann jede Identifikation im Leben, und wenn es die mit der eigenen Seele oder dem eigenen Körper ist, bewirken, daß wir uns ängstlich in uns selbst zurückziehen und den feindlichen Aspekten der Existenz aus dem Weg gehen.

Die größte Angst vor Verlust haben wir dort, wo wir uns identifizieren. Unglück ist das, was sich widersetzt. Irgendein Ereignis oder eine Kraft tritt in unser Leben und entfernt uns von dem, womit wir identifiziert sind – unserer Gesundheit, unserem Geld, unserer Arbeit, Beziehungen, Verhaltensweisen, Werten, Bedürfnissen. Wenn ich mich in diesen Zeiten der Herausforderung ängstlich zusammenziehe und verzweifelt versuche, an den Dingen festzuhalten, habe ich nicht die Flexibilität für die Umstrukturierung meines Bewußtseins, die nötig ist, damit ich besser mit der Situation zurecht komme. Öffnen Sie sich der Herausforderung, statt sich voll Angst zusammenzuziehen. Gehen Sie durch das Feuer Ihrer eigenen Transformationen, und nehmen Sie die notwendigen Umstrukturierungen vor, damit Sie die veränderte Realität handhaben können. Angst beleuchtet den Weg zu möglichen Gefahren, darf aber niemals selbst die Gefahr sein.

Wovor hatte ich als Kind Angst? Hinzufallen und mir weh zu tun? Meine Eltern zu verlieren? Von anderen abgelehnt zu werden? Daß mir Dinge, an denen ich hing, gestohlen würden? Angegriffen und schikaniert zu werden? Die Liste ist endlos. Habe ich all das, wovor ich Angst hatte, erlebt? Ja! Offensichtlich hält meine Angst den Feind nicht davon ab, in mein Leben zu treten.

Nicht das, was im Leben daneben geht, müssen wir fürchten, sondern die Angst selbst. Angst kann bewirken, daß wir uns zusammenziehen und uns zwingen, den Rückzug anzutreten, uns unzulänglich zu fühlen. Gehen Sie auf diesen Mann oder diese Frau zu, wenn Sie mit ihm oder ihr zusammensein möchten. Vielleicht geht es schief. In Ihrer Kindheit ist Ihnen vieles mißlungen, und trotzdem haben Sie es, wenn vielleicht auch nur knapp, bis ins Erwachsenenleben geschafft. Sie werden immer wieder versagen und Erfolg haben, aber nur wenn Sie die Grenzen Ihrer eingebildeten Minderwertigkeit überspringen. Das Leben ist etwas, was auf Sie zukommt, wenn Sie sich aktiv dafür entscheiden.

Die Arbeit

☐ *Wovor hatten Sie in Ihrer Kindheit am meisten Angst? Wie sind Sie mit Ihren Ängsten umgegangen? In welchem Zusammenhang stehen sie mit Ihren heutigen Ängsten? Wie ist es Ihnen gelungen, mit der Angst und ihren hemmenden, lebensfeindlichen Qualitäten fertigzuwerden?*

☐ *Beschreiben Sie Ihr Angstmuster, und wie Sie dem, was Sie durchmachen, mit freien Entscheidungen begegnen können.*

Wir haben Angst vor dem, was wir am meisten brauchen.

20 Das Spiel mit der Macht

BILD: KINDER, DIE AUF EINER SCHAUKEL RAUF UND RUNTER WIPPEN.

»Das zarte, kleine, muntere Baby muß seine Macht behaupten.«

Am meisten Angst haben wir vor unserer eigenen Vernichtung. Irgendwann damals in der Jugend versuchten unsere Eltern, Geschwister oder die Gesellschaft den Machtkampf zu gewinnen. Sie waren darauf aus, uns zu beherrschen und zu zwingen, das zu tun, was sie wollten. Sie setzten ihre Macht ein, um uns körperlich oder verbal zu mißbrauchen. Kinder bloßstellen, sie beschimpfen, schlagen, bedrängen, verspotten – das alles sind Versuche, sich stark zu machen, indem andere geschwächt werden.
Aber die Ursache für Kindesmißbrauch liegt in den Minderwertigkeitsgefühlen des Angreifers. Die meisten Eltern mißbrauchen ihre Kinder bis zu einem gewissen Grade. Jeder, der in das Leben eines anderen Menschen eindringt, ist auf dem Weg, ihn zu mißbrauchen. Eltern, die ihren Kindern unzählige Fragen stellen, mißbrauchen sie vielleicht, indem sie sie zwingen, »alles zu erzählen«. Andere Eltern kommen ins Zimmer ihrer Kinder, wann sie wollen, lesen ihre Briefe, lauschen ihren Telefongesprächen und lesen ihre Tagebücher. Diese »milderen« Fälle zeugen von der Zudringlichkeit von Eltern, die oft behaupten, sie hätten ein Recht darauf, das Innenleben ihrer Kinder zu kennen und zu inspizieren. Dieses Verhalten hat auf Kinder die Wirkung, daß ihr Gefühl für Grenzen und eine eigene Identität geschwächt wird und sie sich zurückziehen und wehren, manchmal mit versteckten und manipulativen Mitteln.
Weil Kinder kleiner und auf ein Zuhause, Nahrung und Fürsorge angewiesen sind, müssen sie mit der Umgebung Kompromisse schließen, in der sie gezwungenermaßen leben. Sie finden sofort heraus, daß andere nicht immer zur Stelle sind, um ihre Bedürfnisse zu erfüllen. Alle Babys schreien, wenn ihnen etwas weh tut. Ihr Leiden

veranlaßt die Erwachsenen meistens zu handeln, sie zu halten, zu füttern, ihnen Liebe zu geben. Hier ist das Baby dabei, seine eigene Macht zu behaupten, denn es weiß instinktiv, daß es bereits um die Aufmerksamkeit der Erwachsenen konkurriert. Das zarte, kleine, muntere Baby muß seine Macht behaupten. Aber einige Erwachsene gehen nicht darauf ein, wenden sich ab, lassen das Baby trotz seines Schreiens in seinem Bettchen allein oder schlagen es sogar, damit es still ist. Die meisten Eltern haben solche Gedanken, und manche setzen sie auch in die Tat um. Der unsichere Erwachsene versucht vielleicht, das Machtspiel zu gewinnen, indem er das Baby beim Kampf um die Erfüllung seiner Bedürfnisse besiegt. Indem er das Baby unterdrückt, unterdrückt der Erwachsene auch sein eigenes verletztes inneres Kind. Wie traurig!

Irgendwann in der Kindheit haben jene, die die Macht hatten, Sie vielleicht besiegt, Sie dazu getrieben, sich in sich zurückzuziehen und dort zu verstecken. Die anderen haben das Machtspiel gewonnen. Sie haben nicht das ebenso großartige wie wertvolle Prinzip des »Machtausgleichs ohne Niederlage« befolgt. Erfüllen Sie die Bedürfnisse der Kinder, aber so, daß auch einige Ihrer eigenen Bedürfnisse dabei erfüllt werden. Lassen Sie das Kind auch einmal gewinnen. Erlauben Sie dem Kind, sich zu einem starken Individuum zu entwickeln, indem Sie es ermutigen, sich zu behaupten. Mischen Sie sich nur ein, um zu widersprechen, wenn Sicherheit und wichtige Werte auf dem Spiel stehen.

Wenn Sie als Erwachsener die Manipulationsmuster der Kindheit ausagieren, die Sie entwickelt haben, um Ihre Bedürfnisse in einer Familie erfüllt zu bekommen, in der die Eltern den Machtkampf spielten, bekämpfen Sie sich selbst. Sie können lernen, um das zu bitten, was Sie brauchen, damit Ihre Bedürfnisse direkt erfüllt werden. Sie können den Kontakt zu Menschen suchen, die nicht darauf aus sind, das Machtspiel mit Ihnen zu gewinnen. Und Sie können darauf achten, daß Sie nicht versuchen, sich mit Gewalt über die Bedürfnisse anderer hinwegzusetzen, damit Ihre eigenen Wünsche befriedigt werden.

Wenn Sie sich von einem anderen Menschen überwältigt fühlen, der das Machtspiel gegen Sie einsetzt, können Sie das auch als Angst wahrnehmen. Lernen Sie mit der Angst umzugehen, indem Sie handeln. Sie können die Initiative ergreifen und für sich selbst einstehen. Entwickeln Sie Ihre eigene Macht, und bringen Sie die Energie mit jedem, der Ihren Weg kreuzt, ins Gleichgewicht. Das können Sie. Sie können jetzt gleich damit anfangen, indem Sie mit Direktheit handeln und die Macht nutzen, die Ihnen zur Verfügung steht.

Die Arbeit

☐ *Welche Einstellung haben Sie zur Macht? Welche Kindheitserfahrungen haben dazu beigetragen?*

☐ *Welches war Ihre erste Erfahrung damit, von der Macht eines anderen Menschen überwältigt oder fast überwältigt zu werden? Welche abwehrenden oder manipulativen Verhaltensmuster haben Sie daraufhin entwickelt? Sind diese heute noch wirksam? Wenn ja, wie können Sie sie transformieren?*

☐ *Versetzen Sie sich in einen meditativen Zustand und gehen Sie zurück zu einem Trauma aus der frühen Kindheit, bei dem Sie in einem Machtkampf geschlagen wurden. Bleiben Sie aber diesmal dabei, sich zu behaupten und der Kraft des anderen irgendwie standzuhalten. Schauen Sie, was dann geschieht. Sie verändern damit ein inneres Muster.*

☐ *Machen Sie sich im Verlauf des nächsten Monats Situationen bewußt, in denen Sie Ihre Macht aus Angst heraus an andere verloren haben. Spielen Sie solange durch, was Sie anders hätten machen können, bis es für Sie zur Gewohnheit geworden ist, sich in einer manchmal feindlich gesonnenen Welt zu behaupten.*

☐ *Praktizieren Sie in jeder Situation das Prinzip des Machtausgleichs, und beobachten Sie, was dadurch in Ihnen ausgelöst wird. Wo nötig, verfolgen Sie die Gefühle und Einstellungen bis zurück in die Kindheit. Entwickeln Sie neue Einstellungen und ein Selbstbild von sich als Mensch, der in den meisten Fällen in der Lage ist, Macht mit Macht auszugleichen.*

Macht läßt sich messen an Sinn und Wirksamkeit.

21 Ablehnung

BILD: EINE KÜHLSCHRANKTÜR, DIE AN DEN STRAND
GESPÜLT WURDE.

»Nur wir selbst können uns ablehnen, niemand sonst.«

Jeder Mensch, ob er nun sehr traumatische Erlebnisse oder eine
äußerst behütete Kindheit hatte, scheint Schwierigkeiten mit Ablehnung zu haben. Ablehnung wird zum Problem für das Ich, mit dem
es sich auseinandersetzen muß, ein Problem, das der Ich-Dynamik
zu eigen ist.

Nur wir selbst können uns ablehnen, niemand sonst. Und trotzdem
wandern wir umher und haben Angst vor dem großen *Nein*, Angst,
daß jemand uns ablehnt. Menschen können zwar millionenmal »Nein«
zu uns sagen, aber ablehnen kann uns niemand – wenn wir uns nicht
selbst ablehnen.

Wenn wir uns nicht negieren, können wir auch nicht von anderen
negiert werden. Warum also diese Angst, diese Vorstellung, daß ich
nicht bekomme, was ich brauche? Wenn wir uns mit einem Nein
identifizieren, werden wir unter seiner Macht begraben. Wenn ich
Angst vor den »Neins« im Leben habe, werde ich den Versuch nicht
riskieren, zum »Ja« zu gelangen. Die »große Verneinung« sieht so
aus, daß wir nicht riskieren, das Leben voll auszuschöpfen.

Warum darauf warten, daß Ihnen das Beste im Leben ohne Absichten
oder Anstrengungen Ihrerseits gereicht wird? Wahrscheinlich können
Sie ewig warten. Ich brauche das, um was ich bitte. Das, um was
ich bitte, erzeugt das, was ich wahrscheinlich bekomme. Was ich
bekomme, ganz gleich wie unerwartet oder anders, ist das, was ich
brauche, und was ich brauche ist, daß ich das ganze Potential des
Lebens bejahe.

Kehren Sie wieder zurück zur Kindheit, erleben Sie Ihre erste große
Ablehnung. Na und? Es war Zeit für Ihre nächste Lektion im Spiel

des Lebens. Aber haben Sie sie auch gelernt? Oder behandeln Sie sich selbst immer noch so geringschätzig, wie andere Sie behandelt haben? Wir lehnen uns selbst ab, weil andere uns abgelehnt haben. Und heute? Heute werde ich mit einem Totalprogramm anfangen. Heute werde ich mich nicht ablehnen, indem ich zu meinen Wünschen »Nein« sage, noch bevor jemand anderes zu mir »Nein« sagen kann. Wenn Sie »Nein« als Antwort akzeptieren können, können Sie um alles bitten.

Die Arbeit

☐ *Schreiben Sie auf, inwiefern Sie immer noch kein »Nein« hinnehmen können. Auf welchem inneren Muster oder Gefühl beruht das? Wie gut können Sie zu anderen »nein« sagen? Wenn Sie Probleme haben, »nein« zu sagen, sollten Sie einige Einstellungen und Gefühle aufschreiben, die dieser Unfähigkeit zugrundeliegen könnten.*

☐ *Inwiefern heißt zu anderen nicht »nein« sagen in Wirklichkeit »nein« zu sich selbst sagen? Haben Sie geglaubt, dem Neinsagen im Leben entkommen zu können?*

☐ *Schreiben Sie einige Dinge auf, um die Sie in der kommenden Woche bitten werden, und schreiben Sie unter jedes, wieviel »Neins« Sie hinnehmen werden, bevor Sie aufgeben zu bekommen, was Sie wollen.*

☐ *Wie sieht das größte »Nein« aus, das Sie fürchten? Wie könnten Sie es verkleinern? Wie sah das »Nein« aus, das Sie von Ihren Eltern bekamen? Welches »Nein« von Ihren Eltern hätte Ihnen gut getan?*

☐ *Schreiben Sie auf, wie Sie in der frühen Kindheit einmal abgelehnt wurden. Schreiben Sie die Einstellungen auf, die Ihre Beschrei-*

bung enthält. Schreiben Sie die Auswirkungen dieser Erfahrung und die daraus resultierenden Einstellungen auf, die Ihr heutiges Verhalten prägen.

☐ *Wie sieht Ihr Problem mit Ablehnung aus? Und wie könnte es möglicherweise transformiert werden?*

☐ *Visualisieren Sie Ihre idealen Eltern, die Sie voll und ganz akzeptieren. Wie sieht der Austausch zwischen Ihnen aus? Wie reagieren Sie?*

Wir lehnen das Mögliche ab, weil wir Angst vor dem Unmöglichen haben.

22 Sprache

BILD: BLÄTTER FALLEN UNAUFHÖRLICH VON
UNZÄHLIGEN BÄUMEN.

»Wir sprechen, um uns selbst zu hören.«

Kaum ist es aus dem Mutterleib heraus, tatsächlich sofort noch im
Schoß der Mutter, schreit oder brabbelt das Baby bereits lustvoll.
Wir werden geboren, um Töne von uns zu geben, mit denen wir
andere um uns herum berühren. Wir werden geboren, um das ganze
Ausmaß unserer Erfahrungen zu vermitteln. Sprache ist die zweite
Geburt.

Wenn wir erwachsen sind, werden die Worte und Töne aus unserem
Mund leider so müde wie alte Äste, die vom Baum fallen. Wir sagen
nicht, was wir meinen. Wir beklagen uns über das Leben. Wir zerreden
es und fahren oft fort, genauso weiterzuleben. Unsere Worte haben
ihre Integrität verloren, ihre Fähigkeit, uns oder andere zu verändern.
Warum?

In der Kindheit haben viele von uns folgendes über das Sprechen
erfahren:

- Wir haben erlebt, daß Worte nicht wichtig sind. Nur das Handeln
  zählt.
- Wir haben erlebt, daß wir das, was wir denken, nur zum Teil
  sagen können. Wir mußten anfangen, unsere Worte zu zensieren,
  und das führte zu einer Spaltung unserer Persönlichkeit in die
  Seite, die wir der Welt zeigen konnten, und die verborgene, oft
  wahrere Seite von uns.
- Wir haben erlebt, daß die Erwachsenen dem, was wir zu sagen
  hatten, meistens nicht zugehört haben. Die Erwachsenen haben
  uns nicht verstanden und selbst entschieden, was sie hören
  wollten.

- Wir haben gelernt, daß wir die Wahrheit sagen müssen, aber wir haben gesehen, daß die Erwachsenen sich gegenseitig anlogen und Tatsachen über uns anders erzählten, als wir sie wahrnahmen.
- Wir haben erfahren, daß es sicherer ist, zu lügen oder gar nichts zu sagen, um uns vor der Macht der Erwachsenen und ihrem Versuch, uns zu beherrschen, zu schützen.
- Wir haben auch erlebt, daß die Großen wollten, wir sollten alles sagen, was wir denken, diese Informationen aber manchmal gegen uns verwendet haben. Sie machten uns vor unseren Freunden lächerlich oder bestraften uns, weil wir uns ihrer Meinung nach falsch verhielten. Wir haben allmählich gelernt, unseren Mund zu halten, mit dem traurigen Resultat, daß wir uns anderen und sogar uns selbst entfremdet fühlten.
- Wir haben erfahren, daß reden gefährlich ist. Wir mußten lernen, das Richtige zu sagen, weil wir sonst andere verärgerten. Wir haben erlebt, daß wir nicht sagen konnten, was wir fühlten, weil niemand damit umgehen konnte, weder die Erwachsenen noch die meisten Gleichaltrigen.

Als wir also zu Erwachsenen heranwuchsen, wurde unsere Sprache korrumpiert. Jetzt müssen wir das wieder ändern. Wenn wir uns nicht ausdrücken, verleihen wir dem Leben keinen Ausdruck. Alle Worte sagen etwas Wesentliches über das Leben aus. Auch wenn einige Worte gut und andere schlecht zu sein scheinen, haben sie alle ihre Berechtigung als Ausdruck der Wirklichkeit.

Einige von uns reden, um sich verbal zu maskieren. Wir sprechen ständig über uns selbst, ohne Gesprächspausen zu lassen, um der Stille oder der Antwort unseres Gegenübers Raum zu geben. Wir verhindern Intimität, indem wir verbal kontrollieren, welchen Eindruck der andere von uns bekommt. Als reife Menschen können wir lernen, unsere Zunge zu heilen. Wir können lernen zu sagen, was wir meinen, unseren Gefühlen eine Stimme verleihen, anderen aufmerksam zuhören, eine nuancierte Sprache sprechen und sie benutzen, um in der Welt etwas zu bewirken.

Andere sagen wenig, denken aber viel. Sie haben Angst auszudrücken, wer sie sind, und verstecken sich hinter der Maske des Schweigens.

Sie müssen lernen, sich der Welt verbal zu zeigen, sich mitzuteilen und Entfremdung und Bindungslosigkeit aufzugeben.

Das Verbalisieren ist ein Reflektionsprozeß, mit dessen Hilfe wir uns bewußt machen, was mit uns geschieht. Zuerst machen wir die Erfahrung und dann reflektieren wir über sie und versuchen die Bedeutung dessen zu erfahren, was wir gerade erlebt haben. Die meisten von uns besprechen ihr Leben mit anderen. Wir sprechen, um unser Leben und unser Bewußtsein zu bestätigen, um anderen Werte und Erfahrungen zu vermitteln. Wir hören aufmerksam zu, um mit anderen Kontakt herzustellen und uns zu ändern. Jemandem ganz aufmerksam zuhören heißt zulassen, daß seine Worte Sie berühren. Wenn Sie ein tiefgehendes Gespräch beenden, ohne sich verändert zu haben, haben Sie nicht gehört, was gesagt wurde. Reden ist also das Verweben der inneren Inhalte mit der äußeren Realität, die heilende Brücke, die uns von der Entfremdung kuriert und die Freude darüber schenkt, in der Welt zu leben.

Die Arbeit

☐ *Wie sehen einige Ihrer frühesten Spracherfahrungen als Kind aus? Was sagen diese Erinnerungen über Sie aus?*

☐ *Wie sah Ihr kindliches Sprachmuster aus, und wie ist es heute noch wirksam? Analysieren Sie mit Hilfe des vorangegangenen Textes, wie Sie gesprochen oder nicht gesprochen haben. Wie ist dieses Muster heute noch aktiv, und was können Sie dagegen tun?*

☐ *Waren Sie als Kind ehrlich? Wie haben Sie gelogen? Wo würden Sie heute noch lügen? Welche Funktion hat das Lügen für Sie?*

☐ *In welcher Form können Sie sich verbindlich darauf einlassen, das Sprechen dazu zu benutzen, zu wachsen und Ihrem Leben eine Richtung zu geben? Beispiele könnten sein, unter allen Umständen zu sagen, wie Sie sich fühlen, oder mehrmals im Verlauf des Tages mitzuteilen, was innerlich in Ihnen vorgeht.*

☐ *Wie haben Sie sich heute mit Hilfe von Worten ausgedrückt? Wie könnten Sie durch die Benutzung von Worten ausdrucksstärker und realer werden?*

☐ *Üben Sie, anderen zuzuhören und einiges von dem zu wiederholen, was sie gesagt haben, so daß Sie lernen, die Gedanken und Worte anderer Menschen exakt wahrzunehmen.*

☐ *Üben Sie das Sprechen in Bildern, um sprachlich freier für Gefühlsreaktionen zu werden. Öffnen Sie sich für Ihr Unbewußtes, und lassen Sie die Bilder kommen. Gehen Sie auch persönlich auf das ein, was Sie sagen. Das ist die Gefühlsreaktion.*

Hören Sie, was Sie sagen, und Sie werden sagen, was Sie fühlen.

23 Regression

BILD: DIE TOILETTENSCHÜSSEL IST ÜBERGELAUFEN.

»… jede Regression… ist ein Versuch, in die Kindheit zurückzukehren…«

Oh, ich möchte heute nicht aufstehen. Ich bin so müde und habe zu nichts Lust. Und so geht es weiter. Manchmal scheint das Leben so schwer zu sein. Ich bin jetzt erwachsen. Ich habe Verpflichtungen und muß dem Bild eines reifen Menschen genügen. Aber welche Plackerei das Leben ist! Laß mich in Ruhe, bitte. Ich möchte ein bißchen regredieren.

Der regressive Sog ist eine mächtige Kraft in unserem Leben. Wir alle haben Ziele vor Augen und Dinge, die wir erledigen müssen, aber irgendwie können wir nicht kontinuierlich dabei bleiben. Wir sollten eigentlich ständig weiter wachsen und produktiv sein, aber so ist es in Wirklichkeit nie. Zwei Schritte vor, einen Schritt zurück, manchmal auch einen Schritt vor und zwei zurück.

Kreative Regression heißt, bewußt aus der uns bekannten Erwachsenenpersönlichkeit herausschlüpfen, aus den Bildern von Reife, mit denen wir identifiziert sind, und Jahre zurück in frühere Verhaltensweisen gleiten. Einige von uns identifizieren sich so stark mit ihrer Persona, daß es ihnen erstaunlich schwer fällt, sich bewußt dafür zu entscheiden, einige Momente kreativ zu regredieren.

»Ich werde mich jetzt ausruhen, ich werde mich entspannen und mich amüsieren. Ich werde heute nichts tun, überhaupt nichts! Von mir aus kann die ganze Welt zur Hölle gehen. Laß uns spielen, wir wären kleine Tiere. Würde das nicht Spaß machen?«

Wenn wir nicht von Zeit zu Zeit bewußt regredieren, um der erwachsenen Persona zu entkommen und uns wieder zu erneuern, wird die Regression in Zeiten ihre Macht behaupten, wo wir es uns am wenigsten leisten können. Wir werden krank, wenn wir gesund sein müssen. Schläfrigkeit, Tagträumerei, Dinge verlieren, trinken, vergessen – es gibt eine lange Liste unbewußter Regressionen, in die wir uns flüchten, um uns wieder aufzubauen. Aber solange diese Formen von Regression nicht ins Bewußtsein gebracht werden, bleiben wir mit uns selbst im Kriegszustand.

Kreative Regression kann uns zurückbringen in die Welt des Kindes, zu ursprünglicher Spontaneität und kreativer Flexibilität im Umgang mit dem Leben. Gönnen Sie sich im Verlauf des Tages immer wieder Augenblicke, in denen Sie einfach alles loslassen, zum Beispiel mit einem Nickerchen von wenigen Minuten. Erlauben Sie es sich, verspielt zu sein und sich – wo angemessen oder fast angemessen – wie ein Kind zu verhalten. Schon ein kurzes Auflachen kann ein Loslassen sein.

Wir erfahren unsere Kindheit noch einmal, um sie vollständiger auszuleben und zum Abschluß zu bringen. Das führt unter anderem auch dazu, daß wir unsere erwachsene Persona leichter loslassen und uns mit Hilfe des inneren Kindes wieder aufbauen können. Also ist jede Regression, ob geplant oder nicht, wirklich ein Versuch, in die Kindheit zurückzukehren, und wir können entsprechend damit umgehen. Lieben Sie das Kind, und lassen Sie sich ein wenig – oder völlig! – gehen.

Die Arbeit

☐ *Welches sind Ihre typischen Formen zwanghafter oder unbewußter Regression? Beschreiben Sie sie und das, was sie eventuell auslöst. Finden Sie heraus, mit welchen kreativen Alternativen Sie die Bedürfnisse erfüllen können, durch die diese Regressionen hervorgerufen werden.*

☐ *Inwiefern waren Sie »zu erwachsen«, als Sie klein waren und haben es deswegen versäumt, Kind zu sein? Welche Aspekte des kindlichen Daseins konnten Sie nicht voll ausleben? Keinen?*

Halten Sie fest, was Ihnen am meisten gefehlt hat. Wie könnte Ihr heutiges Regressionsmuster davon beeinflußt sein?

☐ *Schreiben Sie auf, wie Sie im Verlaufe Ihres Tages auf kreative Weise ein wenig regredieren könnten, um sich zu regenerieren.*

☐ *Schreiben Sie eine positive Äußerung über sich auf, die Ihre Fähigkeit zu regredieren ausdrückt. »Ich kann gut regredieren...«*

Wir verlieren uns, um uns zu finden.

24 Der Familienarchetyp

BILD: DER BERGWALD BRENNT.

»Viele entscheiden sich dafür, die Familie um jeden Preis zu erhalten.«

Wenn der Familienarchetyp nicht integriert wurde, wirkt er bei vielen Schwierigkeiten im Erwachsenenleben als motivierende Kraft. Der größte Teil der Menschheit wandert ins Grab, ohne sich über sich selbst bewußt geworden zu sein, weil er beim Familienarchetyp stehenbleibt.

Im folgenden einige Beispiele für die Macht, die der Familienarchetyp über Erwachsene haben kann: sein Leben lang in der Nähe der Eltern zu wohnen; die Eltern als Erwachsene»Mutti« und»Vati« statt bei ihrem Namen zu nennen; als Extrem: Verheiratete, die sich gegenseitig»Mutti« und»Vati« nennen.»Mutti« und»Vati« sind keine realen Menschen, sondern Archetypen, symbolische Urgestalten ohne Individualität.

Um ins Erwachsenenleben zu graduieren, müssen wir uns aus den archetypischen Klauen befreien, mit denen die inneren und äußeren Eltern uns im Griff haben. Wenn wir unsere Eltern nicht zumindest ab und zu bei ihrem richtigen Namen nennen können, halten wir daran fest, uns mit dem Kind zu identifizieren, einer Form von Abhängigkeit. Außerdem tragen wir nicht unseren Teil dazu bei, »Mutti« und»Vati« herauszufordern, für sich und uns zu realen Menschen zu werden.

Müssen wir die Familie aufgeben, um uns von der unbewußten Herrschaft des Archetyp zu befreien? Die meisten von uns müssen sich sicherlich körperlich und psychisch in mehrfacher Hinsicht befreien. Aber die kompromißlose Ablehnung der Familie ist keine Lösung, denn wir können noch so weit laufen, die Kindheitsfamilie bleibt solange in uns, bis wir uns mit ihr auseinandersetzen. Wenn wir das Familienproblem lösen, werden wir frei, uns auf die Familie als innere und äußere Erfahrung besser beziehen zu können. Wir können liebevoller werden, denn wir haben uns aus dem Gefängnis des Archetyp befreit.

Können wir innerhalb der Familie unsere Individualität entwickeln, unseren Weg verfolgen und zu innerer Ganzheit gelangen?

Die Kräfte, die uns bewegen, innerhalb des Familiensystems bestimmte Rollen zu spielen, sind so mächtig, daß es so aussieht, als wäre unsere Individuation unvereinbar damit, daß wir unserer Familie den ersten Platz im Leben einräumen. Sie haben in der Kindheit versucht, Sie selbst zu werden – und was ist daraus geworden? Die Familie versuchte, Sie zu brechen und für sich zu beanspruchen. Sie mußten Widerstand leisten, um zu sich selbst und zu Ihrem Weg zu finden.

Und trotzdem ist die Individuation auch für eine Familie und ihre Mitglieder möglich. Hierfür wäre eine offene Familienstruktur erforderlich, bei der alle Mitglieder einen Machtausgleich anstreben statt Macht abzugeben oder an sich zu reißen, eine Familienorganisation, in der die Mitglieder das hochkommende Material mitteilen und verarbeiten.

Das Bild der zukünftigen Familie symbolisiert Ganzheit, Geborgenheit, Fruchtbarkeit und eine Beziehung, die neues Leben schafft. Sie wird aus sich selbst heraus die Freiheit schaffen, sowohl allein als auch in Begleitung derjenigen zu reisen, die unsere wahren Gefährten sind. Vielleicht lassen wir unsere Ursprungsfamilie hinter uns, aber wir werden andere Menschen treffen, die uns wesens- und herzensverwandt sind und mit denen wir zusammen reisen und zu einem gemeinsamen Sinn im Leben finden.

☐ *Welche Haltung haben Sie dazu, Ihre Eltern »Mutti« und »Vati«
zu nennen? Was meinen Sie, welche Position Ihre Eltern haben?
Phantasieren Sie, was geschehen könnte, wenn Sie ihnen sagen,
daß Sie sie mit dem Vornamen anreden möchten. Wenn Sie den
Mut haben, sollten Sie sich dafür entscheiden, Ihre Eltern mit
ihren tatsächlichen Namen statt mit Mutti und Vati anzusprechen.
Spüren Sie nach, was das für Ihr inneres Wachstum bedeuten
würde.*

☐ *Auf welche Weise versuchen Sie, in Ihren erwachsenen Beziehungen immer noch Ihr kindliches Familienleben zu leben?*

☐ *Wie haben Sie in bestimmten Gruppenerfahrungen die ideale
Familie gesucht? Wie sah Ihr Versuch aus, Ihr eigenes Kind-
heitsmuster in Gruppen mit Autoritätspersonen durchzuarbeiten?
Wo gelang das nicht? Was haben Sie über sich und Gruppen
gelernt?*

Äußere Ganzheit kommt nur aus innerer Ganzheit.

25 Die Familiendynamik

BILD: DIE SCHNUR HAT VIELE KNOTEN.

»Die Familiendynamiken ... ermöglichen es fremden und
unterschiedlichen Menschen ... zusammenzuleben.«

Und wieder sind Sie zurückgekehrt in die Kindheit. Alles, was Ihnen
widerfuhr, hat einen Sinn, enthält eine Lektion für Sie, eine Chance
zum Lernen. Sie wurden in ein Netzwerk hineingeboren und haben
zum Muster dieses Netzes beigetragen, ob Ihnen das bewußt ist oder
nicht. Sie haben erforscht und durchgespielt, wie die Dinge in Ihrer
Familie funktionierten. Wer war wem zu Dank verpflichtet? Wo
konzentrierte sich die Macht? Sie haben erforscht, wovor Sie sich
fürchten mußten und was nur ein Bluff war, womit Sie durchkommen
konnten und welches Verhalten wirklich gefährlich war. Und Sie
haben herausgefunden, wo Ihre ganz spezielle Macht lag, die Sie
gegenüber den anderen in der Familie hatten, da Sie deren geheime
Schwachpunkte kannten.
Wurden Sie zur Vertrauten Ihrer Mutter und durften sich anhören,
was noch nicht einmal Ihrem Vater erzählt wurde? Steckten Sie mit
dem alten Herrn unter einer Decke und wußten, wie Sie auf seinen
heimlichen Gefühle herumreiten konnten? Wie ist es Ihnen gelungen,
Ihre Ecke des Nestes gegen die Zudringlichkeiten Ihrer Brüder und
Schwestern abzusichern? Und was haben Sie gegen die Familien-
schatten unternommen, die Geister, die im Wandschrank versteckt
waren, die Neurose, die von Generation zu Generation weitergereicht
wurde und über die niemand sprechen wollte? Haben Sie wirklich
beschlossen, sich von ihr freizumachen, damit Ihre Kinder nicht das
gleiche Schicksal erleiden würden wie Sie? Oder haben Sie aus
diesem Grund bis heute keine eigenen Kinder?
Die Familiendynamik besteht aus jenen Mustern, die unbewußt
entwickelt werden, damit fremde und unterschiedliche Menschen,
die sich Familie nennen, zusammenleben können. Um diese Muster

zu erhalten, haben wir alle etwas aufgegeben, was für unser eigenes Wesen ganz zentral war, und ein großes Opfer gebracht, um unseren Teil zur Oberherrschaft des Familienarchetyps beizutragen.

Lassen Sie uns in das Bild der Familie auch einige der positiveren Muster und Rituale einflechten, wie das gemeinsame Singen zum Beispiel, das der Familie Wärme und Leben schenkt. Unser Ziel ist Bewußtheit. Wir möchten wählen können und transformieren. Wir möchten das verlorene Kind erlösen, das sich um den Preis anpassen mußte, nicht sein eigenes einzigartiges Selbst entwickeln zu können. Im besten Falle unterstützt die Familiendynamik das Individuum in seinen wesentlichen Fähigkeiten und hilft ihm, sie zu verwirklichen, während es sich im Laufe des Lebens entwickelt und verändert.

Die Arbeit

☐ *In diesem Abschnitt sind einige wichtige Fragen gestellt worden. Von welchen Fragen fühlen Sie sich angesprochen? Formulieren Sie eine ausführliche Antwort auf eine oder zwei oder – wenn Sie sich die Zeit nehmen wollen – auf alle Fragen.*

☐ *Fertigen Sie eine Zeichnung von jedem Mitglied Ihrer Ursprungsfamilie der Kindheit an. Schreiben Sie anschließend Ihre Gefühlsreaktionen auf das Bild auf. Dann beschreiben Sie das Bild einem anderen Menschen, um sich die Dynamik dessen, was Sie gezeichnet haben, bewußt zu machen.*

☐ *Fertigen Sie ein Diagramm der Machtverhältnisse in Ihrer Familie an. Versuchen Sie die unterschiedlichen Arten von Macht zu beschreiben, die die einzelnen Familienmitglieder ausgeübt haben. Wie sah Ihre Form von Macht aus?*

☐ *Beschreiben Sie sich selbst in Ihrem Zimmer. Was haben Sie dort getan, welche Art von Rückzugsmöglichkeit stellte es für Sie dar? Vor was wollten Sie sich zurückziehen? Was geschah in Ihrer Einsamkeit?*

Finden Sie Ihren einzigartigen Platz im Muster, um das Muster als ganzes erkennen zu können.

26 Im Garten des Herzens

BILD: DER WIND HAT DIE DECKEN VOM BETT GEWEHT.
»Alles hatte einen Platz und eine Geschichte.«

Vor langer Zeit lebte einmal irgendwo in einem wunderschönen Zimmer ein kleines Mädchen, oder war es ein kleiner Junge? Und in diesem Zimmer gab es viele Zauberdinge, von denen nur kleine Menschen wissen. Und dieser Ort war den Geistern, die mit dem kleinen Menschen dort zusammenlebten, als »Garten des Herzens« bekannt.

In dem Zimmer gab es ein Bett, und auf dem Kissen dieses Bettes lag eine kleine Puppe, oder war es ein Stofftier? Oder vielleicht sogar ein winziges Wesen? In jenem Regenbogenzimmer hätte es alles sein können. Alles was wir wissen ist, daß für die Person, die dort lebte, viele Dinge lebendig waren, nicht zuletzt die Wesen, die Tag und Nacht auf dem Kissen lagen oder im Zimmer in Regalen saßen.

Und Bücher gab es in dem Zimmer, Bilderbücher und Geschichtenbücher, alte und neue Bücher, Bücher, die man riechen konnte, und Bücher, mit denen man die Großen dazu brachte, daß sie sie mit uns zusammen anschauten und uns eine Geschichte daraus vorlasen. Und dann konnten Sie eines Tages selbst das Buch aufschlagen und die Geschichte innerlich hören, während Ihre Augen über die Seite wanderten.

Dieses Zimmer war dazu da, um darin allein zu sein. Die meiste Zeit blieben die Großen Ihrem Ort fern. Sie hatten eigene Zimmer, in denen sie sich gern aufhielten. Sie konnten sich vor den Großen verstecken, sich Bilder anschauen und Geschichten erzählen. Sie konnten einen Freund oder eine Freundin, die wie Sie waren, mit in Ihr eigenes Zimmer nehmen, und er oder sie lernte Sie durch Ihr Zimmer kennen. Und zusammen erfanden Sie Geschichten, in denen es um das ging, was in Ihrem Zimmer passierte, von dem niemand außer Ihnen wußte.

Da gab es das Geheimnis der untersten Schublade, das Geheimnis des winzigen Mannes, der dort lebte und den man erst sehen konnte, wenn man ganz genau hinschaute, und selbst dann konnte es sein, daß Sie ihn verfehlten oder die Gefahr bestand, daß Sie ihn in Ihre Nase hochschnieften. Halb hatten Sie den Verdacht, viele kleine Wesen aus Ihrem Zimmer in die Nase geschnieft zu haben, denn von Zeit zu Zeit mußten Sie niesen und wußten niemals, warum. Sie lernten sich der unteren Schublade richtig zu nähern und hielten sie immer einen Spalt offen, denn man konnte ja nie wissen, und Ihre Mutter verstand davon überhaupt nichts und räumte ständig auf und schob immer die Schublade für Sie zu.

Oh, im Garten Ihres Herzens, wo Sie mit Ihren wirklichen Leuten lebten, wie Sie sie nannten, war so vieles möglich! Alles hatte seinen Platz und seine Geschichte. Viele Wesen sprachen zu Ihnen, und Sie hofften, ein guter Zuhörer zu sein und hielten sich immer an das, was sie zu sagen hatten, und mußten sie um Erlaubnis bitten, bevor Sie abends einschlafen durften.

Und heute, so viele Meilen und Jahre entfernt von dem Zimmer, scheinen Sie das alles verloren zu haben, ein Bild der Vergangenheit, das niemals wieder gelebt werden kann. Können Sie sehen, wie es an Ihrer linken Seite vorbei nach unten wegschwebt? Jenes Zimmer und die Begleiter, die Sie in den alten Tagen hatten, scheinen zu verblassen, und an ihre Stelle treten das Gemälde an der Wand, der Riß in der Zimmerdecke, die Fotografie auf Ihrem Schreibtisch, die Kleider im Schrank. Wenn Sie gegangen sind, werden die Menschen, die Sie überleben, hereinkommen und alles aussortieren. Ein paar Überbleibsel werden in Kästen verstaut, einiges wird weggeworfen oder verschenkt werden. Aber wie soll irgendein anderer Mensch jemals diese geheime Welt kennenlernen, das Zimmer des Kindes und den Wohnraum des Erwachsenen, wie soll er jemals erfahren, was im Garten Ihres Herzens wohnte?

Die Arbeit

☐ *Was bedeutete Ihnen Ihr Kinderzimmer als Kind? Schreiben Sie darüber und berichten Sie auch, wie es Ihnen als zentraler Lebensort diente. Welches Verhältnis hatten Ihre Eltern zu Ihrem Zimmer? Was in Ihnen repräsentiert Ihr Kinderzimmer?*

☐ *Nehmen Sie einen Lieblingsgegenstand zur Hand, eine Puppe oder ein Stofftier vielleicht, und beschreiben Sie ihn oder unterhalten Sie sich in Gedanken mit ihm. Bitten Sie ihn, Ihnen zu beschreiben, wie Sie als Kind waren. Wie wirkt sich das auf Sie als Erwachsene/r noch heute aus?*

Ein wahres Geheimnis überlebt niemals, wenn es erzählt wird.

27 Das wunderbare Kind

BILD: DER KOKON IST VERSCHNÜRT MIT GOLDFÄDEN,
DIE DAS KIND HÄLT.

»Finde dieses verlorene Kind, und du wirst das Leben finden.«

Dieses Kind existiert irgendwo in uns. Vielleicht haben wir es damals zu Beginn unserer Kindheit verkörpert, vielleicht begegnen wir seiner Personifizierung in dem physischen Kind, das wir zur Welt bringen. Oder wir wissen von der Existenz dieses Kindes nur durch die Ahnung eines Schmerzes, den wir irgendwo empfinden. Sie haben das Kind mit ziemlicher Sicherheit gesehen, als Sie beobachteten, wie das Kind anderer Menschen etwas tat, was für diesen Augenblick absolut stimmte. Einen Moment lang haben Sie gespürt, wie es wäre, ein Kind zu sein, das ganz dem Leben angehört. Es war Ihr eigenes inneres Kind, das Ihnen eine Ahnung des strahlenden Glanzes vermittelte.

In der dunkelsten Zeit des Jahres, zur Wintersonnwende, feiern wir in unserer Kultur die Geburt des göttlichen Kindes, was eine andere Bezeichnung für die Erfahrung des wunderbaren Kindes in uns ist. Zu Weihnachten staunen und wundern sich Menschen mehr, sind liebevoller, fröhlicher, gebender. *Das Geschenk*, das archetypische Symbol des Lebens, wird von Herzen überreicht. Denn was sollte das große Geschenk, das jeder von uns erhält, anderes sein als das Leben selbst? Es liegt bei uns, was wir mit diesem Geschenk anfangen. In der dunkelsten Zeit des Jahres heiligen wir die Geburt des neuen Lichtes. Auf diese Weise suchen wir uns jedes Jahr wieder zu erneuern durch den Kontakt mit dem wunderbaren Kindarchetyp, mit der Dynamik, die eine neue spirituelle Geburt in unserem Leben repräsentiert.

Leider werden viele Menschen um Weihnachten herum auch von Traurigkeit und sogar von akuter Verzweiflung gequält. Dann kommt statt dem wunderbaren das verletzte Kind hoch. Menschen, die nicht nach Hause zu Familie und Kindheit zurückkehren können, fühlen sich verlassen, einsam, am Rande einer Depression. Und selbst in den normalen Familien steht nicht immer alles zum Besten. Es gibt Zank und Streit, Manipulationsversuche und erbitterte Kämpfe, wenn das verletzte Kind sich vordrängt, um erkannt zu werden, wo doch das wunderbare Kind die Alleinherrschaft haben soll.

Die Wahrheit ist, daß viele Eltern unsere wunderbare Seite als Kind bewußt oder unbewußt verletzen oder töten. Daraufhin identifizierten wir uns mit dem verletzten Kind, und das wunderbare Kind verschwand oder verbarg sich in der Welt der Phantasien. Wir betraten das Erwachsenenleben gehemmt oder zu ernst und waren deswegen unfähig, im täglichen Leben zu staunen und uns zu freuen. Wir haben unsere Kreativität verloren, das Mysterium, die Flexibilität, unter allen Umständen zu wachsen und uns zu verändern. Denn das wunderbare Kind repräsentiert in uns jene spontane, kreative Dynamik, die auf jede Situation neu und offen reagieren kann. Wenn wir als Erwachsene einen Wachstumsprozeß beginnen, haben wir die Möglichkeit, unserem verletzten Kind zu begegnen und unser wunderbares Kind wieder zum Leben zu erwecken. Wir lassen das glückliche Kind in uns wieder aufleben, um einer gehemmten und zwanghaften Kindlichkeit zu entkommen, mit der wir uns weigern, uns voll auf das Leben einzulassen. Wir heißen das wunderbare Kind mit der Freude willkommen, die entsteht, wenn wir bewußt erfüllen, was unser Lebenssinn ist.

Die Arbeit

☐ Geben Sie eine fließende schriftliche Beschreibung Ihres wunderbaren Kindes. Wie war es?

☐ An welchem Punkt ging das wunderbare Kind verloren? Was war das Trauma? Welches Abwehrsystem mußte aufgebaut werden, um zu schützen, was von Ihnen noch übrig blieb?

☐ Unterhalten Sie sich mit Ihrem wunderbaren Kind. Fragen Sie, wie und durch was dieses Kind in Ihnen wieder lebendig werden kann.

☐ Rufen Sie sich einige Ihrer eindringlichsten Erinnerungen an Erlebnisse mit Kindern ins Gedächtnis, die deren wirkliche Lebendigkeit und eine gewisse Essenz zum Ausdruck gebracht haben. Welche Qualitäten haben sich für Sie in diesen Erlebnissen gezeigt?

☐ Beschreiben Sie ein wirklich harmonisches Weihnachtsfest, Wintersonnenwende, Hanukkah (das jüdische Lichterfest, Anm.d.Ü.) oder Sylvester im Kreise Ihrer Familie.

Aus der Freude des Seins entsteht das Strahlen, das uns lieben läßt.

28 Der Körper

BILD: FRUCHTBARE ERDE IN ZWEI GEWÖLBTEN HÄNDEN.

»Der Körper ist wirklich ein Gefäß der Liebe und nicht des Hasses.«

Wenn wir an den Körper des ganz kleinen Kindes denken, sehen wir Verletzlichkeit und Windeln, ein Lächeln und ein Weinen, Vollkommenheit und Wunder, die weiche, warme Haut, lustvolles Nuckeln und Essen und vor allem das erstaunliche Wachsen und kraftvolle Vordringen der Form, das täglich stattzufinden scheint. Der Körper ist mit seinen sämtlichen Funktionen in sich selbst vollkommen. Warum sind wir dann als Erwachsene so darauf bedacht, bestimmte Körperfunktionen zu verbergen und zu bestrafen?
Eltern sozialisieren ihr Neugeborenes und ihre heranwachsenden Kleinkinder nur allzu schnell, reinigen sie von Fäkalien und Urin. Es braucht seine Zeit, aber uns wird beigebracht, unsere Verdauung und unsere Sexualität zu kontrollieren. Die dringenden Bedürfnisse des Körpers werden nicht unbedingt dann erfüllt, wenn sie auftreten.
Erziehen Sie das Kind nicht mit Vorstellungen von richtig und falsch oder Ekel. Bringen Sie ihm bei, sich seiner tierischen Natur bewußt zu sein und zu lernen, damit angemessen umzugehen, damit es sich nicht unnötig quält. Aber verdammen Sie das kleine Kind dabei nicht für das Tier, das es ist. Und haben Sie als Erwachsener Erbarmen mit Ihrem eigenen Tier, dem Körper, der Sie sind, der Leben ist, lebt, wächst, Energie ausdrückt, ausscheidet und stirbt.
Das Ich neigt dazu, sich mit dem Körper zu identifizieren. Mein Körper bin ich. Und doch, wer bin ich? Ich spüre mich nicht immer in meinem Körper. Manchmal kann ich stundenlang irgendeine Aktivität verfolgen, ohne zu realisieren, daß ich in einem Körper bin. Anschließend spüre ich die körperliche Anspannung, den Drang zu essen und den Darm zu entleeren, und mir fällt wieder ein, wo ich bin.

Und wo bin ich? Wurde mir in den ersten Jahren meiner Erziehung zur Körperbeherrschung beigebracht, mich negativ zu sehen? Wenn meine Fäkalien oder meine Sexualität mich damals ekelten, sehe ich mich wahrscheinlich nicht gerade in einem positiven Licht. Ich produziere das Zeug, womit andere es schwer haben. Ich bin die Menstruation, der Urin, der Samen und die Exkremente. Nun denn. Ich bin zu allen Zeiten schöpferisch. Um zu leben, muß ich zu mir nehmen und von mir geben. Akzeptierst du mich so? Akzeptiere ich mich so?

In gesunden wie in kranken Zeiten. War es schwer, in der Kindheit krank zu sein, zu spüren, was ich war, verletzlich und voller Schmerzen? Bekam ich genug Fürsorge, wenn ich krank war? Oder habe ich erfahren, daß krank sein Mühe macht, und die anderen mich nur mochten, wenn es mir gut ging? Oder habe ich nur Zuwendung bekommen, wenn ich krank war?

Zum Körper zurückkehren. Die große Botschaft für die heutige Welt lautet: »Wer ist wirklich lebendig und akzeptiert seinen Körper? Würde irgendein Mensch einen anderen Körper im Krieg töten und morden, wenn er wüßte, wie wertvoll es ist, im Körper lebendig zu sein?«

Der Körper ist wirklich ein Gefäß der Liebe und nicht des Hasses.

Die Arbeit

☐ *Welche Gefühle haben Sie zur Darmentleerung? Drücken Sie sie aus und schreiben Sie sie auf. Heilen Sie sie, indem Sie sich als Kind sehen, wie Sie »einen Haufen machen« und sich dabei wohlfühlen.*

☐ *Welche Rituale verbinden Sie mit dem »Toilettenbesuch«? Welches Kontrollmuster spielt dabei mit? Oder welches Entspannungsmuster?*

☐ *Und jetzt zu den Genitalien. Wie sahen einige der frühen beäng-*
stigenden Erfahrungen mit Ihren Genitalien aus? Was haben Sie
getan? Wie sah Ihr Verhaltensmuster aus? Wie haben Ihre Eltern
reagiert? Sehen Sie sich dann, um sich zu heilen, als Kind, das
lustvoll mit seinen Genitalien spielt. Welchen Wert hat diese
Erfahrung für Sie?

☐ *Der Ausdruck unserer Sexualität oder unsere Art, körperlich*
auszuscheiden, beinhaltet auch, wie wir generell festhalten oder
loslassen. Wie sieht das bei Ihnen aus? Schreiben Sie es aus-
führlich auf. Schauen Sie dann, wo Sie Veränderungen vornehmen
können. Setzen Sie sich mit der Ängstlichkeit auseinander, die
dabei hochkommt. Sie ist neue Lebensenergie, die freigesetzt
wird. Gehen Sie schöpferisch damit um.

Was wir lieben, liebt uns.

29 Schuld

BILD: DER DUNKLE KEGEL EINES TORNADOS.

»Ersetzen Sie Schuld durch Akzeptanz.«

Schuld, ein bedrückendes Wort, das nur wenige Menschen positiv empfinden, das aber für sehr viele von uns Ausdruck einer leidvollen Erfahrung ist, durch die die Lebenskraft eingeschränkt wird. Die meisten von uns sagen hin und wieder, daß sie sich schuldig fühlen, aber was empfinden wir wirklich? Vielleicht eine gewisse Anspannung, einen Konflikt, der durch widersprüchliche Standpunkte und Kräfte entsteht, die uns zerreißen.

Schuld ist die Spannung, die ich empfinde, wenn ich versuche meine Bedürfnisse zu befriedigen und gleichzeitig den Erwartungen zu entsprechen, die ich selbst oder andere an mich haben.

In der Kindheit haben die Eltern vielleicht zu uns gesagt, wir sollten freundlich zu unseren Spielkameraden sein, und wenn wir nicht freundlich waren, waren wir böse Kinder. Aber ein Kind empfindet nicht immer Freundlichkeit. Ein Kind möchte vielleicht sein Bedürfnis befriedigen, Dinge zu besitzen, oder Ärger und Aggression ausdrücken. Das Kind erlebt die Spannung zwischen der Befriedigung eigener Bedürfnisse und der Anpassung an die Erwartungen der Erwachsenen. Und wenn das Kind seinen eigenen Weg verfolgt, riskiert es, als »böses Kind« verurteilt zu werden. Und so kommt es zu Schuldgefühlen.

»Ich bin schlecht, weil ich mir selbst vor anderen den ersten Platz einräume.« Warum sich schlecht fühlen, wenn Sie die Bedürfnisse anderer nicht befriedigen? Und warum anderen ein schlechtes Gewissen machen, wenn sie Ihre Bedürfnisse nicht erfüllen?

Um uns von Schuld zu befreien, müssen wir das Risiko eingehen, unsere eigenen Bedürfnisse auszudrücken und zu verfolgen sowie zulassen, daß andere sich ihre eigenen Wünsche und Begierden erfüllen. Wenn Bedürfnisse aufeinanderprallen, können Sie verhandeln und Kompromisse machen. Statt Urteile zu fällen, können Sie aktiv werden. Es ist nicht falsch, wenn ich versuche, meine eigenen Bedürfnisse zuerst zu befriedigen. Vielleicht regen andere sich darüber auf, und damit muß ich mich auseinandersetzen.

Ganze ethische und moralische Systeme wurden entwickelt, damit wir uns schlecht fühlen. Wenn wir gegen die unzähligen Gebote verstoßen, werden wir als schlechter Mensch verurteilt. Passen wir uns aber den kollektiven Werten an, werden wir belohnt durch Anerkennung, und unsere Bedürfnisse werden von der Autorität des Kollektivs geachtet. Um uns anzupassen, müssen wir in Angst davor leben, das Falsche zu tun und dafür Mißbilligung zu ernten.

Ein kreativer Umgang mit Bedürfnissen sieht so aus, daß wir jeden Menschen ermutigen, seine Bedürfnisse auszudrücken und gemeinsam auf die Befriedigung sämtlicher Bedürfnisse hinarbeiten. Dafür müssen wir aufhören, zu verurteilen und Vorwürfe zu machen. Wir sind weder selbst schlechte Menschen, noch müssen wir andere zu schlechten Menschen machen. Ersetzen Sie Schuld durch Akzeptanz, begrüßen Sie die Unterschiede und finden Sie eine gemeinsame Basis. Wir sind der Stoff, aus dem die Träume sind!

Die Arbeit

☐ *Schreiben Sie auf, welche Dinge und Situationen Ihnen die meisten Schuldgefühle bereiten. Inwiefern könnte das eine gute Beschreibung Ihres Schattens sein, der Seite in Ihnen, in der Sie gespeichert haben, was Sie ablehnten und auf andere Weise versteckten, weil es irgendwie nicht akzeptabel war oder Schuldgefühle hervorrief?*

☐ *Schreiben Sie auf, wie Sie als Kind bestraft wurden. Welche Schuld, welche Angst hat das in Ihnen hervorgerufen, und welche Einstellungen zu sich und zum Leben waren die Folge? Wie*

setzen Sie sich als Erwachsene/r mit den Folgen Ihrer Entschei-
dungen auseinander – oder auch nicht?

☐ *Versuchen Sie einmal, einen Tag lang nur Ihre eigenen Bedürf-*
nisse zu befriedigen. Geben Sie anderen Menschen beharrlich
ein »Nein«, und setzen Sie sich gleichzeitig mit der Spannung
auseinander, die das in Ihnen auslöst. Welche Einstellungen
liegen der Spannung zugrunde, die Sie empfinden? Versuchen
Sie dann, einen Tag lang nur die Bedürfnisse der anderen zu
erfüllen. Wie verschieben sich Ihre Einstellungen, wie ändert
sich Ihr Bewußtsein?

☐ *Finden Sie zum Schluß in beiden Situationen zu einem ausge-*
wogenen Verhalten. Sorgen Sie jedesmal, wenn Sie das Bedürfnis
eines anderen Menschen erfüllen, auch dafür, daß ein eigenes
Bedürfnis befriedigt wird. Halten Sie die kreative Spannung aus,
bis Sie einen neuen Weg finden, wenn Ihr Bedürfnis und das des
anderen nicht gleichzeitig erfüllt werden können.

Fühlen Sie, und Sie werden keine Urteile fällen.

30 Spiel

BILD: DER WIND BLÄST DIE SAMENKAPSELN ÜBER DIE PRÄRIE.

»Das Spiel des Lebens spielen heißt, sich nicht damit identifizieren.«

Wir spielen, wenn wir uns mit unserem Handeln nicht identifizieren. Arbeiten heißt, sich mit dem, was wir tun, identifizieren. Das Kind spielt Doktor, Unfall, Krieg, Zuhause, Babys machen. Dabei ahmt es die Erwachsenen nach und probt das Erwachsenenleben im Spiel. Der Erwachsene hingegen hält die Arbeit für real, indem er sich damit identifiziert, und sich mit etwas identifizieren heißt, darin gefangen sein. Das Spiel des Lebens spielen heißt, sich nicht damit identifizieren. Wenn wir mit dem, was wir tun, nicht identifiziert sind, können wir flexibler und kreativer damit umgehen. Spielen Sie mit der Energie und probieren Sie Dinge spielerisch aus, wenn Sie etwas nicht gerne tun oder sich nicht damit anfreunden können, weil Sie sich in der Tätigkeit nicht sehen.

Erwachsene identifizieren sich damit, erwachsen zu sein. Kinder dagegen sind nicht identifiziert mit dem Kindsein. Sie spielen alle Rollen des Lebens durch. Der Erwachsene wird träge, beschränkt sich auf einige wenige Rollen und versucht, sich damit zu identifizieren. Damit sterben viele Seiten seiner Persönlichkeit ab. Wenn wir uns mit einer Sache identifizieren, lehnen wir andere Dinge ab. »Ich bin ein guter Mensch« heißt, »Ich bin kein schlechter Mensch«. In Wirklichkeit haben wir als Menschen beide Seiten.

Wir können zum Spiel zurückkehren, nicht indem wir konkurrieren, gewinnen oder verlieren, sondern indem wir uns auf eine Erfahrung einlassen mit dem Gefühl, eine Entdeckungsreise zu machen, die uns endlose Möglichkeiten eröffnet. Wir spielen, um unserem bekannten Selbst zu entkommen. Wachsen Sie über sich selbst hinaus. Seien

Sie jeder. Lachen heißt erkennen, daß wir uns zu sehr mit uns selbst identifiziert haben. Wenn wir lachen und spielen und dem Kind in uns Ausdruck verleihen, bauen wir uns so auf, daß wir täglich neu geboren werden.

Die Arbeit

☐ *Was würden Sie tun, wenn Sie entschieden, mindestens einmal am Tag zu spielen?*

☐ *Mit welchen drei Dingen in Ihrem Leben sind Sie am meisten identifiziert? Was veranlaßt Sie, sich mit Ihnen zu identifizieren?*

☐ *Wie könnten Sie sich mit Hilfe eines Spiels von Ihrer Identifizierung lösen?*

☐ *Inwiefern waren Sie als Kind zu ernst?*

☐ *Wie und was haben Sie als Kind gespielt? Warum so und nicht anders?*

☐ *Wir würden Sie selbst definieren, was spielen heißt?*

☐ *Entwerfen Sie ein Spielprogramm für sich. Oder bringen Sie ein spielerisches Element in Ihre wichtigsten Aktivitäten ein.*

Durch das Spiel entfachen wir die Flammen, die uns erneuern und helfen loszulassen.

31 Die erste Entscheidung

BILD: EIN VERBORGENER WASSERFALL UNTERHALB
EINES BERGES.

»Am Ende der langen Zugfahrt in meine Zukunft ließ ich
andere ein bißchen für mein Leiden büßen.«

Meine früheste Erinnerung daran, eine Entscheidung zu treffen,
bezieht sich auf die Zeit, als ich sechs Jahre alt war und ins Internat
geschickt wurde, um niemals mehr im Haus meiner Eltern zu leben.
Ich sehe die Szene noch heute vor mir – den kleinen Junge, der fein
angezogen war und dem das Namensschild um den Hals hing. Meine
Mutter erzählt mir etwas von Mut. Mein Vater trägt meinen Koffer.
In meinem Herzen weiß ich nicht, warum das alles geschieht. Ich
kann das Unvermeidbare nicht begreifen. Und trotzdem widerfährt
es mir. Ich möchte weinen, aber man erwartet von mir, daß ich stark
bin. Ich möchte mich anklammern, aber ich soll selbständig sein. Ich
möchte zu Hause bleiben, aber ich werde gezwungen, auf Reisen zu
gehen.
Ich wurde in New York City's Grand Central Station in den Zug
gesetzt, und man sagte mir den Namen der Stadt im nördlichen Teil
des Staates New York, wo ich aussteigen mußte und von Mitgliedern
des Schulkollegiums abgeholt werden würde. Ich mußte aufpassen,
daß ich mitbekam, wie der Schaffner die einzelnen Stationen ausrief,
wenn wir uns ihnen näherten. Der Schaffner sollte auch darauf achten,
daß ich am richtigen Bahnhof ausstieg. Der Schaffner rief: »Hope
Farm!« Ich wußte, daß das mein Ziel war, aber in meinem kindlichen
Denken war ich mir nicht absolut sicher, richtig gehört zu haben.
Ich wollte das Richtige tun, also wartete ich. Der Zug fuhr wieder
an. Ich glaube, ich ging zum Schaffner, und die Leute von der Schule
mußten in die nächste Stadt fahren, um mich für mein neues Leben
abzuholen.

Ich hatte in dieser Angelegenheit scheinbar keine Wahl. Ich mußte im Alter von sechs Jahren mein Zuhause verlassen. Ich mußte einfach gehen. Das ist alles. Das Schicksal spielte mir einen ungewöhnlichen Streich. Wie würde ich damit umgehen?

Welche Möglichkeiten hatte ich denn? Vielleicht hatte ich sogar in dieser erzwungenen Situation eine Wahl. Uns ist in jedem Augenblick ein gewisses Maß an Freiheit gegeben. Wie gut können wir diese Freiheit annehmen und nutzen?

Am Ende dieser langen Zugfahrt in meine Zukunft ließ ich andere ein bißchen für mein Leiden büßen. Aber ich schwächte durch mein Zögern und meine Unsicherheit auch meine Entscheidungsfähigkeit. Ich hätte mich dem fügen können, was – wie ich wußte – richtig war, nämlich das dies meine Station war, und ich die Veränderung in meinem Leben voll akzeptieren mußte. Das Aussteigen an der falschen Station, wo niemand wartete, um mich abzuholen, war wie ins Leere treten. Ich ließ mein neues Zuhause und den Zug hinter mir und trat hinaus ins Nichts. Es war in diesem Moment so schwer, in meine Zukunft und fremde Menschen Vertrauen zu haben.

Die ersten Entscheidungen sind die ausschlaggebenden, die mystischen. Ich kann bis auf den heutigen Tag enorm ängstlich werden, wenn ich mich auf eine Reise vorbereiten muß. Aber das Muster verändert sich. Die eindeutige Entscheidung ist Notwendigkeit und Gegenmittel zugleich. Meine Wahl lenkt die Energie in eine Richtung und nicht in die andere. Automatische Handlungen sind in diesem Sinne keine Entscheidung. Um uns zu entscheiden, müssen wir uns der Spannung von Alternativen aussetzen, die sich gegenseitig ausschließen. Wenn wir zu einer Sache »Ja« sagen, sagen wir damit »Nein« zu allem, was ihr widerspricht.

Ich wurde früh mit dem Schicksal konfrontiert. Ich wurde aus der Kindheit geweckt und vor eine schwere Entscheidung gestellt. Ich mußte die Folgen einer grausamen Entscheidung tragen, die ein anderer Mensch getroffen hatte. Und trotzdem hatte ich im Rahmen all dieser Ereignisse immer noch eine gewisse Freiheit, und auf dieser Grundlage schätze ich mein Verhalten ein. Indem ich im Zug blieb, traf ich vielleicht die Entscheidung, zu der ich fähig war. Etwas anderes fiel mir nicht ein. Ich habe Jahre gebraucht, um die Unsi-

116

cherheit durchzuarbeiten, die mich immer dann plagte, wenn ich Entscheidungen fällen mußte. Und heute liebe ich meinen Mythos. Denn mir wurde im schwarzen Licht des Bewußtseins die Macht der Entscheidung geschenkt. Nichts ist in dieser Welt sicher, außer daß wir immer wieder Entscheidungen treffen müssen.

Die Arbeit

☐ *Finden Sie gerecht, was mir in meiner Kindheit widerfahren ist? Was meinen Sie mit Gerechtigkeit? Wie hängen Gerechtigkeit und Entscheidungsfindung zusammen?*

☐ *Wie sieht Ihre früheste, wichtigste Erinnerung an eine Situation aus, in der Sie eine Entscheidung getroffen haben? Beschreiben Sie sie ganz genau. Lassen Sie die Gefühle und Vorstellungen hochkommen, und analysieren Sie anschließend Ihr Verhaltensmuster beim Treffen – oder Nichttreffen – von Entscheidungen.*

☐ *Beschreiben Sie, wie Sie Entscheidungen treffen. Auf welcher Grundlage fällen Sie gewöhnlich Ihre Entscheidungen? Ist es die Meinung anderer? Intuition? Ein rationales Nachdenken über die Situation? Das tun, was Ihrer Überzeugung nach das Richtige ist? Oder etwas anderes?*

Wir werden zu dem, wofür wir uns entscheiden.

32 Die Reise

BILD: EIN HÖLZERNER STAB, VOM SCHÖPFER
GESCHNITZT.

»Die große Frage ist, sorgen wir dafür, unsere Bestimmung
auf tiefster Ebene zu erfüllen?«

»Es war einmal… und so lebten sie glücklich bis an ihr Lebensende.«
Ja, aber was liegt zwischen Anfang und Ende eines jeden Märchens?
Die Reise.

Die Worte, »Es war einmal…«, bewegen uns dazu, aufzubrechen
und durch die Zeit der Ewigkeit bis zum Anfang aller Dinge zurückzukehren. Sie sind das Vorspiel für unseren Einstieg in das Hier und
Jetzt der Geschichte. Und die Worte »… sie lebten glücklich bis an
ihr Lebensende« bringen uns zurück in die Ewigkeit. Wir können
das Leben als eine Reise betrachten, wenn wir erkennen, daß dem,
was wir erleben, universelle Muster für die Realisierung des Lebens-
sinns zugrundeliegen. Die Archetypen sind die Urgestalten der Existenz, und jede Reise beinhaltet diese Urwesen. Es ist unser Schicksal,
Krisen als Tod und Wiedergeburt zu erleben, Sexualität als das
Streben nach der inneren Einheit des Selbst, die kontinuierliche
Vorwärtsbewegung im Leben als die Reise, Krankheit als den Gegner,
Wohlstand und neues Leben als das Heldenhafte, liebevolle Fürsorge
als das Weibliche und Strukturierung als das Männliche. Leisten wir
Widerstand gegen irgendeinen dieser Archetypen? Dann wehren wir
uns auch gegen die Reise und suchen Zuflucht im Unbewußten.

Diese primären Elemente drücken sich im Leben eines jeden Menschen anders aus, selbst bei Zwillingen. Vielleicht bekamen Sie in
der Kindheit eine gewaltige Dosis Gegner verpaßt und waren gezwungen, das Gegenteil, das Heroische, fast überdimensional zu
entwickeln. Oder Sie sind im Streben nach der Einheit, die Sie nicht
hatten, sexuell sehr aktiv gewesen. Wie immer die Dynamik aussah,

wir können sie uns bewußt machen und in unserem Leben ein Gleichgewicht und neue Lösungen finden.

Jeder Mensch hat in seinem Leben eine Bestimmung zu verwirklichen. Die Frage ist, sorgen wir dafür, diese Bestimmung auf tiefster Ebene zu erfüllen? Dazu müssen wir alles akzeptieren, was uns auf unserem Weg begegnet – Krankheit und Gesundheit, gute und schlechte Zeiten –, und uns mit all den Widersprüchlichkeiten auseinandersetzen, die unser Los ausmachen.

Und alles fing damals in der Kindheit an. Wie sah die Reise zu der Zeit für uns aus? Wo haben wir Widerstand geleistet, und was haben wir akzeptiert? Wir kehren jetzt zu unseren Kindheitserfahrungen zurück, um sie uns bewußt zu machen und in die Ganzheit dessen, was uns widerfuhr, zu integrieren. Wir sehen, wie die Reise uns durch die Kindheit getragen hat, und erleben sie noch einmal von neuem. Die Reise dauert fort bis ins Erwachsenenleben und bis ans Ende unserer Tage.

Geleitworte für die Reise

Wir sind bereits das Ziel unseres Werdens.

Reisen heißt Richtungen nehmen, die Sie nur zögernd einschlagen.

Reisen bedeutet, in diesem Augenblick zu wissen, wo Sie sind.

Es gibt kein Umkehren. Die Rückkehr bringt uns ans Ende unserer Tage.

Wohin Sie gehen, wissen Sie erst, wenn Sie dort angekommen sind.

Wir erleben das, was wir am wenigsten erwarten.

Schauen Sie niemals zurück, denn dann werden Sie blind für die Zukunft.

Reisen heißt, das innere und das äußere Leben in Einklang bringen.

Die erste Hälfte unseres Lebens verbringen wir damit, es einzuholen, und die zweite, uns vorwärts zu bewegen.

Leben Sie den Weg, und die Ziele erledigen sich von selbst.

Das Ziel des Lebens besteht in dem, was Sie jetzt, nicht was Sie später tun.

Es gibt keine Zukunft, nur Ihr augenblickliches Werden.

Ein Pferd ohne Reiter sucht sich niemals einen Herrn.

Wenn wir auf den Sonnenuntergang zu gehen, erleben wir vielleicht den Sonnenaufgang.

Es gibt keine Rückkehr, nur Vollendung.

Sie befinden sich bereits auf einer Reise. Die Aufgabe besteht darin, herauszufinden auf welcher.

Die Arbeit

☐ *Fertigen Sie eine Reiseroute der ersten sechs Jahre der Kindheit an, die auch Ihre Wurzeln enthält und zurückreicht in die Zeit, bevor Sie geboren wurden. Beziehen Sie Ihre Erfahrungen mit den verschiedenen Themen ein, mit denen wir uns auseinandergesetzt haben. Zeichnen Sie eine kurvige Straße, die über mehrere zusammengeklebte Papierbögen verläuft. Zeichnen Sie Kreuzungen und andere Straßen ein, die in Ihre Hauptroute münden oder von ihr wegführen. Zeichnen und benennen Sie auch kleine Gestalten und Szenen, die Ihre primären Erfahrungen darstellen.*

Diese Erfahrungen können Sie als Reisende/r, Ihre Eltern und andere Familienmitglieder betreffen oder auch entscheidende oder tiefgreifende Vorfälle und Traumen sowie das Geschenk spiritueller Erlebnisse beinhalten. Die Liste kann endlos fortgesetzt werden. Sie können sich als Reisende/n oder Ihre Reisebegleiter/innen als Figuren ausschneiden. Vergessen Sie Ihre mystischen Erlebnisse und Gestalten nicht.

☐ *Inwiefern befinden Sie sich auf einer Reise, inwiefern auch nicht? Haben Sie sich darauf eingelassen, dem Weg zu folgen, der zum tiefsten Lebenssinn führt? Oder konzentrieren Sie sich auf die weltlichen und allgemein üblichen Ziele, die ein Ersatz für die Reise sind? Reisen heißt, den Dingen auf den Grund zu gehen. Das gelingt nicht allen von uns.*

☐ *Schreiben Sie über Ihre ersten sechs Jahre und die Zeit davor ein Märchen, und benutzen Sie dabei die traditionellen Motive: »Vor langer, langer Zeit lebte So-und-So in einem/r…, und mußte kämpfen mit…, und Hilfe kam von…, und wurde fast überwältigt von…, und gelangte schließlich zu…, und lebte glücklich und zufrieden, bis die nächste Etappe ihrer/seiner Reise begann.« Es gibt natürlich in einem typischen Märchen noch weitere Motive und Aspekte. Suchen Sie sich die heraus, von denen Sie sich angesprochen fühlen. Vielleicht lesen Sie sich Ihr Lieblingsmärchen noch einmal durch und nehmen es als Vorlage. Lassen Sie die Worte fließen!*

Das Leben bringt Sie auf den Weg, aber wie Sie ihn gehen, ist Ihre Sache.

33 Welches Geschlecht hatten Ihre Mutter und Ihr Vater?

BILD: MITTEN AUF DEM WEG LIEGEN ZWEI GEKREUZTE STÖCKE.

»Mein Vater hat mich bemuttert, und meine Mutter hat mir gesagt, was ich tun soll. Bin ich verwirrt?«

Das große, gut verborgene Geheimnis ist, daß unsere Eltern oft direkt vor unseren Augen ihr »Geschlecht« gewechselt haben. Kein Wunder, daß wir verwirrt wurden und nicht wußten, welchem Rollenvorbild wir folgen sollten. Bin ich ein Junge, oder nicht? Bin ich ein Mädchen, oder nicht?

Mutterprobleme treten unter anderem auch in der Form auf, daß Menschen im Konflikt mit dem Animus, der inneren Männlichkeit ihrer Mutter aufwachsen. Hat Ihre Mutter ihre Weiblichkeit gelebt, ihre fürsorgliche, annehmende und nährende Seite? Oder war sie kritisch, fordernd und beherrschend? Ein Vaterproblem kann so aussehen, daß wir im Konflikt mit der väterlichen Anima heranwachsen, seiner inneren Weiblichkeit. War Ihr Vater streng, entschieden und strukturierend? Oder war er empfindlich, passiv und zurückhaltend? Vielleicht geben einige dieser Charakterzüge wieder,wie Sie Ihre Eltern in jenen frühen Jahren erlebt haben. Unsere These ist, daß Mütter und Väter oft den zu ihrem biologischen Geschlechte konträren Archetyp leben, und zwar mit verwirrenden Folgen.

Wenn ich als Junge bei meiner Mutter Zuwendung und Akzeptanz suche und statt dessen kritisiert und beherrscht werde, bekomme ich nicht, was ich meinem Gefühl nach brauche. In diesem Beispiel agiert meine Mutter von ihrem negativen Animus aus. Ihr Animus äußert sich, um meine junge Männlichkeit zu bekämpfen und zu zerstören, um mich gefangen zu halten. Und die Männlichkeit meines Vaters ist nicht stark genug, um ein Gegengewicht zur mütterlichen Männlichkeit zu bieten, also führt sie das Regiment. Wenn jedoch meine Mutter auch aus ihrer Weiblichkeit heraus handeln und nährend und anregend sein kann, dann kann auch meine eigene Männlichkeit wachsen und in der Welt etwas leisten. Ich stehe nicht in Konkurrenz mit dem Animus meiner Mutter und kann mich frei entfalten.

In meinem Leben hat meine Mutter das Familienleben regiert. Sie brachte mir große Literatur und Musik nahe und diskutierte über die außergewöhnlichen Denkströmungen und Bewegungen dieses Jahrhunderts, während mein Vater für uns kochte, mich mit ins Kino nahm und mir Spielzeuggewehre kaufte, die ich so gern hatte. Mein Vater war der in den sechziger Jahren wohlbekannte Literaturanthologe Oscar Williams, aber er sprach nicht ein einziges Mal mit mir über ein ernsthaftes Thema. Wo blieb seine Männlichkeit in der Beziehung zu seinem Sohn? Ich weiß es nicht.

Sicher haben wir alle diese Gegensätze in uns, aber wenn wir unbewußt und zwanghaft das Gegenteil unseres natürlichen Geschlechts zum Ausdruck bringen, schaffen wir eine angespannte Atmosphäre. Wie klar sind Sie in Ihrer Beziehung zu den Archetypen des Weiblichen und Männlichen? Um das herauszufinden, müssen Sie sich anschauen, wie diese Archetypen in Ihren Eltern operierten und wie Sie darauf reagierten. Überlegen Sie sich dann, wie Sie die heilenden Energien für die Harmonisierung und Integration wecken wollen.

Mein Vater hat mich bemuttert, und meine Mutter hat mir gesagt, was ich tun soll. Bin ich verwirrt? Zumindest habe ich etwas von ihnen bekommen. Kein Wunder, daß ich mich fragte, wer meine wirklichen Eltern waren!

Die Arbeit

☐ Inwiefern hat Ihr Vater als Mutter und Ihre Mutter als Vater gehandelt? Oder lebten sie eine andere Kombination? Welche Auswirkungen hatte das auf Sie?

☐ Wollte Ihr Vater oder Ihre Mutter lieber andersgeschlechtlich sein? Wenn ja, wie hat sich das hinsichtlich Männlichkeit und Weiblichkeit auf Sie ausgewirkt?

☐ Wie haben Sie als kleines Kind die archetypischen Gegenanteile bei Ihren Eltern ausgelöst?

☐ Wie wurden Sie zum/zur »symbolischen Geliebten«, »intimen Freund/in« oder »Feind/in« Ihres Vaters oder Ihrer Mutter? Wie wirkt sich dieses Muster auf Ihre heutigen Intimbeziehungen aus?

Was uns äußerlich fehlt, kann innerlich erfüllt werden.

34 Das verletzte Kind

BILD: DER METEORIT IST VOM HIMMEL GEFALLEN.
»Wenn wir unsere Wunden spüren, können wir ganz werden.«

Wer möchte schon zurückkehren in jene schmerzliche Vergangenheit
und das Schlimmste noch einmal durchmachen? Wer möchte das
eigene verletzte Kind erleben? Wurde das kleine Mädchen gnadenlos
geneckt oder ihm auf irgendeine Art Gewalt angetan? Wurde der
kleine Junge willkürlich bestraft für Dinge, die er nicht verstand?
Hat das Kind sich machtlos gefühlt und deswegen Verhaltensweisen
an den Tag gelegt, über die die Eltern sich aufregten? Hat es Dinge
kaputt gemacht? Unfälle gebaut und sich verletzt? Wutausbrüche
bekommen? Oder mußte man immer ein gutes Kind sein, wo es doch
so schön gewesen wäre, sich daneben zu benehmen und von anderen
trotzdem liebevoll behandelt zu werden? Aber wer hätte uns geholfen,
wenn wir unsere Verletzlichkeit zugelassen hätten?
Stellen Sie sich das heutige Bild vor. Wir sind alle Klienten, die bei
irgend jemandem eine Therapie machen. Lassen wir dort los? Zeigen
wir unsere empfindlichsten Seiten? Haben wir das Vertrauen, daß
die Therapeutin oder der Therapeut akzeptierend und heilend auf uns
eingeht? Vielleicht haben wir versucht loszulassen, uns in unseren
erwachsenen Intimbeziehungen zu öffnen, und der andere konnte
oder wollte nicht damit umgehen? Wenn andere nicht mit unserer
verletzlichen Seite zurechtkommen, wie sollen wir selbst es dann
können?
Ist es so schlimm, ein verletztes Kind zu haben? Wir leiden. Wir
weinen vor Schmerz. Wir möchten in unserem heutigen Leben
schmerzlichen Situationen aus dem Weg gehen, weil sie immer auch
das unerträgliche unterdrückte Trauma der Kindheit wachrufen. Und
trotzdem müssen wir die Wunden des verletzten Kindes verarbeiten,
um uns mit dem Schmerz, der für das Erwachsenenleben natürlich

ist, voll auseinandersetzen zu können. Die Lösung besteht darin, daß eine Seite die Verletzlichkeit zuläßt, während das Ich und das Selbst, das integrative Zentrum, Unterstützung gibt und das Gleichgewicht bewahrt. Wir können Hilfe bei anderen suchen und auch von ihnen bekommen, aber letzten Endes müssen wir unserem verletzten Kind auf unsere Weise und mit unseren eigenen Hilfsmitteln gegenübertreten.

Es ist in Ordnung, ein verletztes Kind zu haben, das sich von Zeit zu Zeit meldet. Vielleicht geschieht das, wenn wir krank sind oder etwas nicht bekommen, was wir glauben zu brauchen. Vielleicht zeigt sich die Verletztheit, wenn wir in anderen Situationen loslassen, wie zum Beispiel beim Liebesspiel. Oder spüren Sie die Anwesenheit Ihres verletzten Kindes in einer unbestimmten Ängstlichkeit oder dem heftigen Drang, voller Gier zuviel zu essen?

Grundsätzlich gesehen geht es darum, das eigene innere Kind zu kennen und ihm zu erlauben, sich in einem sicheren Rahmen auf angemessene Weise auszudrücken. Sonst wird dieses kindische Verhalten auf andere Weise bei unpassenden Gelegenheiten hervorbrechen und uns viele Schwierigkeiten bereiten, weil das Kind auf sich aufmerksam machen will. Dieses Kind ist unsere Verletzlichkeit. Wenn wir unsere Wunden spüren, können wir ganz werden. Wir sind am verletzlichsten, wenn wir am menschlichsten sind und damit auch zulassen können, daß wir selbst und andere liebevoll mit uns umgehen. Wenn wir verletzlich sind, sind wir weniger überheblich, und deswegen können andere sich uns auch leichter nähern und mit uns auf einer menschlichen Ebene intim sein. Unsere Verletzlichkeit macht uns real.

Die Arbeit

☐ *Beschreiben Sie, wie Sie zum ersten Mal in Ihrem Leben verletzt wurden.*

☐ *Wie würden Sie Ihr verletztes Kind schildern? Überlassen Sie sich dem freien Fluß der Worte und Bilder.*

☐ *Unterhalten Sie sich mit Ihrem verletzten Kind. Wie beeinflußt es Ihr Leben in diesem Augenblick, und was will es von Ihnen? Handeln Sie dann entsprechend.*

☐ *Geben Sie ein Beispiel dafür, wie sich Ihr verletztes Kind im Erwachsenenleben meldet. Welche Gefühle oder Themen stehen meistens hinter seinem Ausbruch?*

☐ *Beenden Sie den folgenden Satz: »Ich bin gerne verletzlich, weil...«*

Eine Beziehung ist geteilte Verletzlichkeit.

35 Kindheitsgeschichten

BILD: IHR GESICHT IST UM HUNDERT JAHRE GEALTERT.

»Ich kenne kein einziges Baby, das fatalistisch wäre, wohl aber viele Erwachsene, die es sind.«

Schaukel ein Baby hoch auf dem Baum.
Wenn der Wind bläst, schwankt die Wiege.
Wenn der Ast bricht, fällt sie hin,
Mit Baby und allem was drin.

Was für ein Lied ist das eigentlich für ein Baby? Dieses Wiegenlied vermittelt eine interessante, wenn auch pessimistische Einstellung zum Leben. Der Sündenfall? Die Brüchigkeit des Versorgungssystems? Paß auf, klettere nicht zu hoch? Je höher du hinauf willst, Kleines, desto tiefer ist dein Fall! Das Leben ist voller Gefahren, mein Kleines, mein Baby, und du wirst es vielleicht nicht bewältigen. Stelle keine zu hohen Ansprüche. Mach dich auf das Schlimmste gefaßt. Und was hat das Baby überhaupt hoch auf dem Baum zu suchen? Zeigt sich darin, daß die Eltern unbewußt den Tod des Kindes wünschen, um sich von ihm zu befreien und wieder jung zu sein? Wo sind die Eltern, um das Baby zu beschützen?

Jack und Jill stiegen auf den Berg,
um Wasser im Eimer zu holen,
Jack fiel hin, schlug sich den Kopf ein,
und Jill stolperte hinterdrein.

Lieber Jack und liebe Jill,
Ihr sollt von mir wissen, daß Wasser zu den wunderbaren Dingen im Leben gehört, und ich bin glücklich, daß Ihr Euren Teil dazu beitragt, für Euch und andere Wasser zu holen. Manchmal geraten wir ins Stolpern, wenn wir uns bemühen und für uns oder andere

etwas holen. Aber meistens können wir Berge glücklich hinabsteigen, ohne zu fallen und uns unseren Kopf einzuschlagen. Und, Jill und Jack, wenn wir dem Krieg und der Gewalttätigkeit in dieser Welt ein Ende setzen können, wird es Euch und uns allen besser gehen. Das Leben muß keine endlose Tragödie sein, und wir müssen uns nicht so hilflos fühlen, wenn wir versuchen, uns unsere Bedürfnisse zu befriedigen. Wenn Ihr auf den Berg steigt, um Euer Wasser zu holen, dann tragt doch bitte in Eurem Eimer auch Liebe und Achtsamkeit, wenn Ihr wieder zu uns herunterkommt. Paßt bitte auf, wo Ihr hintretet. Vielleicht gelingt es uns zusammen, eine neue und bessere Welt zu schaffen. Ich liebe Euch. Ihr macht Eure Sache gut.

Jack und Jill stiegen vom Berg,
mit vielen Eimern voll Wasser.
Die Stadt zu erreichen fiel Jack nicht schwer,
und Jill schritt leichtfüßig hinter ihm her.

Jeder von uns hat sich in der Kindheit zu einem Märchen oder einem Mutter-Gans-Reim hingezogen gefühlt. Warum zu einem bestimmten? Wenn wir uns die Geschichte oder den Versreim näher anschauen, finden wir dort eine gewisse Sicht der Welt widergespiegelt, die uns darin beeinflußt hat, wie wir als Erwachsene das Leben betrachten und angehen. Um zu transformieren, müssen wir manchmal zum Anfang zurückkehren, zur Bildersprache der alten Märchen, die vor dem Erwachsenendenken existierte. Die Archetypen, die Primärenergien, zeigen sich in der Kindheit und bei Geisteskrankheit am unverfälschtesten. In gewisser Weise spiegelt Mutter Gans vielleicht eine kollektive Psychose oder einen archetypischen Wahn aus uralten Zeiten wider, aus dem wir – hoffentlich – langsam herauswachsen.
Ich kenne kein einziges Baby, das fatalistisch wäre, wohl aber viele Erwachsene, die es sind. Um zu transformieren, kehren wir zurück zum wunderbaren Kind, das existierte, bevor das verletzte Kind sich zeigte.
Ja, es gab auch die Wundergeschichten von der guten Fee, die Aschenputtel rettete und ihr am Ende aus der Not half. Aber mir ist

es lieber, wenn wir mit der Erlösung nicht bis ans Ende aller Zeiten warten. Überall wo Dunkelheit und Negativität herrschen, existiert auch die Möglichkeit, sie zu überwinden. Das Kind ist sein eigener Erlöser. Zur Erlösung kommt es im Verlauf des Lebensprozesses. Um optimal zu wirken, muß sie in der Mitte einer Lebensgeschichte auftreten und nicht an deren Ende.

Die Arbeit

☐ *Welche Geschichte oder welcher Versreim aus der Kindheit übte auf Sie die größte Faszination aus? Schauen Sie sich die Texte so genau an wie einen Traum. Wie hat ihre Botschaft Ihr Leben beeinflußt? Stellen Sie die wichtigsten Stationen Ihrer Kindheit, die Ihnen mystisch erscheinen, in groben Zügen dar. Machen Sie dann einen Reim oder ein Märchen daraus. Was ruft diese Erfahrung in Ihnen wach?*

Sie werden nach dem handeln, was Sie glauben.

36 Weggefährten

BILD: EIN PAAR AUGEN LEUCHTEN IN DER NACHT.
»… wir brauchen andere, um uns selbst zu finden.«

Das Leben ist manchmal – vielleicht auch immer – eine einsame
Angelegenheit. Letzten Endes sind wir in diesem Leben allein. Wir
knüpfen Verbindungen, von denen einige tief und dauerhaft sind.
Doch noch bevor wir auf unserem Sterbebett liegen, wissen und
spüren wir, daß es im ganzen Universum nur uns gibt. Es gibt Dinge,
die wir niemals mit anderen teilen können.
Darum die Weggefährten, jene mystischen Mitreisenden, die uns auf
dem Lebenspfad und sogar bis zum Rande der Ewigkeit begleiten.
Und wer ist letzten Endes meine Gefährtin oder mein Gefährte? Wer
versteht mich in meinem innersten Wesen und lockt es aus mir
hervor?
Soll ich dich dieses Jahr zu meinem Gefährten machen? Bist du
derjenige, dem ich mich mitteilen kann? Sind wir Seelenpartner?
Besteht zwischen uns eine tiefe Übereinkunft, ohne daß wir etwas
dafür tun müssen?
Viele von uns hatten in der Kindheit imaginäre Gefährten, »Elemen-
tarwesen«, wie manche Menschen sie nennen. Vielleicht waren sie
dann besonders lebhaft präsent, wenn wir allein waren, denn die
Erwachsenen wußten nichts von ihnen. Diese Wesen sprachen mit
unserem Kindheits-Ich und zauberten kleine Dinge in unser Leben.
Sie wußten, wer wir waren und wie wir uns fühlten. Wir konnten
ihnen alles erzählen, und sie verstanden uns immer. Sie hatten geheime
Kräfte, die sie uns vielleicht ausliehen, damit wir das verrückte Leben
bewältigen konnten, in das wir gestellt waren. Vielleicht betrachteten
wir sie als unsere Führer, die die Zukunft kannten, dafür sorgten,
daß das Richtige geschah und uns in unseren einsamen Zeiten
besuchten.

Dann gab es da auch die beste Freundin oder den besten Freund, wirkliche äußere Lebensfreude, mit denen wir alles gemeinsam unternahmen und denen wir alles sagen konnten. Nun, fast alles. Manchmal gab es Enttäuschungen, Konflikte, Streit, und wir fühlten uns wieder allein. Vielleicht wollten wir unseren Freund oder unsere Freundin anders haben, als sie waren. Aber wir brauchten diese Person, um mit ihr zu sprechen, uns mit ihr gemeinsam durch den Tag zu bewegen.

Und so kommt der Punkt der Integration, der Erkenntnis, daß wir andere brauchen, um uns selbst zu finden. Das Geheimnis von Beziehungen erschließt sich uns als die Kunst, an den Menschen, auf die wir uns beziehen, nicht festzuhalten, sondern die Energie, die sie mit sich bringen und in uns auslösen, in uns zu integrieren. Wir machen die Erfahrung, daß wir die Menschen, die uns am nächsten sind, benutzen, um uns mehr zu finden. Ich werde dir ein Spiegel und ein Gefährte sein, während wir unser Leben leben. Aber genauso verlasse ich mich darauf, daß du mir mich widerspiegelst, damit ich wirklich zu dem Menschen werde, der ich werden soll. Ich möchte mir selbst ein Gefährte werden, für euch alle da draußen, für das Leben, für meine Führer und letzten Endes für die eine Quelle, die mich lenkt und zu der ich am Ende dieses Erdendaseins zurückkehren werde.

Die Arbeit

☐ *Beschreiben Sie Ihre imaginären Gefährtinnen und Gefährten aus der Kindheit, vor allem die aus den ersten Jahren. Wenn Sie keine konkreten Erinnerungen haben, können Sie meditieren, sich in die frühe Kindheit zurückversetzen und sich mit einem imaginären Gefährten oder einer Gefährtin sehen.*

☐ *Wie würden Sie Ihre intensivsten Kindheitsfreundschaften beschreiben? Welche Bedürfnisse erfüllten sie oder auch nicht?*

☐ *Was sollen Freundschaften Ihnen heute geben? Inwiefern könnten Ihnen die oben ausgeführten Gedanken Ihre freundschaftlichen Bedürfnisse klarer machen?*

☐ *Was für ein/e Gefährt/in sind Sie für andere? Schätzen Sie sich ein. Wo würden Sie gern noch mehr geben? Wo geben Sie zuviel?*

☐ *Welche Funktion spielt Ihr Tagebuch für Ihr Bedürfnis nach Freundschaft? Machen Sie sich Ihre Kinder zu Gefährten? Wenn ja, warum? Was ist an Erwachsenen verkehrt?*

Wir beziehen uns auf andere, um uns auf uns selbst zu beziehen.

37 Das Opferspiel

BILD: ER BETRACHTET SEINE BRENNENDE HAND.

»In der Familie herrschen die einen, während die anderen das Opfer spielen.«

Ich wurde als Kind terrorisiert, sexuell mißbraucht, vernachlässigt, angespuckt und immer wieder zurückgewiesen. Beklage ich mich? Habe ich einen Haß auf meine Kindheit? Keinesfalls! Ich sehe heute, daß das einfach nur ein gutes Training dafür war, das Opfer im Leben zu spielen. Ich ging nicht so weit, bei einem Zweikampf meinen Kopf der Faust entgegenzuhalten, wie ein anderer Junge es tat, aber ich hatte auch meine Tricks. Es gibt zwei Möglichkeiten, einen Kampf zu gewinnen. Die eine ist, seinen Gegner zu überwältigen und zum Opfer zu machen. Die andere ist, selbst zum perfekten Opfer zu werden. Letzteres gelang mir nie besonders gut, auch wenn ich gelegentlich jammern und schmollen konnte. Ich lernte, meine Tränen zurückzuhalten, kalt und in gewisser Weise hart zu werden. Ich haßte die Schwachen, die Verletzlichen, die Verrückten, die moralisch Verkommenen. Ich würde unter allen Umständen der kleine Held sein. Aber tief in meinem Innersten war ich ein Opfer.

Das Opfer spielen heißt, in Verzweiflung zu verfallen und völlig orientierungslos zu sein, wenn die Realität mir die Dinge anders präsentiert, als ich sie haben möchte. Wenn die Wirklichkeit zu meinem Gegner wird, kann ich Opfer spielen, indem ich aufgebe, als würde ich sagen:»Gut, wenn du nicht willst, daß mir das gelingt, dann ist es eben so.«

»Was macht es schon, wenn die Dinge nicht so laufen, wie ich es will? Wie gewonnen, so zerronnen. Das Gesetz der Gegensätze hält sein Schwert über unser Leben. Die große archetypische Gestalt der Fortuna, der mittelalterlichen Göttin des Reichtums und des Glücks, welche die Waagschalen hält, verfolgt ihre eigenen Wege, ganz gleich, was ich entscheide!«

Moment mal! Das sind Einstellungen. Was redet man sich da bloß ein? Besser wäre zu sagen, daß ich für das Gegenteil immer offen bin, mich aber in jedem Fall erst einmal für das entscheide, was zu Ganzheit und Integration führt. Vielleicht bekomme ich nicht, was ich will, aber ich werde das Potential, das die Situation enthält, optimal nutzen.

Das Opfer spielen heißt, sich einzureden, daß sowieso etwas Schlimmes passieren wird – warum soll man sich also bemühen? Den Helden spielen heißt, sich zu sagen, daß sich alles wunderbar und ganz den eigenen Absichten entsprechend entwickeln wird. Das Opferspiel führt zu Verzweiflung. Das Heldenspiel zu Überheblichkeit. Es gibt gewiß auch einen ganzheitlichen Weg.

Im Opferspiel zeigt sich auch ein manipulatives Verhaltensmuster, das wir in der frühen Kindheit entwickeln, damit unsere Bedürfnisse befriedigt werden. Die Formel lautet, daß sich jemand um uns kümmert, wenn wir verletzt und hilflos sind. In der Familie herrschen die einen, während die anderen das Opfer spielen. Die Herrschenden projizieren ihre verletzte Seite auf die geborenen Opfer und fühlen sich getrieben, diesen sowohl zu helfen als sie auch weiter zu Opfern zu machen. Die Opfer projizieren ihre starke Seite auf die geborenen Herrscher und bleiben so in Abhängigkeit. Um sich zu befreien, müssen Sie das Manipulieren mittels Hilflosigkeit aufgeben und Ihre Heilung selbst in die Hand nehmen. Lassen Sie sich von anderen unterstützen, aber kommen Sie immer mehr dahin, Ihre Arbeit selbst zu erledigen. Ganzheit bedeutet, die verletzte und die heilende Seite miteinander zu verbinden.

Ein Reisender ist, wer nicht bewußt in eine der beiden archetypischen Konstellationen hineinschlüpft, sondern in der Situation, so wie sie ist, ganz präsent ist. Wir lehnen keine der beiden Möglichkeiten ab, sondern arbeiten mit beiden, um das Höchste zu verwirklichen – und das ist Ganzheit.

Die Arbeit

☐ *Opfer ist, mit Ihren eigenen Worten beschrieben, jemand, der...*

☐ *Wie sieht ein neueres Beispiel für Ihr Opferspiel als Erwachsener aus?*

☐ *Fertigen Sie eine Liste mit Ihren Opferhaltungen an. Dann schreiben Sie diese Haltungen noch einmal als Affirmationen auf, um sie zu verändern. Welche wichtigen Folgen hat das?*

☐ *Beschreiben Sie Ihren Opferkomplex so gut Sie können. Gehen Sie ihn mit Menschen durch, die Sie kennen. Malen Sie sich dann eine umfassendere Ganzheit für sich aus, und beschreiben Sie sie.*

Wir tun uns selbst an, was andere uns angetan haben.

38 Gott

BILD: DER WIRBELWIND FEGT ÜBER EINEN
AUSGETROCKNETEN SEE.

»Wie sieht die Religion der Kindheit aus?«

In meiner Kindheit hatte ich eine Beziehung zu Gott, die jahrelang
anhielt. Gott kam ins Spiel, wenn meine Eltern mich enttäuschten.
Wenn sie für mich da waren, brauchte ich keinen Gott.

Von meinem ersten Lebensjahr an bis zum Alter von dreizehn Jahren
hatte ich Probleme mit Bettnässen. Ich konnte meine Blase nicht
kontrollieren, wenn ich einschlief. Heute sehe ich in dieser Erfahrung
den Grund dafür, daß die Nacht für mich soviel Macht hatte. Nachts
geschahen Dinge, auf die ich keinen Einfluß hatte. In der Nacht erlitt
ich immer wieder eindeutige Niederlagen. Nachts gab es nur mich
und meinen unbekannten Gegenspieler, Gott. Und die Nachtzeit war
es auch, in der ich lernte, Jahr für Jahr um Rettung durch einen neuen
Gott zu beten, einen Gott, der meine Gebete niemals beantwortete.

Drei Jahre lang betete ich fast jeden Abend zu Gott, ich möge nicht
einnässen, und fast jede Nacht machte ich ins Bett. Meine Eltern
haßten das und versuchten immer wieder herauszufinden, was sie
unternehmen konnten. Ich kann mich noch lebhaft daran erinnern,
daß ich einmal im Haus ihrer Freunde für ein Schläfchen hingelegt
wurde und sofort die Couch naß machte. Wenn ich im Internat
aufwachte, immer zu spät, spürte ich die peinliche, klamme Nässe.
Und ich blieb stundenlang wach, rieb das trockene Laken gegen das
feuchte, versuchte es zu trocknen und die Flecken herauszubekommen, so daß morgens niemand etwas merkte, und ich mich nicht
wieder schämen mußte.

Es gab in der Kindheit keinen Gott für mich. Es gab nur den einsamen,
verzweifelten Hilfeschrei eines Jungen. Religion mußte ganz real
sein, wenn dieser Junge sie später akzeptieren sollte.

Wenn wir die Kindheit hinter uns lassen, lehnen viele von uns Gott entweder genauso ab wie die Eltern, oder sie fühlen sich von Ihm abgelehnt. Wir fühlen uns von Gott zurückgewiesen, weil er uns vor den schlimmsten Ereignissen der Kindheit nicht bewahrt hat, und im Erwachsenenleben sehen wir noch mehr Übel und Zerstörungswut vor uns. Bei unserer Suche nach einer Religion und einem Gott schauen wir uns oft nach der heilsamen Beziehung um, die wir als Kinder niemals hatten. Wir projizieren den idealen Vater oder die ideale Mutter auf unser *Gottes*bild, das dann zum idealen Vater oder zur idealen Mutter im Himmel wird. Die Religionen selbst versuchen, für ihre Anhänger die ideale Familie zu sein. Ihre Führer werden idealisiert und übernehmen die Rolle, Liebe zu geben und zu empfangen.

Die erste Lektion beim Transformieren der Kindheit besteht darin, die Realität genauso zu akzeptieren wie sie ist. Die Sehnsucht nach Eltern auf ein Gottesbild, eine religiöse Gemeinschaft und ihren Führer zu projizieren, ist ebenso weit verbreitet wie töricht. Es hält uns davon ab, das Leben so zu akzeptieren wie es ist und die Selbstintegration als unsere Lebensaufgabe zu betreiben.

Gott mag tatsächlich als die ursprüngliche bewegende Kraft des Universums und führende Gestalt in unserem Leben existieren. Aber wie sollen wir diese zentrale Kraft jemals finden und uns auf sie beziehen, wenn wir uns immer noch in dem Stadium befinden, daß wir auf eine Gottheit projizieren, weil wir unsere Kindheitsprobleme nicht gelöst haben?

Die Arbeit

☐ Wie sieht Ihre früheste Erfahrung mit Gott oder das erste oder wichtigste spirituelle Erlebnis in Ihrer Kindheit aus? Schreiben Sie über diese Erfahrungen und ihre Bedeutung.

☐ Wie reagieren Sie auf die oben beschriebene Sehnsucht dieses Kindes, vom Bettnässen befreit zu werden? Warum wurde es nicht erhört?

☐ Welche Haltung haben Sie im Augenblick zu Gott und spirituellen Erfahrungen?

☐ Wie haben Sie in Ihrer frühen Kindheit Ihre Eltern als Gott erlebt? Sind Sie von ihnen enttäuscht oder in bezug auf Ihre eigene spirituelle Erfahrung beeinflußt worden? Wie erfährt das Kind Gott überhaupt? Beschreiben Sie Gott aus einem kindlichen Blickwinkel.

☐ Wenn Sie beten, sind diese Gebete dann geprägt von Verzweiflung oder von Offenheit? Bitten Sie Gott wie einen idealen, allmächtigen Elternteil, er möge Sie retten oder Ihre Bedürfnisse befriedigen? Woher haben Sie diese Eltern-Kind-Vorstellung von Gott? Das wirkliche Gebet besteht darin, daß wir offen sind, nicht daß wir fordern. Beten Sie einmal so, und schauen Sie, was geschieht.

Gott ist präsent in seiner Abwesenheit.

39 Das göttliche Kind

BILD: DIE ERDE ÖFFNET SICH UND ENTHÜLLT EINE NEUE
WASSERQUELLE.

»… das göttliche Kind ist das große Geschenk…«

Und der Engel des Herrn kam auf sie hinab und sprach:»Wisset,
Euch ist heute ein Retter geboren, welcher ist Christus der Herr.
« In der christlichen Religion gibt es viele schöne Weihnachtshymnen,
und in allen geht es um die Anbetung eines Säuglings, eines göttlichen
Kindes.

Was bedeutet diese neue Geburt, und warum geschieht sie mitten im
tiefsten Winter? In der dunkelsten Zeit des Jahres feiern viele alte
Religionen die Geburt eines Retters, eines göttlichen Kindes. Das ist
auch die Zeit der Wunder und des Lichts, wie in den jüdischen
Hanukkah Feiertagen, dem Lichterfest.

Schon seit Jahrhunderten existiert das Weihnachtsfest in Form von
gesellschaftlichen Feiertagen, denn es beruht auf einer bestimmten
Konstellation von Archetypen. Weihnachten ist zur Zeit der Wintersonnwende, zur dunkelsten Zeit des Jahres, in der das neue Licht
geboren wird. Ein göttliches Baby ist das passende Symbol für dieses
Ereignis, denn es ist das natürliche Ergebnis einer Vereinigung von
Gegensätzen, des Männlichen und des Weiblichen. Die Feiertage
selbst sind ein Kreuzungspunkt der Archetypen von Tod-Wiederge-
burt und der Reise, von zyklisch wiederkehrender Zeit und histori-
scher, linearer Zeit.

Der Familienarchetyp ist zu dieser Zeit besonders vorherrschend,
denn viele Menschen kehren zu ihrer Ursprungsfamilie zurück und
stopfen sich voll, versuchen sich wieder aufzufüllen mit elterlicher
Nahrung, die ein ganzes Jahr lang vorhalten soll. Wer keine befrie-
digenden Beziehungen hat, kann depressiv werden. Vielleicht fühlt
er sich ausgeschlossen vom Familienkreis und der Feier des neuen
Lebens. Wer sich nicht auf das neue Leben freuen kann, wird sich

in den Zeiten schlecht fühlen, in denen es am intensivsten gefeiert wird.

Ihre ganze traumatische und bedürftige Kindheit kann zu Weihnachten deutlich zutage treten, und die Folge ist, daß Sie sich deprimiert fühlen. Oder Sie hetzen herum und versuchen, den Familienarchetyp zu bewahren, indem Sie für alle Geschenke kaufen. Die Kindheit war eine bedürftige Zeit, eine Zeit, in der Sie darauf angewiesen waren, daß Ihnen ständig gegeben wurde. Und so hasten zu jeder Wintersonnwende Millionen von Menschen los und versuchen, genau das richtige Geschenk zu kaufen und mit diesen Gaben die Bedürfnisse zu erfüllen, die in der Kindheit nie befriedigt wurden. Beobachten Sie sich beim Einkaufen von Geschenken. Wie oft kaufen Sie, was Sie selbst gern hätten? Vielleicht wurde Ihnen beigebracht, sich elterliche Liebe durch Wohlverhalten zu erkaufen, und jetzt zur Jahreswende versuchen Sie wieder, sich die Liebe anderer Menschen mit Geschenken zu kaufen.

Das einzige Geschenk, das große Geschenk, ist das göttliche Kind, die Möglichkeit einer Neugeburt im kommenden Jahr, einer Geburt, die sowohl Ihnen persönlich Einheit schenkt, als auch Ihrer Kultur und der gesamten Welt neue Hoffnung und neues Wachstum gibt.

Das christliche Mandala

Das christliche Mandala formiert sich zur Wintersonnwende, der dunkelsten Zeit des Jahres, der Zeit der Schwangerschaft und des schwindenden Lichtes. Zu dieser Zeit wird ein heilendes Mandala besonders dringend gebraucht. Beachten Sie, daß wir in unser Diagramm auch andere urreligiöse Symbole einbezogen haben wie die Schlange aus dem Garten Eden und Herodes, den verruchten König, der versuchte, das Christuskind zu ermorden. Das traditionelle Christentum schließt Herodes aus der Krippenszene aus, weil es generell stark dazu neigt, das Böse als Teil des umfassenden religiösen Prozesses auszugliedern statt einzubeziehen. Da wir als Jungianer von einer ganzheitlichen Perspektive ausgehen, ist für uns die Dunkelheit zur Zeit der Geburt des Lichts sehr präsent.

Die Arbeit

☐ *Wie sahen Ihre ersten Winterfeierlichkeiten aus?*

☐ *Welche Gefühle und Einstellungen haben Sie zum Schenken? Was tun Sie wirklich, wenn Sie schenken? Wie könnte eine konstruktive innere Einstellung zum Schenken aussehen, die Sie auch praktisch umsetzen?*

☐ *Wie können Sie dem göttlichen Kind helfen, in diesem Jahr in Ihnen lebendig zu sein? Wir sprechen von diesem Kind als Archetyp, nicht als religiöser Gestalt. Es muß nicht auf traditionell christliche Weise symbolisiert werden. Falls Sie das Symbol malen wollen, sollten Sie das Bild auf natürliche Weise von selbst entstehen lassen.*

☐ *Was kommt bei Ihnen beim Übergang der Wintersonnwende zum Thema Familienarchetyp hoch? Wie könnten Sie damit umgehen? Wie haben die Wintersonnwendfeiern Ihrer Familie Ihr Leben beeinflußt?*

Feiern heißt, daß das Herz Heilung und Gnade annimmt.

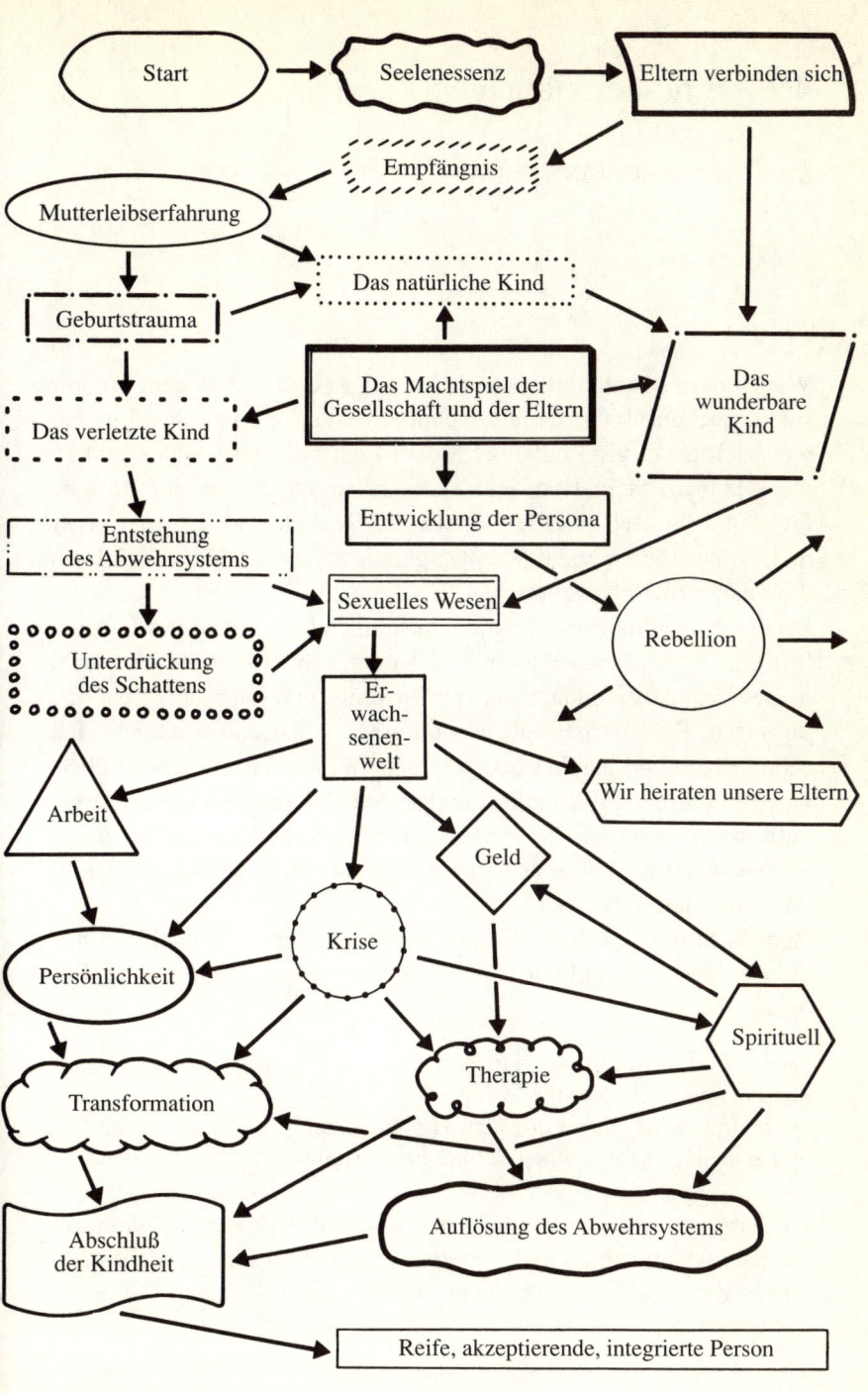

Reiseroute

40　Ein sechsjähriges Kind

BILD: EIN KIND SCHAUT AUS DEM FENSTER.

»… halte meine Seele wach.«

Wer ist dieses herzallerliebste sechsjährige Kind, das so gern mit mir spielt, huckepack auf meinen Schultern reitet und so schnell weint, wenn ich es zu grob anfasse? Soviel Energie, soviel Glück und so viele Tränen. Mein Herz leidet mit dir, wenn du von der Rutsche fällst und dir weh tust. Du kannst die Realität und deinen Körper nicht kontrollieren und erlebst Dinge, die schmerzlich sind. Ich kann dich davor nicht bewahren.

Du bist ein warmherziges Kind, ein strahlendes Kind, voller Lebenslust und Fragen nach diesem und jenem. Soviel Energie hält mich in Bewegung, und manchmal reicht es mir, und ich muß »Nein« zu dir sagen. Du entscheidest, was du essen willst und was nicht. Ich schmeichele und befehle dir, aber dein Wille scheint meinem überlegen zu sein. Wenn ich mich durchsetzen will, muß ich mehr Energie aufbringen als du und die Folgen deiner Unlust in Kauf nehmen. Du bist nicht leicht zu besiegen, selbst da nicht, wo es zu deinem Besten wäre, und ich liebe dich.

Abends bringe ich dich zu Bett, erzähle dir eine Geschichte, singe dir ein Lied vor und sage dir ein Gebet auf, das ich geschrieben habe:

Lieber Gott, wenn ich schlafe, ach,
halte meine Seele wach.
Schick mir einen Engel aus dem Himmelsraum
und schenk mir für meinen Schlaf einen Traum.

Ich habe das traditionelle Bild der Kindheit abgewandelt, damit es für dich und für mich nicht so düster aussieht. Es heißt nicht mehr wie in dem traditionellen Gebet: »Sollt ich sterben/bevor ich wach bin/ Gott, nimm meine Seele hin«. Denn weißt du, ich möchte, daß du hier auf der Erde bleibst. Ich möchte dich nicht verlieren. Du bist mein Kind. Du bist meine Hoffnung. Du bist mein inneres Entzücken und meine Traurigkeit, meine Kreativität und Verletzlichkeit, mein Spiel und meine Spontaneität, meine Hoffnung für die Zukunft und meine verlorene Vergangenheit. Ich bin darauf angewiesen, daß du in mir lebendig bist.

Die Arbeit

☐ *Wie reagieren Sie auf diese Beschreibung?*

☐ *Beschreiben Sie doch einmal selbst ein sechsjähriges Kind. Sie müssen keine aktuellen Erfahrungen mit einem sechsjährigen Kind machen. Denken Sie an sich selbst als Sechsjährige/n, oder lassen Sie sich von Ihrer Vorstellungskraft leiten.*

☐ *Was geschah mit Ihnen im Alter von etwa sechs Jahren? Vielleicht war das die Zeit eines wichtigen Übergangs oder Ereignisses. Was war damals, auf »den Punkt« gebracht, das Wesentliche im Leben?*

☐ *Inwiefern verhalten Sie sich heute manchmal wie ein sechsjähriges Kind?*

☐ *Sind Sie glücklich? Warum? Warum nicht? Definieren Sie Glück eher anhand Ihrer Kindheit oder mehr anhand Ihrer reiferen, erwachseneren Jahre?*

Wir suchen das Kind auf, um den Erwachsenen zu finden.

41 Ihr frühester Kindheitstraum

BILD: EIN FEUER VERBRENNT DIE LANDSCHAFT.

»Vielleicht ist jener früheste Traum in gewisser Weise unsere Bestimmung.«

Wir erinnern uns an das aus der Kindheit, was für unsere Persönlichkeit von zentraler Wichtigkeit ist. Die Psyche beherbergt die Muster, die in der Kindheit geschaffen wurden. Wenden wir uns also jetzt dem Traum zu, jener Widerspiegelung des zitternden Mythos in der inneren Welt.

Eines Abends gingen wir zu Bett und hatten einen großartigen Traum, einen Traum von gewaltigen Ausmaßen, der uns möglicherweise so erschreckt hat, daß wir wach geworden sind. Er war von einer solchen Intensität, daß wir uns heute noch an ihn erinnern können. Vielleicht hat dieser Traum sich in der einen oder anderen Form in unserer ganzen Kindheit immer wieder eingestellt. Vielleicht tauchen seine Symbole und Inhalte in den Träumen unseres Erwachsenenlebens immer noch auf.

Möglicherweise spiegelt der aus der Kindheit erinnerte Traum unseren persönlichen Mythos wider, ein Grundmuster, das wir unser ganzes Leben lang gelebt haben. War es der Tiger, der versuchte, in das Zimmer mit den zwei Türen einzudringen? Wenn wir zu einer Tür gingen und sie zuhielten, lief der Tiger zur anderen Tür und versuchte hereinzukommen, um uns zu verschlingen. Im Erwachsenenleben zeigt sich in solch einem Traum die ständige Angst vor Eingriffen und die mangelnde Fähigkeit, mit den Belastungen des Lebens umzugehen. Um sich zu heilen, könnte der Träumer den Traum als Erwachsener noch einmal betreten und jenem kleinen Kind helfen, mit dem Tiger fertig zu werden. Wie sehen die Alternativen aus? Den Raum verlassen und einen anderen Raum finden, der nur eine Tür hat? Aus dem Raum gehen, dem Tiger gegenübertreten und sehen, was er will? Den Tiger hereinlassen, sich mit ihm befreunden und seine Kraft für ein neues Leben nutzen? Dem Tiger die Tür öffnen, sich im Traumzustand verschlingen lassen und schauen, was dann passiert?

Als erstes schauen wir uns das Grundmuster an, das der Traum wiedergibt. In unserem Beispiel wird das Leben als beängstigend und gefährlich betrachtet. Die Träumerin reagiert auf diese Angst durch defensives Verhalten, anstatt ihre grundsätzliche Einstellung, daß mächtige Dinge sie zerstören, zu verändern. Dann müssen wir darüber nachdenken, wie wir den Traum in unserem äußeren Leben gelebt haben. Die Person, die von dem Tiger träumte, erlebte ihren eigenen Ärger und ihre Männerbeziehungen oft als etwas Überwältigendes.

Durch unsere Arbeit mit dem Traum können wir defensive Verhaltensmuster in wirksamere und heilsamere umwandeln. Vielleicht ist jener früheste Traum unsere Bestimmung, unser Problem, das wir lösen müssen, bevor wir frei sind, als Erwachsene ein erfülltes Leben zu führen.

Jede Lebenssituation ist in Wirklichkeit eine Doublebind-Situation. Jede Energie kann im Leben in die eine oder andere Richtung umschlagen; entscheidend ist oft, welche wir wählen. Vielleicht sind Sie, wie die Träumerin des Tigertraumes, nicht imstande, den Tiger auszusperren, können aber manchmal bestimmen, durch welche Tür er hereinkommen soll. Und Sie können sogar entscheiden, durch welche Tür Sie flüchten, wenn die Lage aussichtslos wird.

☐ *Schreiben Sie Ihren frühesten Kindheitstraum auf, zuerst die grundlegenden Abläufe und Bilder, an die Sie sich erinnern. Anschließend geben Sie eine ausführlichere, phantasievollere Beschreibung.*

☐ *Was sagt Ihr Kindheitstraum über Sie als Kind aus? Welches Muster liegt ihm zugrunde? Ist es verarbeitet und zum Abschluß gebracht worden, oder steht eine Lösung immer noch aus? Wie ist das Muster in dem Traum Ihr Leben lang real umgesetzt worden?*

☐ *Betreten Sie den Traum mit geschlossenen Augen noch einmal. Sehen Sie ihn erneut vor sich, aber bringen Sie diesmal Ihre/n »Erwachsene/n« ein und helfen Sie Ihrem »Kind«, so daß neue Gefühle und Bilder auftauchen können, um den Traum zum Abschluß zu bringen. Wenn Ihnen das schwerfällt oder Angst macht, bitten Sie einen entsprechend ausgebildeten Menschen, Sie durch den Traum zu leiten. Oder Sie schreiben den Traum noch einmal neu auf und bringen ihn zum Abschluß. Was ist auffällig an der Lösung, die eintritt? Arbeiten Sie sie aus, und schreiben Sie dann einige verbindliche Schritte auf, wie Sie Ihrem Leben auf der Grundlage der Veränderungen im Traum neue Richtungen geben werden.*

Wir sind der Traum, der uns träumt.

42 Ein Todesfall in der Familie

BILD: EIN TOR, DAS IM WIND SCHLÄGT.

»Wenn wir dem Tod gegenübertreten können, können wir uns auch dem Leben stellen.«

Tod... Ein Todesfall in der Familie. Vielleicht traf er nur einen entfernten Verwandten, vielleicht aber auch jemanden, der Ihnen sehr nahestand – Ihren Vater oder Ihre Mutter, Ihren Bruder oder Ihre Schwester. Vielleicht einen Großvater, eine Großmutter oder andere Verwandte. Vielleicht haben Sie den Tod so früh in der Kindheit noch nicht erlebt. Und trotzdem trat er irgendwie in Ihr Bewußtsein und löste in Ihnen die zentralen Fragen aus.

Stirbt alles einmal? Ist So-und-So jetzt für immer weg? Wo geht das hin, was sie begraben?

Vielleicht kamen Ihnen diese Fragen aufgrund kleinerer Begebenheiten in den Sinn. Der tote Käfer im Garten hinterm Haus. Ihr kleiner Hund, der einen natürlichen Tod gestorben oder von einem Auto überfahren worden ist. Dieses Erkennen der Abwesenheit, der Sterblichkeit, ist eine der Geburten des Ich. Das schmale kleine Ich des Kindes erkennt, daß es eines Tages nicht mehr sein wird. In diesem Alter haben wir oft eine gewisse Klarheit über unseren Platz im Universum, die in den Erwachsenenjahren oft durch Neurosen, Egozentrismus, Identifikation mit der äußeren Welt sowie wissenschaftliche und religiöse Lehren über die Wirklichkeit vernebelt wird.

In welchem Alter traf Sie diese Frage nach dem Tod, und wie sind Sie darüber hinweggekommen? Haben Sie immer noch Angst vor dem Tod? Wenn Sie Ihre Kindheitserfahrungen mit dem Tod noch einmal durchleben, so wie Sie einen Traum erneut durchleben würden, kann Ihnen das helfen, mit dem Tod zurecht zu kommen. Vielleicht birgt der Tod neues Leben, aber eine Rückkehr zum Alten gibt es mit Sicherheit nicht.

In der Kindheit scheint der Tod weit weg zu sein, fast wie nicht existent. Deswegen bleiben viele von uns mit dem Kindsein identifiziert. Wir wollen nicht, daß die Jahre uns einholen, an unserem Lebenskern nagen und uns schließlich mitnehmen. Aber vielleicht sind wir deswegen nicht bereit zu sterben, weil wir noch gar nicht gelebt haben. Wir werden zu schnell groß, und jetzt als Erwachsene sind wir hinter der verlorenen Kindheit her und hoffen, den Tod zu umgehen, bis unsere Kindheit uns eingeholt hat.

Einigen von uns wurde von den Erwachsenen beigebracht, den Tod zu meiden. Es gab einen Todesfall in der Familie, und eine der Autoritäten beschloß, daß die kleinen Kinder nicht an der Beerdigung teilnehmen sollten. Niemand sprach mit uns, und was geredet wurde, war nicht für unsere Ohren bestimmt.

Der Tod ist für die meisten Erwachsenen nicht das Mysterium, das er für das natürliche Kind darstellt. Wenn wir dem Tod gegenübertreten können, können wir uns auch dem Leben stellen. Denn wir haben in jedem Augenblick die Wahl, zu leben oder zu sterben. Es kommt darauf an, wie wir uns in kleinen Dingen entscheiden. Um zu leben, müssen wir sterben. Wir müssen alte Werte und überholte Angewohnheiten aufgeben, um ein neues Potential praktisch umzusetzen. Leben ist das Ziel des Lebens und Sterben der Prozeß. Warum nicht wieder zu jenem Kind werden, das mit jedem Erwachen an einem neuen Tag das Alte loslassen muß?

Die Arbeit

☐ Beschreiben Sie Ihre erste grundlegende Erfahrung mit dem Tod. Selbst wenn es um einen Menschen geht, der Ihnen sehr nahestand, sollten Sie sich diese Erfahrung noch einmal schildern, und zwar so, daß Sie den Tod als natürlich und notwendig für das Leben betrachten. Der Tod nicht als großer Verlust, sondern als Lehrer für meine Bestimmung. Was hatte diese Kindheitserfahrung mit dem Tod mir beizubringen?

☐ Wie sieht Ihre augenblickliche Einstellung zum Tod aus? Inwiefern könnte sie durch frühe Kindheitserfahrungen geprägt sein?

☐ Falls Sie in der Kindheit eine Verbindung zwischen Gott und dem Tod gezogen haben, wie sah diese dann aus?

☐ Wir fürchten den Tod nicht, wenn wir das Leben gefunden haben. Schreiben Sie Ihre Reaktion auf diese Äußerung auf. Lassen Sie Ihre Gedanken und Gefühle fließen.

Der Tod schenkt dem Leben Leben, so wie das Leben dem Tod Leben verleiht.

43 Die Seele

BILD: EIN STEIN PLUMPST IN DEN TEICH.
»Überlebt die Individualität den Tod?«

Weit, weit weg, Millionen von Lichtjahren entfernt, verweilen die unendlichen vielfältigen Gestalten der Seele, die Essenzen derer, die gekommen und gegangen sind. Oder leben sie immer noch in unserem Umfeld, in konzentrischen Schichten, wie nahezu unendliche Wesensfunken, die einmal Fleisch geworden waren?
Überlebt die Individualität den Tod? Vielleicht wissen wir nicht, wie wir diese Frage beantworten sollen. Und doch lernen viele von uns im Verlaufe ihres Lebens die Transzendenz kennen. Wir erleben mysteriöse und merkwürdige Dinge, Dinge, die weit über uns selbst hinausreichen. In diesem Sinne weiß das Kind mehr als der Erwachsene. Denn das Kind ist Seele, jene Essenz, die noch nicht voll angenommen wurde und noch nicht mit dem konkreten Leben verschmolzen ist.
Die Seele ist der Funke des Ewigen, die Beziehung zwischen einem Menschen und der Quelle. Die Quelle transzendiert das Leben und verleiht ihm zugleich einen Sinn. Die Seele ist das, was den Tod transzendiert, aber solange wir nicht daran gearbeitet haben, daß unsere Seele das Leben transzendiert, ist der Funke in der Tat erbarmungswürdig.
Es gibt im Himmel kein Bankkonto, auf dem Sie etwas anlegen könnten. Sie verausgaben sich jetzt und bekommen zu spüren, was Sie tun. Sie können lernen, sich selbst geduldig von außen zu betrachten. Die Seele ist das, was uns Abstand vom Leben gewinnen läßt.
Kehren Sie in die Kindheit zurück. Kehren Sie jetzt in die Kindheit zurück, zur ersten Phase der erlebenden Seele. Vielleicht haben Sie, bevor Sie hier ankamen, alles sehr wohl gewußt. Ihre Seele, Ihre

einzigartige Essenz, wollte vielleicht im Fleisch geboren werden oder auch nicht.

Plötzlich stellten Sie fest, daß Sie lebendig waren und einen Körper hatten. Und Sie haben viele Jahre so verbracht, begrenzt und doch erregt vom Leben. Und trotzdem machten Sie jene transzendenten Erfahrungen, waren verbunden mit jenen Chören der Ewigkeit, einem tiefen Wissen, das in Handlungen umzusetzen für Sie ein lebenslanger Kampf sein würde. Sie entzogen sich Ihrer Seele immer wieder, aber diese entzog sich Ihnen nicht.

Irgendwie konnten Sie nicht völlig der Mensch sein, für den die anderen Sie hielten. Sie machten gewisse Erfahrungen, Sie wußten, daß das Leben mehr war, als »die« Ihnen vermittelten. Sie waren ein Fremder in ihrer Mitte, und die anderen versuchten, Sie zu vereinnahmen und zu einem von ihnen zu machen.

Die Seele kennt keine Grenzen. Bereiten Sie sich vor! Lassen Sie los, lassen Sie immer wieder los auf dem langen Weg. Wenn die Geburt wirklich beendet ist, haben Sie den Anfang gemacht.

Die Arbeit

☐ *Gehören Sie zu denen, die begierig darauf waren und es begrüßt haben, in einen Körper einzutreten und geboren zu werden? Sind Sie jemand, der das Leben liebt und hier sein möchte? Oder haben Sie das Gefühl, zu denen zu gehören, die sich sträuben, die den Planeten Erde betreten haben, ohne jemals ganz hierher zu passen? Erscheint die Welt Ihnen begrenzt? Geht Ihre Sehnsucht weit über das hinaus, was Ihr Los zu sein scheint? Wollten Sie in Ihren Körper eintreten, oder haben Sie eher das Gefühl, daß diese Entscheidung Ihnen aufgezwungen wurde? Was könnte Ihrer Meinung nach Ihr Sträuben erklären? Wie gehen Sie jetzt damit um? Welche Fortschritte haben Sie bei Ihren Kompromissen mit der Realität gemacht?*

☐ *Was tun Sie heute in Ihrem Alltag, um Ihre Seele zu entwickeln, jenen ewigen und wesentlichen Teil von sich? Welche Opfer könnten notwendig sein, um Ihre Seele von zuviel weltlichem Leben zu befreien? Haben Sie das Gefühl, daß es eine Weltenseele gibt, eine mächtige Wesenheit, die möchte, daß sich Ihre Seele mit ihr verbindet?*

In Zeiten der Stille sind wir am wirklichsten.

44 Das Kollektiv

BILD: DER KÖNIG SITZT AUF SEINEM ALTEN THRON.

»Das Kollektiv besteht aus all jenen Regeln, Werten und Einstellungen, nach denen die Gruppe lebt.«

Wem gehöre ich, wenn ich morgens aufwache? Ich wurde in diese Welt geboren, die sofort ihren Anspruch auf mich geltend machte. Die Welt wollte mich für sich, und nur zu oft habe ich mich gefügt. Was hätte ich denn sonst tun sollen? Ich hatte meine Bedürfnisse, und die Welt erfüllte sie mir, wenn ich ihren Erwartungen genügte. Oft gab ich im Austausch für Sicherheit mein individuelles Selbst auf. Für Sicherheit zahlte ich den Preis, mich dem Bild anzupassen, das sie von einem braven Baby hatten.

Ich verhielt mich wie sie, also dachten sie, ich sei einer von ihnen und befriedigten meine Bedürfnisse. Was hätte ich denn sonst tun sollen? Ich war nur ein Baby, das Hilfe brauchte, um in dieser Welt heranzuwachsen. Schon bald sah ich die Welt mit den gleichen Augen wie sie und tat die Dinge, die sie für wichtig hielten.

Als sie es nicht mehr fertigbrachten, meine Bedürfnisse zu befriedigen, hatte ich das Gefühl für mich selbst schon fast völlig verloren. Das Leiden, das sie damit bei mir auslösten, half mir zu erkennen, daß ich schließlich doch noch ein Individuum war. Ich konnte nicht total mit dem Staat, der Religion, der Gruppe, der Familie verschmelzen. Ich war ein Individuum in der Welt. Ich mußte herausbekommen, wie ich mir meine Bedürfnisse selbst besser erfüllen konnte, und mußte versuchen, dieses Kollektiv besser zu verstehen, vom dem ich Teil war.

Das Kollektiv besteht aus all jenen Regeln, Werten und Einstellungen, nach denen die Gruppe lebt. Es umfaßt auch die Sicht der Realität, die eine Gesellschaft und ihre Mitglieder vertreten. Auf der inneren Ebene beinhaltet das Kollektiv sowohl die Einstellungen und Werte von Eltern und Gesellschaft als auch den Archetyp der Gruppe.

Vielleicht ist das Rebellieren gegen das Kollektiv eine notwendige Phase, aber wir sind trotzdem sehr eng an das Kollektiv gebunden, selbst noch in unseren Reaktionen darauf.

Rebellion schafft Reibung und sorgt dafür, daß die Gesellschaft sich erneut der Zukunft zuwendet. Eine Generation rebelliert gegen die frühere, indem sie den Schatten der vorangehenden Generation auf neue Weise auslebt. Wir wechseln von langen Haaren zu kurzen Haaren, von lockeren zu strengen Einstellungen und so weiter. Jeder Schatten lebt sich aus und schafft einen neuen Schatten für die nächste Generation, gegen den diese rebellieren kann. Das fördert den Fortschritt, es sei denn, es wird daraus ein endloses Vor- und Zurückschaukeln.

Um ein Individuum zu werden, müssen wir uns von der Identifikation mit dem Kollektiv, die sich als Verschmelzung oder Rebellion zeigt, lösen. Wir schließen Frieden mit dem Kollektiv, machen uns seine Werte und seine Sicht der Welt bewußt und arbeiten innerhalb des Kollektivs daran, zu unserer eigenen Produktivität und Ganzheit zu gelangen. Rebellion schafft keine neue Identität, sondern formt ein Individuum, das mit sich und der Welt im Kriegszustand lebt. Das wahre Individuum entwickelt sich aus der Einheit sämtlicher äußeren und inneren Teile.

Und ebenso wenig dürfen wir uns weder mit den inneren Abläufen identifizieren noch vor ihnen flüchten, indem wir uns ausschließlich auf die äußere Welt konzentrieren. Um uns zum Individuum zu entwickeln, arbeiten wir daran, sowohl das Innere als auch das Äußere zu integrieren.

An einem gewissen Punkt treten wir aus der Gruppe als führende Persönlichkeit hervor, weil wir nicht mit ihr identifiziert sind. Menschen sehen in uns eine bestimmte Qualität. Wir haben Energie frei, um an der Schwelle zu neuen Möglichkeiten zu leben.

Wir können vom Kollektiv geopfert werden oder zu seiner zentralen Gestalt werden, in der sich seine tiefsten Anliegen und seine Weiterentwicklung konzentrieren.

☐ *Welche historische Gestalt verkörpert für Sie am stärksten Ihre Vorstellung von Individualität? Von welchen Eigenschaften fühlen Sie sich besonders angesprochen? Inwiefern könnten diese auch in Ihnen vorhanden sein?*

☐ *Wie sieht Ihre Beziehungsgeschichte mit dem Kollektiv aus? Verschmelzung? Rebellion? Etwas anderes? Wie sieht Ihre augenblickliche Beziehung zu Ihrem eigenen inneren Kollektiv, Ihrem Unbewußten aus? Inwiefern sind Sie bereit, in diesem Leben ein Individuum zu sein?*

Was wir unbewußt lassen beherrscht uns.

45 Mit der Leere arbeiten

BILD: DIE SCHNECKE HAT IHR HAUS GESPRENGT.
»Stellen Sie sich dem Entsetzen, und lassen Sie das Leben in Abwehr sterben.«

Vielleicht haben Sie das nie erlebt, aber manche Kinder können in der Kindheit eine Erfahrung machen, die sich anfühlt wie ein Realitätsverlust.

Vielleicht erwachen Sie aus einem Mittagsschläfchen und stellen fest, daß Sie sich nicht mehr bewegen können. Oder Sie erleben in der Nacht ein unbeschreibliches Entsetzen. Die Wände bewegen sich... der Fußboden gibt nach... die Zimmerdecke fällt auf Sie herab. Was als Traum begann, bricht durch in den hellichten Tag.

Hinter den uns bekannten Grenzen der Realität liegt die Leere. Durch unser Eintauchen in die Aktivitäten des Alltagslebens drängen wir die tiefste Dunkelheit zurück. Wenn die uns vertrauten Bilder von uns und von den Dingen, mit denen wir uns als Person identifizieren, sich auflösen, erleben wir die strudelnde Leere der Verlorenheit. Wir wissen buchstäblich nicht, wer wir sind oder auf welchem festen Boden wir stehen könnten.

Als Kinder leisten wir der Leere Widerstand. Wir versuchen, vor ihr in die Arme unserer Mutter zu fliehen. Weiches, warmes Fleisch ist menschlich. Wir verstecken uns vor der Leere in unseren Phantasien von Heldinnen und Helden. Wir führen kleine Rituale durch, um das Angesicht der Tiefe wegzudrängen.

Als Erwachsene kann unsere Welt von Zeit zu Zeit zusammenbrechen, und dann erleben wir die Leere wieder. Aber wenn wir wissen wie, können wir diesmal mit der Leere arbeiten, indem wir in sie eintauchen.

Wenn wir uns vor der Leere in die bekannte Welt flüchten, hilft uns das nicht, mit unseren tiefsten Ängsten fertigzuwerden. Stellen wir uns aber dem Nichts hinter der Oberfläche der faßbaren und emotionalen Realität, gewinnen wir die Festigkeit, es mit fast allem im Leben aufnehmen zu können. Und warum auch nicht? Das, was wir am meisten fürchten, wird sowieso geschehen. Jeder von uns wird mit dem Durchschreiten der großen Pforte des Todes zum unwiderruflichen Punkt gelangen. Besser ist es, sich der leeren Dunkelheit zu stellen, während wir noch am Leben sind, denn damit retten wir die Fülle des Lebens für uns. Die Konfrontation mit der Dunkelheit ist die höchste Aufgabe für Menschen, die ihr Schicksal meistern wollen.

Kehren Sie also in die Kindheit zurück. Ganz im Gegensatz zu all den Märchen, die Kinder hören müssen, um abends einschlafen zu können, endet sie niemals glücklich. Kehren Sie in die Kindheit zurück. Der Heilungsprozeß erfordert, daß Sie völlig wehrlos werden, das Unglück nicht länger bekämpfen. Und Sie können das in einer sicheren, heilenden Atmosphäre tun, in den liebevollen, aber festen Armen eines anderen Menschen, mit Hilfe der verläßlichen Zuwendung einer Therapeutin oder der Herausforderung und Akzeptanz, die ein spiritueller Lehrer Ihnen vermittelt. Dann können Sie den Übergang in ein neues Leben vollziehen.

Nur allzuviele Erwachsene sehen für ihr Alter stark aus, während darunter, verborgen in einem Sack voller Sorgen, das innere Kind schreit.

Lassen Sie los und leiden, leben, heilen Sie, stellen Sie sich der Leere, dem absoluten Entsetzen, in dessen Angesicht wir uns so unbedeutend und klein fühlen. Stellen Sie sich ihr jetzt mit Tränen und Affirmationen. Wenn Sie sich dem Entsetzen stellen, das bereits vorhanden ist, kann es nicht mehr größer werden. Stellen Sie sich dem Entsetzen, und lassen Sie das Leben in Abwehr sterben. Stellen Sie sich dem Entsetzen, und machen Sie sich frei von der Angst. Wenn die Vernichtung vollbracht ist, und die Leere vorbeigeht, wird ein neues Leben begonnen haben, ein keimender Same in fruchtbarer Erde, die Emotion der Anteilnahme, die Realität des Wissens, daß Sie diesmal den Durchbruch geschafft haben.

☐ *Wie sah Ihre entsetzlichste Kindheitserfahrung mit dem absoluten Nichts aus? Beschreiben Sie sie im einzelnen, damit deutlich wird, wie Sie mit Dunkelheit üblicherweise umgehen.*

☐ *Wie erleben Sie heute äußerste Dunkelheit? Wie hängt das mit Ihren Kindheitserfahrungen zusammen?*

☐ *Durchleben Sie, wenn es Ihnen möglich ist, eine Kindheitserfahrung mit der Leere noch einmal, aber bringen Sie diesmal Ihr erwachsenes Ich mit in die Situation ein, um Ihrem inneren Kind zu helfen, sich im Umgang mit der Erfahrung sicher zu fühlen. Retten Sie das Kind nicht. Unterstützen Sie es bei seiner Konfrontation mit der Leere.*

☐ *Durchleben Sie Ihr jüngstes Erlebnis mit der Leere noch einmal, eines, bei dem Sie nicht die Kontrolle hatten, sondern das Gefühl, daß Ihnen keinerlei bekannte Grenzen oder Hilfsmittel zur Verfügung stehen. Wehren Sie sich diesmal in keinster Weise gegen die Erfahrung, sondern gehen Sie hindurch, um Ihr Ich zu stärken. Sorgen Sie für kompetente Unterstützung, falls das Erlebnis Sie überwältigen sollte.*

☐ *Meditieren Sie über die Leere, betrachten Sie sie und beobachten Sie, was sich in Ihnen regt. Erleben Sie beim Betrachten der Leere sämtliche Ängste, die hochkommen. Vielleicht steht hinter Ihren verschiedenen Ängsten nur eine große Angst. Erleben Sie das unmittelbar, und gehen Sie hindurch. Wie ist das? Was löst sich dadurch?*

☐ *Malen Sie ein phantasievolles Bild von der Leere.*

Wir fürchten das am meisten, was wir noch nicht kennen.

46 Gleichaltrige

BILD: FÜNF ÄPFEL UND EINE BIRNE SIND VOM SELBEN BAUM GEFALLEN.

»Ich mußte mich anpassen, denn ich hatte das Gefühl, daß mein Leben davon abhing.«

Meine Geschichte ist ein ungewöhnliches, aber eindringliches Beispiel. So befremdend das klingen mag, aber mir wurde in jenen ersten Jahren meiner Kindheit nicht erlaubt, zu Hause mit anderen Kindern in meinem Alter zu spielen. Mit sechs Jahren wurde ich dann ins Internat geschickt, um niemals nach Hause zurückzukehren, außer in den kurzen alljährlichen Schulferien. Im Internat mußte ich mich anpassen, denn ich hatte das Gefühl, daß mein Leben davon abhing. Es gab immer Tyrannen wie den kleinen Italiener, den ich fürchtete und dem ich schmeichelte. Es gab auch die Kinder, die ich mochte und mit denen ich Freundschaft schließen konnte. In jenen Tagen war ich niemals Anführer, wenn wir Krieg oder Verstecken spielten. Ich fühlte mich nicht beliebt genug, um Anführer zu sein, aber ich eignete mich ausgezeichnet als zweite Hand des Anführers. Ich erledigte Besorgungen schnell und machte gute strategische Vorschläge.

Das änderte sich, als ich im Alter von zwölf Jahren auf die Militärschule geschickt wurde. Dort beruhte die Führungsrolle nur zum Teil auf äußerer Freundlichkeit. Beim Militär gibt es Hunderte von äußeren Maßstäben, nach denen man beurteilt wird. Ich hatte gute Noten, war gut beim militärischen Training und arbeitete hart. Ich wurde gefördert, zum Klassensprecher ernannt und in bestimmten Abteilungen respektiert. Ich machte mir auch Feinde, zum Beispiel all jene, die sich mit mir zusammen um Förderungen und Preise beworben hatten. Ich lernte, den Umschwung der Gruppenstimmung, die sich gegen jeden von uns richten konnte, zu fürchten.

Die Zeiten, in denen ich allein oder nur mit einem anderen Freund zusammen war, dem ich traute, waren am besten und am sichersten. Das äußere Kollektiv schien zu mächtig und wankelmütig zu sein, um ihm vertrauen zu können. Gegen Ende meiner Teenagerjahre und als ich über zwanzig war, wurde ich zum Rebellen und hatte vor dem Kollektiv noch mehr Angst. Gleichaltrige waren für mich sowohl die Hölle als auch der Himmel auf Erden. Wir haßten uns gegenseitig und heilten uns unsere Wunden. Wir hatten Spaß, spielten und träumten von einer Welt, die wir eines Tages beherrschen würden. Mein Herz öffnet sich für meine Brüder und Schwestern überall. Wir befinden uns gemeinsam in einem schwankenden Boot. Wir müssen mit dem Kollektiv zusammenarbeiten. Unsere Gleichaltrigen sind ein Teil von uns. Gemeinsam können wir die Welt verändern.

Die Arbeit

☐ *Sie befinden sich in den frühen Jahren der Kindheit und zwar in der Phase, sagen wir, von sechs, sieben und acht Jahren. Sie haben bereits eine Vorstellung davon, was die Eltern und die Gesellschaft wollen. Aber Ihre meiste Zeit verbringen Sie damit, zusammen mit kleinen Menschen Ihres Alters Ihren eigenen Beschäftigungen nachzugehen. Was wollen diese Kleinen? Wie sieht die Machtstruktur in der Gruppe aus? Welche Werte haben Sie und Ihre Gleichaltrigen? Inwiefern haben Sie darunter gelitten, daß Sie nicht wußten, wie Sie sich Ihrer Gruppe anpassen konnten? Ja, Sie wenden sich an Eltern und Lehrer um Hilfe, aber die Großen können nicht ständig da sein und auf Sie aufpassen. Sie müssen sich in Ihrer eigenen Gesellschaft Verbündete suchen. Sie sind die nächste Generation. Schreiben Sie auf, wie Sie diese Erfahrung erlebt haben.*

☐ *Welche Art Persona oder welches äußere Bild von sich haben Sie konstruiert, um mit Ihren Gleichaltrigen zurechtzukommen? Wie hat sich das im Laufe der Jahre geändert?*

☐ *Wie sieht Ihre heutige Beziehung zu Gruppen aus? Ihre Ängste? Wie kommen Sie mit Gruppen zurecht? Warum brauchen Sie Gruppen?*

☐ *Wie kommen Sie mit Menschen beiderlei Geschlechts in Ihrem Alter aus? Was könnte das über Sie aussagen?*

Auf stürmischer See ist kein Schiff sicher.

47 Die Straße, die nicht eingeschlagen wird

BILD: DIE REISENDEN MACHEN IN EINER GASTSTÄTTE AM WEG RAST.

»Es gibt im Leben immer mindestens zwei Straßen, auf denen wir reisen.«

T.S. Eliot schenkt uns in einem seiner Gedichte eine wunderbare Metapher. Er beschreibt einen magischen Garten irgendwo, den wir besuchen können, und der alle Möglichkeiten und Wege beherbergt, die in Betracht gezogen, aber nicht realisiert werden. Was aber fangen wir an mit dem ungelebten Leben? Wie wäre ich heute, wenn meine Kindheit anders verlaufen wäre?

Zurückkehren in die Kindheit? Welches ungelebte Leben wartet dort noch immer darauf, geboren zu werden? Wenn doch meine Mutter nur nicht gestorben oder weggegangen wäre, als ich sechs war, oder mein Vater uns nicht verlassen hätte, als ich acht war... Wenn ich doch nur eine Schwester oder einen Bruder oder keine Schwester und keinen Bruder gehabt hätte... Wie sieht Ihre magische Kindheit aus?

Es gibt im Leben immer mindestens zwei Straßen, auf denen wir reisen. Die äußere, die zeigt, was wir in der physischen Realität tatsächlich erreichen, und die imaginär-archetypische der inneren Realität. Wo befänden wir uns, wenn wir dazu verdammt wären, das Leben nur im Äußeren zu leben? Die meisten von uns leugnen, daß die innere Welt ebenso real ist wie die äußere, und so vernachlässigen wir sie, ohne zu erkennen, daß Erfahrungen von archetypischer Wirklichkeit oft sehr viel oder sogar mehr Bedeutung haben als die, die sich in der äußeren Welt abspielen.

Lüften Sie die Maske des Erwachsenen, und Sie haben ein Kind vor sich, ein menschliches Wesen, das im magischen Königreich des

»wie es hätte sein sollen« lebt, während es sich nach außen hin mit weltlichen Dingen beschäftigt. Wir wollen das innere Königreich der Phantasie anerkennen als das, was es ist, um es dann loszulassen. Unser Ziel, unser Wohl, besteht darin, im »Hier und Jetzt« zu leben, nicht in einer »Realität«, wie wir sie gern hätten. Aber nehmen Sie das Magische und die Phantasie trotzdem an, und achten Sie sie gedanklich und gefühlsmäßig, indem Sie damit innerlich arbeiten, was tatsächlich auch zu einem äußeren Ausdruck führen kann. Sie können Ihre Kindheit nicht noch einmal erleben, aber Sie können die Vergangenheit erlösen, indem Sie in der Gegenwart anders handeln.

Die Arbeit

☐ *Wie sehen einige der Straßen aus, die Sie nicht einschlugen? Erforschen und beschreiben Sie sie.*

☐ *Wie hätten Sie jene frühen Jahre idealerweise gern gehabt? Geben Sie eine detaillierte Beschreibung, und lassen Sie Ihre Gefühle dabei hochkommen.*

☐ *Erforschen Sie Ihre augenblicklichen Phantasien, und schreiben Sie sie auch auf. Inwiefern könnten sie Reproduktionen Ihrer Kindheitsphantasien sein? Welches ungelebte Leben beherbergen diese Phantasien? Welche Essenz enthalten sie, welches dringende Bedürfnis, das Sie in Ihrem augenblicklichen Leben mehr zum Ausdruck bringen müssen? Betrachen Sie Ihre Phantasien als Signale für das Bedürfnis, etwas Bestimmtes im Leben ausdrücken zu wollen.*

☐ *Schauen Sie nach, in wieweit Ihr augenblickliches Phantasieren Sie davon abhält, in Ihrem jetzigen Leben in jedem Augenblick voll präsent zu sein. Wie könnten Sie Ihr augenblickliches Leben mit der Energie beleben, die in Ihren Phantasien steckt?*

☐ *Wie frei sind Sie von der Identifikation mit der äußeren Realität? Wieviel Prozent Ihres Tages verbringen Sie mit inneren Angelegenheiten? Welche Veränderungen wären erforderlich, um einen Ausgleich zu schaffen?*

☐ *Malen Sie ein Bild oder eine symbolische Landkarte von Ihrer Kindheit, wie Sie sie gern gehabt hätten.*

Das Leben, das wir leben, erlöst das ungelebte Leben.

48 Die heimliche Sünde

BILD: EIN BÄR SCHLEICHT SICH ÜBER DIE WIESE AN.

»Ein wirkliches Bekenntnis führt zur Lösung, nicht zur Absolution.«

Jeder von uns verbirgt etwas vor der Welt. Ist es jetzt an der Zeit, dieses Geheimnis zu enthüllen? Gibt es irgend etwas über Sie, was Sie in Ihrem Leben bislang noch niemandem erzählt haben? Ist es wirklich so schrecklich, daß es nicht ans Licht dringen darf?

Lassen Sie uns mit dem heimlichen Leben des Kindes beginnen. Es gab so viele Verbote, daß wir einfach einige brechen mußten. Oder gehörten wir zu den Kindern, die sich selbst in kleinen Dingen niemals gehen ließen, aus Angst, erwischt zu werden?

Das Geheimnis des Bewahrens von Geheimnissen liegt darin, daß diese uns helfen, ein bestimmtes Bild aufrecht zu erhalten. Wenn das, was ich getan habe, für andere nicht akzeptabel ist, kann ich es wahrscheinlich auch selbst nicht akzeptieren. Ich bekenne meine Sünden, um sie selbst zu akzeptieren. Ein wirkliches Bekenntnis führt zur Lösung, nicht zur Absolution. Wir bleiben uns selbst gegenüber verantwortlich für das, was wir getan haben. Es wandert nicht fort in den Abendmahlskelch der Vergebung, sondern wird zu einem Teil von uns. Das große Geheimnis ist der Schatten, die Kehrseite unserer Persönlichkeit, die gegen unser besseres Wissen ausagiert wird.

Auf der Militärschule habe ich, als ich dreizehn war, versehentlich etwas gestohlen. In den Jahren meines Internatslebens hatte ich mich immer an eine rigide Ehrlichkeitsmoral gehalten, so groß war meine Angst davor, erwischt und streng bestraft zu werden. Da ich zusammen mit anderen Jungen regelmäßig für Vergehen bestraft wurde, an denen ich nicht beteiligt gewesen war, muß ich mir gedacht haben, daß die Strafen für wirklich begangene Verstöße noch schlimmer sein würden.

Es war am Ende des Schuljahres, und wir gingen durch die Zimmer der Jungen, die in den Sommerferien nach Hause fahren würden, um nachzusehen, ob sie irgendwelche Wertsachen vergessen hatten. Ein Zimmer war eine wahre Schatzgrube, und ich fand einen Gegenstand, der mir besonders gefiel, und nahm ihn an mich. Die Sache war nur, daß der Besitzer am nächsten Tag zurückkam, um seine Sachen zu holen, und er machte enorm viel Wirbel. Ich gab niemals zurück, was ich mir genommen hatte, und wurde damit dieses eine Mal in meiner Kindheit zum Dieb. Mein Schatten war bestätigt worden, und ich fühlte mich so schuldig, wie man nur kann.

Je mehr wir mit unserer Persona, jenem strahlenden Bild von uns, identifiziert sind, desto zwanghafter wird das, was wir an uns ablehnen. Wirklich von Herzen zu bekennen heißt, den Schatten zu akzeptieren, nicht ihn aufzugeben. Wohin wird der Schatten gehen, wenn wir ihn nicht annehmen?

Wir müssen Sünden aus Angst vor dem Kollektiv verbergen. Wenn man uns auf die Schliche käme, wären wir übel dran. Und trotzdem müssen wir unsere Sünden begehen, um unsere Identifikation mit dem Kollektiv zu lösen. Was andere für Sünde halten, mag für uns etwas sein, was wir integrieren müssen.

Und was würden wir als Erwachsene gern weiterhin geheim halten? Die Geschichte des Schattens und seiner Intrigen wird fortgesetzt. Was dem einen lieb und wert ist, ist für den anderen eine Sünde. Schwer faßbar, wie die Sünde ist, müssen wir sie finden und vor uns selbst offenlegen. Manchmal bedeutet das, sie auch anderen zu bekennen.

Aus dem Blickwinkel der Individuation sind wir weniger am Akt der Sünde selbst als an dem interessiert, was sich dahinter verbirgt. Welches Bedürfnis, welcher Archetyp, durchströmt unsere Seele so stark, daß er Ausdruck im Verbotenen finden muß?

Die Arbeit

☐ *Machen Sie eine Liste der dunkelsten Geheimnisse aus der Kindheit und führen Sie selbst die auf, die Sie niemandem erzählt haben. Welche archetypische und persönliche Energie mag sich dahinter verbergen?*

☐ *Wenn Sie in der Kindheit nicht viele Sünden vorzuweisen haben, können Sie einige Zusammenstöße aufschreiben, bei denen Sie gern gegen die Werte des Kollektivs verstoßen hätten.*

☐ *Schreiben Sie auf, welche Handlungen dazu führen, daß Sie an sich selbst zweifeln oder sich schlecht fühlen. Inwiefern verspüren Sie das Bedürfnis, gegen Ihre eigenen Werte oder die des Kollektivs zu verstoßen?*

☐ *Gibt es Sünden, die nicht wieder gutzumachen sind? Was heißt Erlösung psychisch und spirituell?*

Sündigen heißt, das Leben mit unserer Unvollkommenheit ehren!

49 Geld

BILD: DER SAPHIR IM MONDLICHT HAT DIE NACHT
NÄHER GEBRACHT.

»Geld ist eine Fiktion. Wir sind die Realität.«

Die weltlichen Dinge mögen verrotten oder zerfallen, aber Geld bleibt
ewig erhalten. Geld hat keine Bindungen. Es bleibt so lange bei
seinem Eigentümer, wie dieser es besitzt. Der Eigentümer stirbt, und
das Geld lebt weiter. Geld kennt keine Nächstenliebe und keinerlei
Prinzipien. So wie es Schaden anrichtet, tut es auch Gutes. Es wehrt
sich gegen nichts, noch nicht einmal gegen sich selbst. Menschen
sterben für Geld, während es selbst am Leben bleibt. Wir besitzen
Geld und sind von Geld besessen. Geld sucht seinesgleichen. Es liegt
in Tresoren und an geheimen Orten. Es arbeitet nicht, außer für sich
selbst. Es kann für zahlreiche Dinge benutzt werden und hat doch
keinen eigenen Nutzen. Es kann nichts für sich beanspruchen, weder
einen Platz, um sich niederzulegen, noch ein Haus, um darin zu
leben, und trotzdem können nur wenige ohne Geld eine Unterkunft
für sich finden.

Geld liebt nicht, und trotzdem haben viele Liebe für Geld verkauft
oder erworben. Bei Geld hört die Liebe auf. Liebe überlebt Geld,
aber Geld überlebt Liebe nur selten.

Geld ist nicht ehrlich. Es reagiert und belohnt uns nicht, wenn wir
gut sind. Viel Geld schenkt uns keine schöne Zeit und bringt uns
auch kein Glück.

Geld macht uns nicht krank und nimmt uns auch nichts. Es macht
uns das Leben nicht schwer. Geld bereitet uns nicht auf den Tod vor
und schenkt uns auch nicht die richtigen Freunde. Es ist nicht der
Wert, für den das Leben erschaffen wurde.

Geld beschwert sich nicht und schmollt nicht, wenn wir ärgerlich
werden. Es heilt uns auch nicht, wenn wir krank sind.

Geld ist wahllose Macht, und unsere Entscheidung für eine bestimmte Form des Umgangs mit Geld spiegelt die Werte wider, nach denen wir leben.

Der Schlüssel zu Wohlstand liegt darin, daß wir tun, was notwendig ist, um uns unsere Ressourcen für gute wie für schlechte Zeiten zu erhalten. Denn es wird in dieser Existenz sowohl magere als auch fette Zeiten geben. Ein weiterer Schlüssel liegt darin, eine positive Einstellung zur Weiterentwicklung des Potentials zu bewahren, das im Leben tatsächlich existiert. Das dritte Prinzip ist, das zu finden und zu tun, was mit unserer wahren Natur und der Welt um uns herum in Einklang ist. Geld ist die Fiktion. Wir sind die Realität.

Die Arbeit

☐ *Was waren Ihre ersten Erfahrungen mit Geld? Welche Einstellungen haben Sie auf der Grundlage dieser Erfahrungen entwickelt?*

☐ *Welche Einstellung hatten Ihre beiden Eltern zu Geld? Wie haben Sie diese Einstellungen in Ihrem eigenen Leben umgesetzt? Welche psychischen und spirituellen Abläufe und Prinzipien mögen hinter diesen elterlichen Einstellungen gestanden haben?*

☐ *Welche der Äußerungen in diesem Abschnitt haben Sie angesprochen? Was haben Ihnen Ihre inneren Stimmen beim Lesen dieses Abschnitts gesagt?*

☐ *Lesen Sie den Abschnitt einem Freund, einer Freundin oder vielleicht sogar einem Elternteil vor, und hören Sie sich ihre Reaktion an. Nutzen Sie den Text als Grundlage für Gespräche und Ihre Bewußtseinsentwicklung.*

☐ Was ist Ihrem Verständnis nach in dieser Lektion der Kernpunkt unserer Einstellung zu Geld?

☐ Wie sieht die kreativste und dynamischste Haltung aus, die Sie persönlich in Ihrem Leben zu Geld einnehmen können? Was werden Sie unternehmen, um diese Position zu verwirklichen?

Geld ist ein Maßstab für unsere Wahrnehmung der Wirklichkeit.

50 Abhängigkeit

BILD: DIE NABELSCHNUR IST UM DEN HALS DES BABYS
GEWICKELT.

»Abhängigkeit ist die Schattenseite der Suche nach Erfüllung.«

Wir alle kennen die Qual der Abhängigkeit im Erwachsenenleben.
Wir sind von einem anderen Menschen abhängig, und dann enttäuscht er uns. Wir fühlen uns betrogen und verletzt und schwören
uns vielleicht sogar, uns niemals wieder von jemandem abhängig
zu machen. Sollte es im Erwachsenenleben überhaupt Abhängigkeiten geben? Oder ist das ein weiteres überfälliges Thema aus der
Kindheit?
Wirkliche Abhängigkeit ist notwendig. Es gibt Zeiten, in denen ich
mir als Erwachsener finanzielle oder medizinische Hilfe suchen muß.
Und es kann auch Zeiten geben, in denen ich therapeutische Hilfe
brauche.
Falsche Abhängigkeit hat ein verborgenes Motiv. Ich bin abhängig,
wenn ich erwarte, daß Sie etwas für mich tun. Ich bin abhängig,
wenn ich nicht imstande bin, etwas für mich selbst zu tun. Ich bin
abhängig, wenn ich glaube, daß Sie mir ein Bedürfnis erfüllen, weil
Sie es versprochen haben. Ich bin abhängig, wenn ich möchte, daß
Sie auf irgendeine Weise zu meinem Wohlergehen beitragen. Ich
bin abhängig, wenn ich Dinge erwarte, für die ich nichts getan
habe.
Aber gebe ich die Kontrolle ab, wenn ich mir Hilfe suche, mich
versorgen und unterstützen lasse? Einige von uns haben das Gefühl,
daß das niemand so gut kann wie sie selbst. Wir bitten also andere
nicht, etwas für uns zu tun, denn sie könnten ja unseren Ansprüchen
nicht genügen. Diese Haltung kann ihre eigene Form von Abhängigkeit schaffen, weil wir uns die Hilfe verwehren, die von anderen

und vom Universum selbstverständlich für uns da ist. Wir sind zu autark.

Bei neurotischer Abhängigkeit manipulieren wir andere oder fordern von ihnen, daß sie unsere Bedürfnisse erfüllen. Die schlimmste Abhängigkeit ist die, bei der wir uns mit dem Opfer-Archetyp identifizieren. Die Selbstheilung von dieser Form ist am schwierigsten, denn Opfertypen glauben, daß ihre Wunden größer sind als ihre Fähigkeit, sie zu heilen. Das Teil, das bei diesem Puzzle fehlt, befindet sich in der Kindheit. Das Kind war tatsächlich hilflos und mußte Hilflosigkeit vorspielen, um zumindest einige seiner Bedürfnisse befriedigt zu bekommen.

Es wäre für mich und alle, die mit mir zu tun hatten, besser gewesen, wenn meine Bedürfnisse umfassender befriedigt worden wären. Aber sie wurden nicht erfüllt, und das ist die Realität. Niemand hat in diesem Leben meine Bedürfnisse zu erfüllen. Menschen haben mit ihren eigenen Bedürfnissen zu tun. Wir befriedigen unsere Bedürfnisse selbst, indem wir uns mit Hilfe unserer eigenen Entscheidung und unseres eigenen Bewußtseins an heilende Quellen anschließen.

Im Erwachsenenleben wird das Abhängigkeitsproblem offensichtlich, wenn wir uns an andere Menschen hängen und immer noch wie ein Kind fordern, daß unsere Bedürfnisse befriedigt werden. Wenn dieses ein Universum voller Überfluß ist, können Sie losgehen und selbst für Ihre Erfüllung sorgen. Sollten Sie ein Bedürfnis haben, das nur durch einen anderen Menschen befriedigt werden kann, können Sie ihm Ihr Bedürfnis als Geschenk unterbreiten, so daß er sich ein eigenes Bedürfnis erfüllen kann. Und zahlen Sie Ihre Schulden zurück, indem Sie lernen, sich selbst zu geben, was Ihnen zunächst einmal andere geben mußten.

Machen Sie sich nicht von anderen abhängig. Seien Sie nicht nur von sich selbst abhängig. Ersetzen Sie Abhängigkeit durch einen schöpferischen Austausch mit anderen. Ihre Eltern haben Ihre Bedürfnisse niemals ganz erfüllt, stimmt's? Und Sie haben überlebt. Worin liegt das Geheimnis?

Die Arbeit

☐ Führen Sie einige Bereiche Ihres augenblicklichen Lebens auf, in denen Sie sich zwanghaft abhängig von einem anderen Menschen oder einer bestimmten Situation fühlen. Wie sieht Ihre früheste Erinnerung an eine ähnliche Abhängigkeit aus? Welche Veränderungen können Sie vornehmen?

☐ Schreiben Sie auf, in welcher Hinsicht Sie sich im Erwachsenenleben zu unabhängig fühlen und zwar derart, daß Sie nicht zulassen würden, daß jemand Ihnen bei dieser Aktivität hilft oder sich daran beteiligt. Welche Unsicherheiten oder Einstellungen könnten dahinterstehen?

Wir sind zuverlässig, wenn wir nicht abhängig sind.

51 Meine Lieblingslehrerin/Mein Lieblingslehrer

BILD: DER ZAUNKÖNIG BRINGT SEINEN JUNGEN
WÜRMER.

»Was wäre ich heute ohne diese wichtige andere Person?«

Durch eine alte, aber lebhafte Erinnerung kann ich mich viele Jahre zurückversetzen. Frau Day war Kommunistin, so erzählten mir meine Eltern jedenfalls Jahre später. Das hieß, ihr wurde, obwohl es während des Zweiten Weltkriegs in Ordnung war, Kommunist zu sein, später als Lehrerin in der dritten Klasse meines Internats gekündigt.

Die Schule war ein kalter Ort zum Leben, vor allem, weil ich niemandem am Herzen lag. Ich war einfach eines von Hunderten von Kindern. Auch wenn wir alle ihnen vielleicht am Herzen lagen, konnten sie nicht für jeden von uns ein warmes Interesse entwickeln. Aber Frau Day lag ich am Herzen. Das spürte ich sofort. Nach den Schrecken der Nacht und des Schlafsaallebens machte ich mich auf den Weg zur Schule und wurde dort akzeptiert.

Frau Day kommt mir heute vor wie eine strahlende Sonne, eine warme Sonne, die einen umwölkten Planeten bescheint. Das Lernen war für mich immer eine Herausforderung, und sie muß den Fehlern, die ich machte, mit ebensoviel Wärme und Akzeptanz begegnet sein, wie sie mich für meine Leistungen lobte.

Das Bedeutsame ist für mich, daß es inmitten des Gewimmels all der Menschen, denen mein Aufwachsen anvertraut war, einen gab, dem ich als Individuum am Herzen lag. Was wäre ich heute ohne diese wichtige andere Person? Ich konnte sie nicht als Mutter haben, aber ihre Aufrichtigkeit als Mensch gab mir Hoffnung in jenen dunklen Tagen der Kindheit und ließ mich durchhalten, bis ich selbst erwachsen war.

Die Botschaft, die Frau Day mir vermittelte, lautet, daß es in der Welt warmherzige Menschen gibt, die lieben können, und daß ich diese, wenn ich die Kindheit überstünde und die Macht haben würde, über mein Leben selbst zu bestimmen, finden würde.
Und ich fand sie tatsächlich. Im Überfluß!

Die Arbeit

☐ *Welche Gefühle und Erinnerungen in bezug auf einen wichtigen anderen Menschen aus Ihren frühen Lebensjahren sind bei Ihnen jetzt hochgekommen? Welche Bedeutung hat er für sie, welche heilsame Wirkung?*

☐ *Wer war Ihr/e Lieblingslehrer/in in der Kindheit und warum? Beschreiben Sie ihn oder sie.*

☐ *Welche Aspekte des Elternarchetyps könnte Ihr/e Lieblingslehrer/in für Sie erfüllt haben?*

☐ *Was haben die schrecklichen Lehrer/innen zu Ihrem Leben beigetragen?*

☐ *Fällt es Ihnen leichter, aus Büchern oder von Menschen zu lernen? Auf welcher Kindheitserfahrung könnte diese Neigung beruhen?*

Was wir im Leben lernen müssen, wird uns auf die eine oder andere Weise auch beigebracht.

52 Schule

BILD: EIN ROTWEISSER BALL, HOCH IN DIE LUFT
GEWORFEN.

»Am meisten haben wir in der Schule gelernt – oder auch
nicht – zu lernen.«

Welche Gefühle bringt das Worte »Schule« in Ihnen hoch? Ich fühle
»Schule« als ängstliche Herausforderung, eine Situation, in der ich
der ständigen Anforderung ausgesetzt bin, mein Verhalten zu kontrollieren und zu lernen, zu lernen und nochmals zu lernen.

Am meisten haben wir in der Schule gelernt – oder auch nicht – zu
lernen. Welche Haltung nehme ich im Erwachsenenleben ein, wenn
es darum geht, neue Dinge aufzunehmen? Welches Bild habe ich
von mir als kompetent lernendem Mensch? Dieses Bild ist sowohl
im Guten als auch im Schlechten durch meine frühen Lernerfahrungen
geprägt worden.

Ein Vorfall kommt mir in den Sinn, der mein ganzes Leben gefärbt
hat. Ich hatte Schwierigkeiten mit der Rechtschreibung, also sollten
mir zwei Mädchen aus der Klasse mit den Hausaufgaben für den
jeweiligen Tag helfen. Ich mochte Mädchen in dem Alter nicht und
entwickelte einen Haß auf Rechtschreibung. Worte falsch schreiben
und aussprechen war für mich der Weltuntergang, mangelnde Vollkommenheit. Es bedeutete, ausgelacht zu werden und mich unterlegen
zu fühlen, ich wurde herausgepickt, mir wurden Zusatzaufgaben
gestellt, bis ich die Worte richtig konnte. Ich war dabei immer sehr
ängstlich und überhaupt nicht entspannt, und deswegen fiel es mir
schwer, mir etwas einzuprägen.

Ich bin heute als Erwachsener immer noch nicht gut in Rechtschreibung. Aber ich liebe Worte und akzeptiere meine Unvollkommenheit
viel mehr. Ich kann lachen, wenn mich heute jemand auf einen
Rechtschreibfehler hinweist. Ich habe ja trotzdem etwas Reales
geschaffen, wenn auch mit den falschen Buchstaben.

Und ich arbeite an meiner Rechtschreibung und versuche herauszu-
finden, warum ein Wort so und so und nicht anders geschrieben wird.
Es ist nicht das Wort, das ich falsch buchstabiere, sondern in
Wirklichkeit gilt die Ängstlichkeit dem Leben, das da zum Ausdruck
kommt, also setze ich mich damit auseinander. Es ist mir fast zum
Vergnügen geworden, mich mit jedem neuem Wort, das ich voll
Zuversicht und ohne Ängstlichkeit buchstabiere, mit meiner Kindheit
ein Stück mehr zu versöhnen.

Eine Schlüsselerfahrung im Erwachsenenleben, die direkt auf unseren
ersten Lernerfahrungen beruht, ist die *Prüfung* und die große Ängstlichkeit, die sie bei den meisten von uns offensichtlich hervorruft.
Typisch ist, daß wir aus einem Traum erwachen, in dem wir nicht
auf eine Prüfung vorbereitet waren oder auf einer Bühne stehen und
unseren Text vergessen haben. Das spiegelt eine archetypische
Situation wider, in der wir von einer Gelegenheit oder Situation im
Leben herausgefordert werden und vor Angst vergehen, weil wir
das Gefühl haben, daß uns das notwendige Wissen und die entsprechenden Hilfsquellen fehlen, um die Herausforderung erfolgreich
bewältigen zu können. In der Schule haben wir zwar für die Ab-
schlußprüfungen gelernt, aber nicht genug, und wir sind beinah
durchgefallen. In diesem Leben stehen wir täglich vor der Herausforderung, uns der nächsten Krise oder Chance zu stellen und ihr
erfolgreich zu begegnen. Solange wir nicht lernen, Herausforderungen anzunehmen, entgehen uns einige der wichtigsten Dinge im
Leben. Die Lektion der Schule besteht nicht in den Unterrichtsstun-
den, sondern im Leben. Um erfolgreich zu sein, müssen Sie Ihre
Ängstlichkeit in jeder Situation überwinden und die Hilfsquellen
nutzen, die Ihnen für die Bewältigung zur Verfügung stehen. Zögern
Sie nicht zu lange, sonst wird das Leben an Ihnen vorübergehen.
Besser Sie fallen durch, als sich überhaupt nicht zu beteiligen. Aber
das Gelingen birgt die süßeste Freude. Wenn Sie das in der Schule
nicht begriffen haben, sollten Sie es jetzt lernen, indem Sie die Kunst
der Effektivität studieren.

Um effektiv zu sein, müssen wir uns der Situation wie sie ist öffnen.
Akzeptieren Sie die Situation, sehen sie ihre Schwierigkeiten und
Chancen, und entscheiden Sie sich dann für das, was das größte

Potential für eine Lösung und für neues Leben enthält. Zögern Sie nicht. Treffen Sie eine eindeutige Entscheidung. Opfern Sie alles, was dieser neuen Entscheidung im Wege steht, setzen Sie sich mit den Folgen auseinander und schauen Sie niemals zurück.

Die Arbeit

☐ *Wie sehen die wichtigsten Themen, Einstellungen und Selbstbilder aus, die Sie in der Schule übernommen haben?*

☐ *Greifen Sie sich aus Ihren Schulerfahrungen einen Bereich oder ein Thema heraus, und schreiben Sie darüber. Schildern Sie Ihr Erlebnis sowie die Bilder, Gefühle und Einstellungen, die es in Ihnen hervorrief. Wie sah die Transformation aus, falls sie im Erwachsenenleben stattgefunden hat?*

☐ *Wie würden Sie Ihr augenblickliches Lernverhalten beschreiben? Ist es effektiv? Ist es von der negativen Konditionierung gereinigt worden, die ein Überbleibsel aus der Kindheit ist? Was müssen Sie noch weiter bearbeiten?*

Ein Leben, um zu lernen, muß in Einklang gebracht werden mit einem Lernen, um zu leben.

53 Der große Betrug!

BILD: DER BRUNNEN IST VOLL WASSER, ABER DIE PUMPE FUNKTIONIERT NICHT.

»Unschuld ist das Privileg des Kindes und eine Gefahr für den Erwachsenen.«

Irgendwann im Lauf der Zeit sind wir besiegt, ja sogar völlig zerstört worden. Wir wurden betrogen. Unser Glaube an einen anderen Menschen oder an die Welt wurde vernichtet, und Gott sei Dank dafür! Die Realität ist eine gute Kur gegen das Festhalten an der Unschuld. Unschuld ist das Privileg des Kindes und eine Gefahr für den Erwachsenen.

»Aber du hast gesagt, du würdest es tun!«
»Das ist ungerecht.«
»Ich habe dir geglaubt!«
»Ich bin davon ausgegangen, daß du es machst.«
»Menschen sollten nett zueinander sein.«
»Niemand kommt damit durch, daß er mich im Stich läßt.«

Haben Sie jemals eine dieser Äußerungen von sich gegeben? Sagen Sie einige dieser Sätze oder ähnliche Worte immer noch?
Jeder hat sich in der Kindheit mehr oder weniger betrogen gefühlt. Doch ohne Unschuld kann es keinen Betrug geben. »Ja, sie haben mich verletzt, und das war ungerecht«, sagen Sie. Natürlich war es ungerecht. Und wer hat denn gesagt, daß die Welt gerecht ist? Ihre Eltern? Sie? Gott? Wo haben Sie denn überhaupt die Vorstellung her, daß diese Welt nach den Prinzipien von richtig und falsch funktioniert, an die alle Menschen sich halten?
Als Kind haben Sie erwartet, daß die Welt fair und gerecht ist. Sie fühlten sich betrogen, als Sie erlebten, daß Sie ungerecht behandelt wurden, und wollten das anders haben. Der Punkt ist aber, daß es nicht anders war, auch wenn Sie es so nicht verdient haben.

Es ist Ihnen sehr schwer gefallen zu akzeptieren, daß Sie ungerecht behandelt wurden und erfahren mußten, daß Menschen unvollkommen sind, und Ihr inneres Kind ist wahrscheinlich niemals darüber hinweggekommen.

Vielleicht waren Sie gerecht, und man konnte Ihnen vertrauen. Aber seien Sie mal ehrlich, selbst wenn Sie noch so gut waren, haben Sie Ihre Situation nicht auch ein bißchen manipuliert, damit man gut von Ihnen dachte, und Sie den brennenden Schmerz des Liebesentzugs, der Ihnen vielleicht drohte, nicht erleben mußten?

Vielleicht glauben Sie noch heute an Dinge wie Vertrauen und Versprechen. Sie halten all Ihre Versprechen, selbst wenn andere das nicht immer tun. Man kann sich auf Sie verlassen. Wenn Sie sagen, daß Sie etwas tun, tun Sie's auch, stimmt's? Und Sie sind im Grunde immer gerecht. Es würde Ihnen nicht im Traum einfallen, Ihre eigenen Anliegen zuerst zu verfolgen. Natürlich nicht? Warum macht es Sie dann ärgerlich, wenn andere sich nicht so verhalten und Sie enttäuschen? Gibt es da die heimliche Verpflichtung, daß andere Sie gut behandeln müssen, wenn Sie gut zu ihnen sind?

Als Erwachsene erwarten wir vielleicht immer noch, daß Menschen unsere Bedürfnisse erfüllen und uns gerecht und respektvoll begegnen. Vielleicht tun sie das auch. Akzeptieren Sie sie, wenn sie sich so verhalten, aber erwarten Sie nichts. Setzen Sie sich mit dem Leben auseinander, und moralisieren Sie nicht. Wenn andere bewußt oder unbewußt gegen Ihre Bedürfnisse und Werte verstoßen, sollten Sie so damit umgehen, daß Sie etwas weiser und weltlicher im Umgang mit Macht werden.

Ersetzen Sie Vertrauen durch Bewußtheit. Menschen mögen Sie – gemessen an Ihren Maßstäben – richtig behandeln oder auch nicht. Wollen Sie sich hinsetzen und über Ihr Schicksal lamentieren oder Ihr Leben weiterleben?

Der Betrug, den wir in der Kindheit empfunden haben, und die defensive Persönlichkeit, die wir als Reaktion darauf entwickelt haben, stellen vielleicht das größte Hindernis dafür dar, daß wir als Erwachsene ein ganz vitales Leben leben.

Finden Sie Heilung, indem Sie akzeptieren, daß Widrigkeiten in dieser Realität Teil unserer Lebendigkeit sind. Wir brauchen sie, um uns von unserer Unschuld zu kurieren. Akzeptieren Sie das Phänomen des Betruges, nicht durch wahlloses Vergeben, sondern indem Sie immer besser mit der Realität zurechtkommen, um im Leben wirklich etwas bewirken zu können.

Es gibt nichts zu vergeben. Die Wirklichkeit läßt unsere selbsterdachten Urteile von richtig oder falsch nicht zu. Auch die Menschen, die wir anfangs für gut hielten, haben ihre Schatten. Man vergibt einem Menschen oder einer Sache nicht. Was geschieht, geschieht eben. Es ist erledigt. Lernen Sie daraus. Das ist Ihre Versöhnung. Sie erfahren, daß alle Menschen, Sie eingeschlossen, ihre Schatten haben. Sie bleiben wach für das destruktive Potential in jedem. Sie akzeptieren den Schatten und gehen weiter.

Die Arbeit

☐ *Welche Reaktionen erleben Sie beim Lesen dieses Abschnitts? Versuchen Sie, sie herauszubekommen und ihnen Ausdruck zu verleihen. Welche Einstellungen sind in Frage gestellt worden?*

☐ *Wie stehen Sie zu Vertrauen? Was hat Vertrauen in Ihrem Leben tatsächlich bewirkt? Inwiefern hat es gewirkt und inwiefern nicht?*

☐ *Was war für Sie in Ihrer Kindheit der große Betrug? Versuchen Sie, ihn zu spüren, indem Sie an den Bildern, die im Zusammenhang mit diesem Thema auftauchen, in Ihrem meditativen Zustand solange festhalten, bis die Gefühle hochkommen. Akzeptieren Sie diese Gefühle dann. Welche Einstellungen wurden damals erschüttert? Welche Lehre enthielt das Erlebnis?*

☐ *Welche Verteidigungsstrategien, die heute vielleicht noch wirksam sind, haben Sie in der Kindheit entwickelt, um sich vor einem erneuten Betrug zu schützen?*

☐ *Es gibt viele Erwachsene, die sich darüber beklagen, von jem-andem betrogen worden zu sein, und die dem anderen die Schuld dafür geben, daß es ihnen schlecht geht. Kein Mensch kann einen anderen enttäuschen. Wir enttäuschen lediglich uns selbst. Schreiben Sie bitte darüber. Vielleicht gibt es in Ihrem Leben immer noch jemanden, auf den Sie ärgerlich sind, weil er nicht so ist, wie Sie ihn gern haben wollen. Versuchen Sie ihn in Ihre Meditation einzuladen, sehen und spüren Sie ihn sowohl als Ihren Betrüger als auch als Ihren Retter. Ja, Retter. Als Erwachsene besteht unser Ziel darin, voll verantwortlich dafür zu sein, daß wir die Unvollkommenheiten akzeptieren, auf die wir stoßen. Wenn Sie damit anfangen können, sind Sie auf dem besten Wege, auch Ihre eigenen Unvollkommenheiten zu akzeptieren.*

Der einzige Betrug besteht darin, daß wir im Angesicht der Wirk-lichkeit unsere Bewußtheit verlieren.

54　Die Anima

DAS BILD: DIE KAHLKÖPFIGE PRIESTERIN HAT IHRE
ABGESCHNITTENEN HAARE AM FUSS DES ALTARS
NIEDERGELEGT.

»Sie zerstört alle Bindungen und knüpft neue.«

Die Anima ist die ungebändigte weibliche Energie in jedem Mann,
die ihn demütigt, wenn er zu rational wird und sich zu sehr mit
seinem eigenen männlichen Wesen identifiziert. Sie ist wild und
aufregend und hat viele Facetten. Sie ist pralles Leben und Mysterium,
das in Phantasien, in der Natur, auf der Couch des Psychiaters und
auch in Form von Geschichten und Gedichten ausagiert wird. Sie
zerstört alle Bindungen und knüpft neue.

Die Anima des Mannes befindet sich manchmal im Kriegszustand
mit dem der Frau eigenen weiblichen Wesen. Denn wenn die Frau
für den Mann immer seine Anima verkörpert, vernachlässigt sie den
Ausdruck ihrer eigenen Weiblichkeit, die sich manchmal von der
projizierten Weiblichkeit des Mannes unterscheidet. So kann ein
Mann zum Beispiel seine Weiblichkeit als nährende, mütterliche
Energie auf eine Frau projizieren, für die Malen der natürlichste
Ausdruck ihrer eigenen Weiblichkeit ist. Wenn sie ausschließlich
darum bemüht ist, die Weiblichkeit des Mannes zu verkörpern, indem
sie für ihn kocht und ihn versorgt, wird sie *ihre* wahre Weiblichkeit
nicht zum Ausdruck bringen.

Zu Anima-Projektionen kann es auch in der Vater-Tochter-Beziehung
kommen. Die Tochter ist die junge Weib-Frau, die für den Vater-
Mann wieder auferstanden ist. Mit den Jahren kommt der Tod immer
näher, und das neue junge Leben wird als Symbol für die Ewigkeit
betrachtet. Der Vater oder der Stiefvater fühlt sich zu der jungen
Tochter hingezogen. Sie symbolisiert und lebt für ihn seine Gefühle.
Vielleicht manipuliert sie ihn mit Gefühlen, damit ihre Bedürfnisse
befriedigt werden. Wenn die Projektion in der Pubertät zu stark wird,

reizen ihr Vater oder ihr Bruder sie vielleicht sexuell. Sie ist eine Frau, ein sexuelles Wesen, das sie aus Angst vor Inzest zurückweisen müssen. Sie, die so glücklich darüber war, das Weibliche zu verkörpern, zieht sich dann zurück, bestürzt darüber, daß die Schönheit, die ihr gegeben wurde, Lust und puren Ärger hervorruft. Eine Anima-Fixierung ist kein freudiger Anblick.

Wann ist die Anima des Mannes sehr viel jünger als er? Wenn ein Mann sich zu jüngeren Frauen hingezogen fühlt, wenn die schönen Frauen in seinen Träumen jünger sind als er, ist seine männliche, bewußte Seite älter als seine fühlende, weibliche Seite. Da er einen großen Teil seines Lebens der Entwicklung seiner männlichen Seite gewidmet hat, hat er seine Weiblichkeit vernachlässigt, so daß sie unterentwickelt und unreif geblieben ist.

Für den Mann verläuft der Weg zum Weiblichen nicht in der Form, daß er die Anima ständig auf gewisse Frauen projiziert, sondern sieht so aus, daß er die Projektionen zurücknimmt und die fühlende und sich beziehende Funktion entwickelt. Wir integrieren, indem wir die Energie der Projektionen in Funktionen umwandeln. Auf diese Weise entwickeln wir eine neue Seite von uns, die von der Projektion symbolisiert wird. Ein Mann, der lediglich die Tendenz hat, die Mutter auf Frauen zu projizieren, kann sich selbst versorgen, zumindest manchmal für sich kochen und seinen eigenen Körper pflegen, statt ständig die Fürsorge einer Frau zu brauchen, um sich wohlzufühlen.

Andererseits kann eine *Frau* lernen, sich nicht total mit der Anima zu identifizieren, ohne sie aber abzulehnen. Die Frau, die sich mit ihrer eigenen Weiblichkeit unwohl fühlt, empfindet die Anima-Projektion des Mannes nicht als angenehm. Sie ist nicht in Kontakt mit diesem machtvollen Aspekt der Verbundenheit zwischen den Geschlechtern. Die Geschlechter projizieren Energien aufeinander, und damit muß respektvoll und behutsam umgegangen werden, während gleichzeitig die Integration der Projektionen gefördert wird.

Wenn Frauen sich von Männern schlecht behandelt fühlen, setzen sie vielleicht die Macht, die durch die Anima-Projektion erzeugt wird, gegen den Mann ein, um Kontrolle über ihn zu gewinnen. Ich werde nie das Bild vergessen, wie eine hübsche Freundin von mir in ein

Café eilte, während ein Mann, der sie glühend verehrte, ihr in sechs Schritten Abstand folgte.

Eros heißt Verbundenheit, nicht Macht. Die Anziehung zwischen den Geschlechtern kann genutzt werden, um schöne und wachsende Beziehungen aufzubauen, oder sie kann für ein Machtspiel eingesetzt werden, bei dem beide versuchen, sich gegenseitig zu kontrollieren. Wenn Sie in der Kindheit die natürlichen Projektionen kontrollieren mußten, die damals ausgelöst wurden, besteht die Wahrscheinlichkeit, daß Sie das gleiche in Ihren Erwachsenenbeziehungen tun. Sprengen Sie die Ketten. Integrieren Sie. Entscheiden Sie sich für das Zusammensein mit einem Menschen, der Sie nicht nur liebt, sondern vieles von dem in sich vereint, was Liebe sein kann.

Lassen wir beide Geschlechter Wächter des Weiblichen sein.

Die Arbeit

☐ *Wie haben Sie als Frau in Ihrer Kindheit die Anima des Mannes verkörpert, zuerst für den Vater oder Bruder und später für Jungen?*

☐ *Welche Seiten Ihrer Weiblichkeit haben Sie als Frau für sich entwickelt, ohne damit die Anima des Mannes anzuziehen oder anziehen zu wollen?*

☐ *Schreiben Sie als Mann die Geschichte Ihrer Anima auf. Führen Sie die Frauen auf, die Sie geliebt haben. Rufen Sie sich alle in Erinnerung. Welche Eigenschaften haben Sie auf diese Frauen projiziert? Zu welchen Erkenntnissen kommen Sie heute?*

☐ *Welche Seiten Ihrer Anima-Projektion beginnen Sie jetzt zu integrieren und als Ihre eigene weibliche Seite auszudrücken?*

☐ *Hat irgend jemand Sie als Mann in der Kindheit beschuldigt, homosexuell oder verweiblicht zu sein? Was stand dahinter?*

☐ *Wie haben für Sie als Mann oder als Frau Ihre Erfahrungen, Phantasien und Einstellungen zur Homosexualität auf dem Hintergrund der Kategorien Weiblichkeit oder Männlichkeit ausgesehen?*

☐ *Entwerfen Sie einen Plan und den verbindlichen Entschluß, sich mit der Anima auseinanderzusetzen!*

Wenn wir das Potential der Liebe integrieren, schaffen wir die Fähigkeit zu lieben.

55 Geschwisterneid

BILD: DIE KÜKEN IM NEST SCHREIEN.

»Die Verlierer im Machtspiel müssen lernen, daß auch sie gewinnen und mehr Erfüllung statt Ablehnung finden können.«

Als ich einmal mit einer Frau arbeitete, die Mitte dreißig war, hatte ich die Vorstellung, ihre Brüste zu attackieren. Ich dachte, warum nicht? Warum das nicht wahr machen? Sie war sich über ihre Unsicherheit, die auf ihre Kindheit zurückging, im klaren. Wir machten das »Prozeßtraining«, eine Methode, bei der alles möglich ist. Ich kniff sie plötzlich in die Brust. Natürlich verteidigte sie sich, mit einer Mischung aus Wut und Tränen. Sie sah auch sofort den Zusammenhang: ihr Bruder hatte während ihres gemeinsamen Aufwachsens jahrelang genau das gleiche getan. Hier war es also, ihr frühes Trauma mit dem Machtspiel. Es war zwar sexuell geprägt, ging aber noch tiefer. Denn Sexualität oder auch Sex kann und muß auf beiden Seiten eine Erfahrung mit der eigenen Verletzlichkeit sein.

Diese Frau mußte ihren Kampfgeist wachrufen, sie mußte von einer unsicheren Verteidigungshaltung zu wirklicher Selbstbehauptung gelangen. Sie konnte trotzdem sexuell sein, sich ihrer Verletzlichkeit und der Liebesenergie hingeben, aber nur, weil sie jetzt wußte, wie sie sich erfolgreich verteidigen konnte. Sie mußte sich niemals wieder unsicher fühlen. Sie mußte nicht länger Opfer sein, denn sie hatte herausgefunden, wie sie ihre eigene Kraft wirkungsvoll einsetzen konnte.

Es gibt wenig Schutz gegen die eigenen Brüder und Schwestern oder andere gleichaltrige Kinder. Allgemein können wir sagen, daß wir das angreifen, was uns unsicher macht. Die Opfer wissen, wie es für den anderen ist, sie zu beherrschen, damit er selbst sich sicher fühlen kann. Der einzige Weg, Macht zu haben, besteht darin, sie sich zu nehmen. Niemand gibt in diesem Leben seine Macht weg. *Damit Sie nicht verlieren, müssen Sie bereit sein zu gewinnen.* Nicht alles im Leben funktioniert durch Zusammenarbeit und Gutwilligkeit. Wir alle müssen um unseren Platz kämpfen, getestet werden und beweisen, daß wir die Macht verdient haben, die wir fordern. Erfüllung ist das grundlegende Bedürfnis.

Beziehen Sie Stellung, und handeln Sie bewußt. Erforschen Sie die Manipulationsmanöver der anderen, und weigern Sie sich, mitzuspielen. Verfolgen Sie aktiv, was Sie brauchen, um erfüllt zu sein, dadurch werden Sie zum besseren Menschen, auch für die anderen, die sich auf Sie beziehen. Aber manipulieren Sie andere nicht. Macht ist Effektivität, testen Sie also alle Ihre Ideale und Einstellungen. Effektivität ist der wahre Test für Realität. Solange die Frau ihren Körper und ihr Denken beim Angriff auf ihre Brüste nicht entspannen und ihre geistige und körperliche Energie sammeln konnte, um mit scharfer und kräftiger Stimme: »Aufhören!« zu sagen, würde sie niemals den für sie richtigen Platz im Lebensgefüge finden.

Die Arbeit

☐ *Was war für Sie am provozierendsten in diesem Abschnitt? Welche Themen wurden in Ihnen angerührt?*

☐ *Beachten Sie, daß ich mit Hilfe der Fähigkeit, intuitiv zu handeln, einen Durchbruch bewirken konnte. Wir wissen oft, daß in einer Situation etwas Wichtiges vorgeht, aber solange wir nicht bereit sind, nach unserer Intuition zu handeln, werden wir keine Durchbrüche im Leben bewirken. Welche Einstellung brauchen Sie, um eine heilsame Intuition aktiv umsetzen zu können?*

☐ *Fertigen Sie ein Diagramm der Machtbeziehungen in Ihrer Kindheit an. Welche Macht hatten Sie? Wie haben Sie sie gewonnen? Wie wurde Ihnen etwas von Ihrer natürlichen Macht*

genommen? Das zu wissen ist wichtig, um Veränderungen einleiten zu können.

☐ *Macht ist Effektivität. Jeder von uns hat im Leben mehr Macht,
als er anzuwenden weiß. Wieviel von Ihrer eigenen Macht setzen
Sie ein, um Dinge zu bewirken? Was hält Sie ab? Haben Sie
unbewußte, defensive Einstellungen, die Sie als Entschuldigung
benutzen, damit Sie nicht den Mut zum Risiko aufbringen müssen?*

☐ *Das Kindheitstrauma und der Machtverlust sind Schlüssel für
Ineffektivität. Durchleben Sie diese Erfahrung jetzt mit Hilfe
eines Rollenspiels oder der aktiven Imagination noch einmal, um
wirkungsvoll mit dem Angriff auf Ihre natürliche Macht umgehen
zu können.*

☐ *Verpflichten Sie sich auf bestimmte Lebensaufgaben, die zeigen,
daß Sie die ineffektiven Verhaltensmuster, die Sie in der Kindheit
anfingen zu entwickeln, geändert haben.*

**An unserer Effektivität können wir messen, welche Macht wir
verbindlich einsetzen, um realistische Ziele zu erreichen.**

56 Die Mutter

BILD: DIE BLUMEN IN DER VASE SIND VERWELKT.

»Größere Eltern als meine leiblichen Eltern wollten, daß ich geboren werde.«

Meine Mutter schien sehr Frau zu sein, obwohl sie aussah wie Abraham Lincoln. Ihr schönes Gesicht hatte Charakter. Für mich war sie die einzige in der Familie, die fast immer eine Lebensperspektive zu bieten hatte.

Seit ihren Hochschuljahren, wo sie sämtliche Examen bestand, ohne die Seminare zu besuchen, betrachtete sie sich als genial. Sie schien extrem introvertiert zu sein, denn am liebsten verbrachte sie ihre Zeit in der Bibliothek mit Lesen. Mich zu haben, das ungewollte Kind, muß einer ihrer größten extravertierten Akte gewesen sein. Größere Eltern als meine leiblichen Eltern wollten, daß ich geboren werde.

In meiner Erinnerung ist meine Mutter eine kranke Frau, die ihre meiste Zeit Milch trinkend im Bett verbrachte. Mein Vater kaufte immer ein und ging hinaus in die Welt, traf Menschen und verdiente seinen Lebensunterhalt. Meine Mutter blieb immer zu Hause, malte, las und schrieb Gedichte. Ihr Ziel war, etwas Großartiges zu werden, durch ihr Schreiben zu Unsterblichkeit zu gelangen. Das war auch das Ziel meines Vaters. Irgendwie dachten beide, mit der Macht des Willens und ihren Talenten würden sie es schon schaffen. Berühmtheit ist etwas Flüchtiges. In ihrem Fall kam es nicht dazu. Die Anerkennung, die sie erhielten, war ziemlich gering.

Ich sehe eine kränkliche Frau vor mir, die Angst vor dem Leben und die negative Einstellung hat, daß bestimmte Menschen es auf einen abgesehen haben. Die Realität schien ihr hart mitzuspielen, und sie glaubte, viel Grund zum Klagen zu haben. Das beeinflußte mein eigenes Anima-Bild insofern, als ich mich zu klugen Frauen hingezogen fühlte, die Schwierigkeiten haben, es in der Welt zu etwas zu bringen, kreative Frauen, die zugleich voller Kummer sind.

Meine Mutter konnte stundenlang über die Welt, Literatur, Philosophie, Kunst, Musik, Politik und Religion reden. Wie konnte sie trotzdem Mutter für mich sein, wenn sie sich auf all diese anderen Dinge konzentrierte? Es wäre naheliegend für mich, ihr ihre Hingabe an Kunst und Poesie nachzutragen, aber meine Aufgabe besteht darin, die Ereignisse so zu sehen, wie sie wirklich sind, damit es zur Heilung kommen kann.

Was also hat meine Mutter auf der archetypischen Ebene in meinem Leben erfüllt oder nicht erfüllt?

Wenn ich meine Anima, meine innere Weiblichkeit, betrachte, kann ich sehen, was meine Mutter aus dem weiblichen Archetypus für mich geschaffen hat. Meine Anima sucht das Ungewöhnliche und Exotische. Sie befaßt sich mit spirituellen Dingen. Sie liebt Schönheit. Die Frauen, zu denen ich mich unwillkürlich hingezogen fühlte, hatten eine gewisse Schönheit, eine Neigung zu kränkeln und Augen, die nach innen zu schauen schienen, als weilten sie viel im Unbewußten. Sie waren Tänzerinnen auf dem Rad des Lebens, alle. Meine Anima sucht auch nach Frauen, die viel Wärme und Trost geben können. Meine Mutter hat die nährende Seite des weiblichen Archetyps kaum verkörpert. Sie hat mich nie umarmt oder berührt, außer um mir die Hand zu geben, wenn ich in den Ferien nach Hause kam.

Meine Mutter verkörperte einen gebrechlichen Verstand. Ich konnte ihr nie richtig sagen, daß ihre Theorien verrückt seien, obwohl das stimmte. Kurz vor ihrem Tod erzählte sie mir, daß sie dabei sei, eine Maschine zu erfinden, die der Schwerkraft entgegenwirke. Ich dagegen bin ein Tänzer, so etwas wie ein kämpfender Künstler, tatkräftig, lebendig und bei guter Gesundheit. Mir ist immer schlecht geworden, wenn ich zuviel gedacht habe. Das ist offensichtlich eine Reaktion auf die geistige Natur meiner Mutter.

Erst in der Jungschen Analyse habe ich erkannt, daß ich meine Mutter haßte. Gottseidank gab es noch andere Frauen auf der Welt. Meine Mutter war für mich so mächtig, daß ich mich manchmal in mich selbst zurückziehen mußte, um mich vor ihr zu verstecken.

Meine eigene innere Weiblichkeit hat sich über Jahre hinweg langsam entwickelt. Meine ursprünglich defensive Haltung meiner Mutter gegenüber hat enorme Hemmungen und Ängste gegenüber dem Weiblichen erzeugt. Ich hatte zu Beginn meiner Erwachsenenjahre keinen Zugang zu mir. Früher konnte ich auf eine Frau nicht ärgerlich sein oder direkt sexuell auf sie zugehen. Das alles hat sich durch lange Jahre Jungscher Analyse mit Analytikerinnen, innere Arbeit, bewußte Verhaltensänderungen und meine Beziehungen zu Frauen geändert.

Unsere Arbeit mit Material aus der Kindheit beruht auf der grundlegenden Erkenntnis, daß unsere leiblichen Kindheits-Eltern unsere inneren Elternarchetypen nur in Teilen erschaffen. Unsere Aufgabe als Erwachsene besteht darin, den Archetyp zu vervollkommnen. Wir versuchen mit unseren Zwanghaftigkeiten und unserem bedürftigen Kind die Teile des Archetyps zu erfüllen, die in der Kindheit übergangen wurden. Bei mir war es so, daß ich kreative Frauen begehrte, die zugleich eine starke sexuelle Ausstrahlung hatten, denn bei meiner Mutter konnte ich keinerlei sexuelle Instinkte wahrnehmen.

Mutter, du hast mich inspiriert und mir das Leben schwer gemacht. Jetzt kann ich dich mit einem friedlicheren Herzen betrachten, denn die Weiblichkeit, die ich gefunden habe, geht über das hinaus, was du mir geboten hast. Meine eigene Heilung liegt im Archetyp und nicht in dem, was du mir gegeben hast. Du bist in mir noch immer lebendig, aber du bist nicht mehr die Mutter meines Mysteriums.

Die Arbeit

☐ *Unsere Mütter sind alle verschieden, aber welche Gefühle sind Ihnen beim Lesen dieses Textes gekommen? Welche Probleme haben Sie, und wie sieht die Transformation aus?*

☐ *Beschreiben Sie, wie Sie Ihre Mutter erlebt haben, und achten Sie dabei besonders darauf, was sie für Sie zum Ausdruck gebracht hat und was nicht. Welche Aspekte des weiblichen Archetyps hat Sie Ihnen gezeigt und für Sie erfüllt? Was an Weiblichkeit hat Ihnen in Ihren Erfahrungen mit ihr gefehlt? Wie erforschen Sie neue Wege des Weiblichen in Ihren Beziehungen und in Ihrem Innenleben?*

☐ *Wie sehen Ihre eigenen Erfahrungen mit dem Bemuttern von anderen aus? Sind Sie identifiziert mit dem Archetyp oder haben Sie eine Beziehung zu ihm? Oder beides?*

☐ *Vielleicht schreiben Sie ein Gedicht für die Mutter oder malen sie.*

Um geben zu können, müssen Sie das Leben hereinlassen.

57 Erste Liebe

BILD: IN DER DUNKELHEIT DER NACHT SCHEINT SICH
EIN LICHTSTRAHL IM MOND ZU VERLIEREN.

»Wenn die Liebe in uns brennt, können wir scheinbar nichts
tun, als ihr nachzugeben.«

Wann waren Sie das letzte Mal von Kopf bis Fuß verliebt? Unsere
ersten leidenschaftlichen Liebesgeschichten zeigen uns Jahre, bevor
wir die Liebeserfahrung integrieren können, daß hinter der Liebe ein
großes Mysterium waltet.

Die Liebe wächst und nimmt uns ganz in Anspruch. Sie verändert
uns in dem, was wir gerade tun. Wenn die Liebe in uns brennt,
können wir scheinbar nichts tun, als ihr nachzugeben. Wer sich
niemals von Kopf bis Fuß verliebt hat, hat auch niemals das leidenschaftliche Sehnen nach der höchsten Einheit im Leben erlebt.
Vielleicht haben Sie diese Erfahrung nicht in den Kindheitsjahren
gemacht, sondern auf dem Weg zum oder zur jungen Erwachsenen?
Vielleicht ist Ihnen die Liebe mit ihrer ganzen Leidenschaft noch
nicht begegnet? Wer kann schon voraussagen, wann der Augenblick
für uns kommt? Die Liebe kommt, wenn sie kommt, und wir haben
lediglich die Wahl, ja oder nein zu sagen.

Manchmal sind unsere Abhängigkeit und unsere Angst, in die Welt
zu gehen, so groß, daß die überwältigende Macht der Liebe notwendig
ist, um uns zu einer neuen Dimension zu bewegen. Beobachten Sie
einmal, ob die Liebe nicht immer dann des Weges kommt, um Sie
emporzuheben und in die Welt hinaus zum nächsten Abschnitt Ihrer
Reise zu führen, wenn Sie in Ihrem Leben festgefahren sind.

Von meinen ersten Erfahrungen war keine so wunderbar wie die,
verliebt zu sein. An die Frauen, in die ich mich verliebte, kann ich
mich bis heute lebhaft erinnern. Ich brauchte so sehr, was sie hatten,
die Begeisterung, die Leidenschaft, das Fleisch und den Lebenstanz.

Ich verliebte mich in das Leben. Mein Ich, meine bewußte Seite, kann mich niemals wirklich in meine Zukunft führen, denn wenn die Liebe angeflogen kommt, öffnen sich neue Türen zu Dimensionen, von denen ich nicht wußte, daß ich sie jemals im Leben kennenlernen würde.

Wie gehen wir mit der ersten Liebe um? Leben wir sie ohne Bedauern aus, oder sind wir frustriert, wenn sie nicht anhält? Allmählich lernte ich, das Leben selbst zu lieben, es zu lieben, mein wahres Wesen auszudrücken. Solange ich mich selbst nicht gefunden habe, werde ich bei anderen nach Liebe suchen. Und auf dem Weg, mich selbst zu finden, bin ich auch der Geliebte derjenigen, deren Los es ist, mit mir eine gemeinsame Bestimmung zu teilen.

Unsere Fähigkeit zu lieben ist zugleich unsere Fähigkeit, das Leben in seiner ganzen Fülle zu leben. Die Unschlüssigkeiten der jungen Jahre, das sexuelle Spiel, die intensiven Gespräche, die Lieder, der Tanz – das alles sind Formen des Selbstausdrucks für das Gefühl der sprühenden Lebensenergie. Je mehr wir lieben, desto freier können wir lieben. Wenn wir ohne Einschränkungen lieben, gibt es in der Liebe keine Tragödien. Das Traurige an der Liebe sind die verpaßten Chancen, die Gelegenheiten zu lieben, die wir an uns vorbeiziehen lassen, ohne aktiv zu werden. Lieben heißt, das, was das Leben bringt, zu beseelen. Lieben Sie ohne Einschränkungen, wenn Sie lieben, besiegen Sie die Angst durch den freiwilligen Tod des alten Lebens, und gebären Sie das, was sein muß. Ist die Seele dabei, kennt Liebe keine Grenzen.

Die Arbeit

☐ *Schreiben Sie über Ihre ersten Liebeserfahrungen und darüber, ob sie sich verwirklichten oder nicht. Welche Gefühle und Begegnungen haben Sie durchlebt?*

☐ *Was haben Sie mit den Jahren über die Liebe gelernt? Nehmen Sie einmal die Gelegenheit wahr, einiges davon aufzuschreiben.*

☐ *Was tun Sie, damit die Liebe auch dann in Ihrem Leben bleibt, wenn Sie nicht verliebt sind oder keine erfüllte Liebesbeziehung haben? Wie können Sie Ihr Leben trotzdem kreativ leben?*

☐ *Beschreiben Sie einen Menschen, in den Sie einmal verliebt waren. Übersetzen Sie dann seine Eigenschaften in eigene innere Abläufe, die Sie in Ihrem Leben voller ausleben sollten.*

☐ *Seien Sie auf der Hut vor Neurosen! Sie sind der Tod der Liebe. Finden Sie heraus, wie Ihr frühes Liebestrauma aussieht, und transformieren Sie es, sonst wird Ihre Liebesfähigkeit geschwächt. Neurosen bewirken, daß wir Menschen lieben, die für uns nicht die richtigen sind, sondern die unsere Liebeswunden aufreißen und das Bedürfnis nach Heilung wachrufen. Wie nutzen Sie selbst die Liebe für Ihre Heilung?*

Liebe lebt dort, wo das Herz befreit ist.

58 Sex

BILD: GLOCKEN LÄUTEN IN DER NACHT.

»...Yoni und Lingam sind eins.«

In bestimmten Kulturen wird Kindern fast ohne Einschränkungen
erlaubt, sich sexuell auszudrücken. Aber bei den meisten von uns
sind sexuelle Gefühle und Verhaltensweisen von Moral, Ethik und
kollektiven Erwägungen geprägt. Unsere Eltern und unsere Gesellschaft haben uns alle möglichen unheilverkündenden sexuellen Verbote auferlegt. Wir werden nicht nur alleingelassen mit der sexuellen
Energie, die jedem von uns im Leben gegeben wurde, sondern müssen
auch noch sexuelle Ängste, Traumen und Einstellungen mit uns
herumschleppen.
Lassen Sie uns die Sexualität nutzen, um uns von den zusätzlichen
Belastungen zu befreien, die unserem sexuellen Leben vielleicht
aufgebürdet wurden. Die Angst vor dem Negativen führt sicher nicht
zu positiven Verhaltensweisen. Wenn wir das Negative aber transformieren, gibt uns das Hoffnung. Schauen Sie sich die folgenden
Einstellungen an. Sie haben wohl kaum absolute Gültigkeit, aber für
das Denken des jungen Menschen sind diese Sätze, die man kaum
als Einstellungen bezeichnen kann, wie ein letztes Machtwort Gottes,
das ihnen von den Eltern auferlegt wird.

Ein Kind soll nicht masturbieren. Man soll überhaupt nicht masturbieren.
Man soll nicht in Gegenwart des oder der eigenen Geliebten masturbieren. Man soll in der Öffentlichkeit nicht nackt sein. Man soll sich in
der Öffentlichkeit nicht sexuell verhalten. Man soll nicht an Gruppensex
teilnehmen. Man soll seine Sexualität nicht ausleben, wenn man eigentlich arbeiten muß.

Schauen Sie sich jetzt im Vergleich dazu die folgenden »erwachsenen« Einstellungen an, die allgemein als positiv gelten. Sie zeigen,

daß das Kollektiv eine gesunde Sexualität attackiert, während ernste Probleme im Leben meistens unhinterfragt bleiben.

Man kann ruhig trinken und sich öffentlich betrinken. Man kann ruhig Geld an anderen Menschen verdienen. Man kann Männer, Frauen und Kinder umbringen, wenn sie zum feindlichen Lager gehören. Man kann seine Kollegen ruhig anlügen. Man kann seinen Lebenspartner manchmal ruhig anlügen. Man kann andere auf dieser Erde ruhig hassen.

Das alles sind Einstellungen, keine absoluten Wahrheiten, aber sie zeigen anschaulich den Kontrast zwischen den Lebenskräften und den Todeskräften in der Psyche jedes Menschen auf dieser Erde.

Damals in der Kindheit begann die Macht der sexuellen Kraft zuzunehmen, während die meisten Erwachsenen versuchten, sie in uns zu unterdrücken, wenn sie nicht selbst eine aufgeklärte Einstellung zum Liebesakt hatten. Statt die sexuelle Liebe in ihrer Reinheit unversehrt zu lassen, bürdeten die Erwachsenen ihr enorme Lasten auf. Wir kehren zurück in die Kindheit, um zu sehen, was das für Lasten waren. Wir kehren zurück in die Kindheit, um diese Lasten den nächsten Abhang hinunterzukippen. Das Schlimmste, was Sie im Leben tun können, ist, Ihre Lasten an die nächste Generation weiterzugeben. Lassen Sie uns in unserer Sexualität Erneuerung und Erfüllung finden statt Trauma. Die meisten Erwachsenen haben ihre Sexualität mit Traumen und lebensfeindlichen Einstellungen umgeben, die sie auch dann nicht überwinden, wenn sie noch so viele sexuelle Übungen machen, sexuelle Handbücher lesen oder Pornofilme anschauen.

Der Weg der Heilung besteht nicht nur darin, sich sexuell ohne Hemmungen auszudrücken, sondern sich vom Erbe der Vergangenheit zu befreien. Was haben Ihre Eltern Ihrer Sexualität angetan, was Sie heute noch schmerzt? Welche sexuellen Einstellungen wurden Ihnen in frühen Jahren beigebracht, die sich wie Messer in Ihre Seele bohren?

Sex ist nicht nur Sex. Sex ist ein Mysterium, Lebenskraft, Erneuerung und Quelle unserer Kreativität und Zuneigung. Nutzen Sie Ihre Sexualität gut – in Beziehungen und im Leben überhaupt. Finden Sie jeden Tag wieder den Reichtum der Möglichkeiten einer neuen

Einheit. Sterben Sie nicht schon, bevor Sie im Grab liegen. Sie selbst sind Ihre beste Geliebte, Ihr bester Liebhaber. Seien Sie gut zu sich, und werfen Sie die Vergangenheit ab. Ja, das ist riskant, aber keine Katastrophe. Wirklich gelebt, ist noch das Schlimmste lebendig.

Die Arbeit

☐ *Beschreiben Sie Ihre frühesten Erfahrungen mit Sexualität. Welche negativen Einstellungen haben Sie vielleicht im Verlaufe Ihrer Erlebnisse entwickelt, und wie könnten Sie sie transformieren?*

☐ *Welche Einstellungen zu Ihrer eigenen Sexualität haben Sie in Ihrer Kindheit übernommen? Wie haben diese sich auf Ihr Leben ausgewirkt?*

☐ *Beschreiben Sie die Schönheit und Anmut einer sexuellen Erfahrung aus der Kindheit. Wie könnten Sie davon heute noch profitieren? Was ist Sexualität heute für Sie?*

☐ *Sie können für Ihren Meditationsplatz oder Hausaltar die weiblichen und männlichen Genitalien in Ton formen, eine uralte Tradition in den meisten Religionen. In Indien nannte man die weibliche Öffnung »Yoni« und den männlichen Stößel »Lingam«. In der göttlichen Ekstase sind Yoni und Lingam eins.*

Sex ist Gottes Spiel im Fleisch.

59 Sich beziehen – Intimität

BILD: EINE NEUE STERNENKONSTELLATION AM HIMMEL.
»…um mich zu beziehen, muß ich meinen Drang aufgeben,
mich zu behaupten.«

Sich beziehen heißt, auf andere zuzugehen und sich ihnen so weit
zu öffnen, wie sie damit umgehen können. Sich beziehen heißt auch
akzeptieren und zulassen, daß andere sich Ihnen nähern und Ihnen
Bereiche ihres wahren Selbst enthüllen. Wenn wir uns so auf andere
beziehen, knüpfen wir Bindungen, die neues Leben fördern.

Mich nicht beziehen heißt, daß ich meinen Raum gegen sämtliche
Herausforderungen abschotte. Wenn ich mich nicht beziehe, will ich
mich in sämtlichen Situationen selbst behaupten und um jeden Preis
immer recht haben. Nehme ich diese Haltung ein, achte ich die
Sichtweise des anderen nicht, sondern betrachte die Welt nur mit
meinen eigenen Augen. Um mich zu beziehen, muß ich selbst dann
meinen Drang nach Selbstbehauptung aufgeben, wenn ich in einer
Situation das Gefühl habe, im Recht zu sein.

Es ist nicht immer leicht, Beziehungen zu entwickeln. Von Kindheit
an haben wir uns gegen das ganze Universum und alle um uns herum
verteidigt. Wenn ich eine defensive Persönlichkeit habe, bin ich nicht
imstande, mich auf andere einzustellen und kann deswegen auch
keine Beziehungen eingehen. Wenn ich mich meistens eher auf Dinge
beziehe als auf die Menschen, die mir nahe sind, bin ich kaum
beziehungsfähig.

Auch die Angst vor Intimität setzt Beziehungen Grenzen. Wenn wir
gerade dabei sind, uns näher zu kommen, fängt einer von uns Streit
an, um Abstand zwischen uns herzustellen. Wir wünschen uns
Intimität und haben trotzdem Angst davor. Wie kommen wir da
heraus? Indem wir unsere Schutzburg verlassen und in die wirkliche
Welt hinausgehen, wo einige Dinge uns verletzen und andere sehr
gut tun.

Warum halten wir so lange an unserer Position fest? Welche Last wir uns selbst auferlegen, wenn wir meinen, unsere Standpunkte über alles mögliche ständig verteidigen zu müssen! Warum nicht einfach erleichtert sein, wenn jemand zu bestimmten Dingen einen besseren Standpunkt hat? Es kostet soviel Energie, ständig recht haben zu müssen. Alles was ich möchte ist, das Leben in seiner ganzen Fülle zu leben, und je mehr du zu unserer gemeinsamen Reise beitragen kannst, desto besser. Wenn ich nicht immer recht haben muß, bin ich in viel stärkerem Maße frei, unsere Beziehung zu bereichern.

Die meisten Menschen haben in der Kindheit erlebt, daß ihre Eltern recht haben mußten. Wenn sie immer nur die höchste Autorität verkörpern, vernachlässigen Eltern ihre Aufgabe, für ihre Kinder eine unterstützende Quelle zu sein. Wo Eltern versuchen, ihre Kinder zu kontrollieren, versuchen diese, sich zu verteidigen. Im Erwachsenenleben beziehen wir uns auf andere genauso, wie man sich auf uns bezogen hat, als wir Kinder waren. Kontrollierte Kinder werden zu kontrollierenden Geliebten. Kontrollierende Geliebte rufen bei ihren Partnern oder Partnerinnen Abwehr und Angriffslust hervor.

Wenn wir uns ständig zwanghaft verteidigen müssen, bewirken wir größeres Leiden, als wenn wir uns für Intimität und das Leben öffnen. Begrüßen wir das Leben und sind offen für Intimität, werden die schwachen und egozentrischen Menschen aus unserer Umgebung verschwinden. Aber an ihre Stelle werden andere treten, die stärker sind, wenn sie auch nicht unbedingt unsere Sicht der Dinge teilen. Vielleicht werden mögliche Freundschaften immer seltener, wenn die Reise tiefer geht. Aber was an Freundschaft quantitativ gemessen verloren geht, wird ersetzt durch eine tiefere Verbindung zu uns selbst und den Menschen, die wirklich zählen. Wenn Sie die Türen zum Herzen öffnen, werden viele eintreten wollen, aber nur wenige bereit sein, den Preis für eine solche Intimität zu zahlen. Intimität fordert von uns, daß wir uns innerhalb der Grenzen verändern, die durch das Zusammentreffen von Aufrichtigkeit und Liebe geschaffen werden.

☐ *Beschreiben Sie, wie Sie in der Kindheit eher Abwehr entwickelt haben, als zu lernen, sich auf andere zu beziehen. Gegen was haben Sie sich verteidigt? Zählen Sie jetzt auf, wo Sie sich im Erwachsenenleben immer noch defensiv verhalten. Auf welche neuen Möglichkeiten, sich zu beziehen, könnten Sie sich einlassen, um sie auszuprobieren?*

☐ *Schreiben Sie auf, wie Sie sich über die Jahre so verändert haben, daß Sie immer mehr Intimität zulassen konnten. Was hat diese Veränderung bewirkt?*

☐ *Inwiefern könnte es sein, daß Sie hinsichtlich Beziehungen aufgegeben haben? Gemeint ist nicht das Bedürfnis nach Beziehungen, sondern das verbindliche Einlassen darauf, zu lernen, eine erfüllte Beziehung zu leben. Gehen Sie tief in sich, um die Verhaltensweisen und Einstellungen herauszufinden, die Ihrer Bereitschaft entgegen stehen könnten, sich intensiv auf Beziehungen einzulassen. Fordern Sie die Menschen, mit denen Sie intime Beziehungen haben, hinsichtlich Intimität und Beziehungsverhalten heraus.*

Aufrichtigkeit gepaart mit liebevoller Anteilnahme schafft Intimität.

60 Macht

BILD: DAS KIND SITZT IN EINER RUNDE VON
GLEICHALTRIGEN.

»Das Baby lenkt die Energie, um seine Bedürfnisse erfüllt zu
bekommen.«

Was ist Macht für ein kleines Kind? Haben die Eltern die ganze
Macht? Wie wendet das Kind zum ersten Mal Macht an?

Macht ist Energie, oder besser, gelenkte Energie. Das kleine Kind
weiß, wie hilflos es ist, und muß die Grenzen der Realität testen, um
zu sehen, wer die Macht hat. Nur wenige Eltern können aushalten,
daß ihre Kinder über lange Zeiträume hinweg schreien und weinen.
Und damit kommt Macht ins Spiel. Das Baby lenkt die Energie, um
seine Bedürfnisse erfüllt zu bekommen.

Was geschieht, wenn das Kind heranzuwachsen beginnt? Vielleicht
gibt es einen ständigen Machtkampf. Vom ernährungswissenschaft-
lichen Standpunkt aus gesehen ist es unwichtig, daß das Kind seinen
Teller leer ißt, aber in vielen Familien ist wichtig, wer den Kampf
gewinnt. Wessen Werte werden befolgt? Wessen Werte behaupten
sich? Die desjenigen, der die meiste Macht hat, sie durchzusetzen?

Am gesündesten ist mit Sicherheit eine familiäre Situation, in der
die meiste Zeit ein Machtgleichgewicht gewahrt wird. Sind Sie in
einer Familie aufgewachsen, in der Ihre Eltern zuließen, daß Sie eine
gewisse Macht ausüben? Haben sie manchmal ihre Werte, Bedürfnisse und Wünsche aufgegeben und sind auf Ihre Linie einge-
schwenkt? Wenn Ihre Eltern liebevoll, zuverlässig und bewußt waren,
haben sie das natürlich getan.

Oder wurde in der Familie ständig darum gekämpft, den Eltern Macht
abzutrotzen? Vielleicht war auch genau das andere Extrem der Fall,
daß nämlich Ihre Eltern Ihnen fast immer nachgaben. Wenn Eltern
zu nachgiebig sind, kann das Kind die Grenzen nicht finden, die den
Rahmen für die Macht bilden, den wir Wirklichkeit nennen.

Es gibt Menschen, die sich die Welt anschauen und sie kritisieren, ohne jemals die Macht zu entwickeln, die Fehler zu beheben. Und es gibt Menschen, die Werte für flüchtig und willkürlich halten und sich deswegen vor allem darauf konzentrieren, ihre Macht zu vergrößern, ohne sich viel Gedanken darum zu machen, wie sie angewendet wird.

Und so haben wir Machtsuchende kontra Idealisten. Welcher Seite fühlen Sie sich gewöhnlich zugehörig? Haben Sie sich als Kind zurückgezogen und sind gegen die Menschen in Ihrer Umgebung kritisch geblieben? Waren Sie über die Welt erhaben? Oder haben Sie gedacht, Sie müßten sich auf jeden Fall um die Macht bemühen, die für Sie da war, um nicht an die Wand gedrückt zu werden?

Diese Fragen sind wichtig, denn um als Erwachsene in diesem Leben effektiv handeln zu können, müssen wir Macht haben. Je mehr Macht wir haben, desto besser werden wir in der Lage sein, die Realität zu verändern. Aber Macht braucht auch einen Rahmen, um voll wirksam zu sein. Macht, die sich auf sich selbst konzentriert, wird sich auch selbst besiegen. Macht aber, die innerhalb der natürlichen Prinzipien des Universums angewandt wird, kann enorm effektiv sein.

Sind wir als Erwachsene bereit, uns um Macht zu bemühen und sie anzuwenden, um in dieser Realität wahre Werte zu manifestieren? Das ist die wirkliche Frage. Wenn nicht, sind wir wahrscheinlich in der Kindheit bei einem großen Machtkampf mit den Eltern oder der Familie verkrüppelt worden. Der Erwachsene muß transformiert werden, um Macht, Energie, Geld, Einfluß und Liebe einzusetzen und damit dem Leben für sich und andere neue Kraft zu verleihen.

Die Arbeit

☐ Suchen Sie sich aus diesem Text zwei oder drei Fragen heraus, und arbeiten Sie mit ihnen. Welchen Fragen würden Sie gern aus dem Weg gehen?

☐ Beschreiben Sie die Machtabläufe der Lebenssituation, in der Sie aufgewachsen sind. Sollte es bestimmte Phasen gegeben haben, beschreiben Sie diese bitte.

☐ Wie sah Ihre Art, Macht zu ergreifen oder sich vor Macht zurückzuziehen, konkret aus?

☐ Welche Haltung haben Sie als Erwachsener zu Macht? Wie könnten Sie sich damit wohler fühlen und wirkungsvoller damit umgehen?

Macht ohne Bewußtheit zerstört sich selbst.
Bewußtheit ohne Macht fehlt es an Wirkungskraft.

61 Die Familienneurose

BILD: DAS WAGENRAD IST ZERBROCHEN.

»Ich konnte mein Leben wiedererlangen. Ich konnte wieder fühlen.«

Im Familienschrank ist eine Neurose versteckt. Jede Familie hat ein Familiengeheimnis, die klaffende Wunde, die notdürftig geschlossen und vor dem Blick der Öffentlichkeit verborgen wurde, die Peinlichkeit der Familie.

Jede Generation gibt die Familienneurose in der einen oder anderen Form an die nächste weiter, bis jemand beschließt, die Anomalie bewußt zu machen und zu transformieren. Wer möchte schon Kinder haben, wenn wir ihnen das gleiche überstülpen, was unsere Eltern uns übergestülpt haben? Wollen wir zulassen, daß unser Kind durch unsere eigene Hand verkrüppelt wird?

Meine Familie väterlicherseits hat in Rußland die Judenverfolgungen um die Jahrhundertwende erlebt. Die Kosaken beraubten, vergewaltigten und töteten die Juden. Der Terror erzeugte und verstärkte die Neurosen der Leute. Die Generation meines Vaters, die aus fünf Kindern bestand, wanderte mit meinen Großeltern nach Amerika aus. Sie bemühten sich niemals um eine Therapie. Das war zu neu für sie. Statt dessen strebten sie nach Macht, Geld, Wohlstand, Einfluß und Freiheit. Aber wie sollten sie wissen, wie man Kinder gesund erzieht? In meiner Generation machte jeder eine Therapie. Ich selbst war fünfzehn Jahre lang in Therapie. Ich habe hart an mir gearbeitet. Ich machte die Erfahrung, daß ich mein Leben wiedererlangen konnte. Ich konnte wieder fühlen.

Es muß merkwürdig für ein kleines Kind sein, in den lebenden Mythos von Menschen hineingeboren zu werden, in die Feindseligkeiten, die Kälte, das befremdende Verhalten und die verrückten Ansichten über die Wirklichkeit.

Die heutige Generation ist um Therapie, Verständnis und Veränderung bemüht, damit ihre Kinder außer von ihren eigenen nicht auch noch von anderen Problemen belastet werden. Wenn nicht für uns, können wir uns zumindest zum Wohle unseres Kindes verändern. Wir können noch nicht sehen, wie die neuen Kinder sein werden, die eine bewußtere Elterngeneration hatten. Generationen haben ein enormes Gewicht. Und trotzdem ist die größte Macht auf Erden vielleicht die heilende Macht des Bewußtseins, eine Macht, die den Kreislauf der Familienneurosen entschieden durchbrechen kann, der für seinen Aufbau die Verleugnung vieler Generationen brauchte, so wie ja auch Jahre individueller Therapie notwendig sind, um ihn zu zerstören und uns davon zu befreien.

Die Arbeit

☐ *Was versuchte man in Ihrer Familie vor Ihnen zu verbergen? Wie haben Sie darauf reagiert? Welches Verhaltensmuster stand hinter dem, was verheimlicht wurde?*

☐ *Wie äußert sich die Familienneurose in Ihnen? Inwiefern sind Sie auf die gleiche Weise etwas extrem? Oder inwiefern sind Sie anders als Ihre Familie?*

☐ *Wie sind Ihre Eltern mit der Familienneurose umgegangen? Haben sie sie verstärkt oder bekämpft? Welche Auswirkungen hatte das auf Sie?*

☐ *Wie beeinträchtigt Ihre Wunde oder Neurose Ihrer Meinung nach Ihre Kinder oder Ihr Bedürfnis nach Kindern oder Kinderlosigkeit?*
☐ *Was werden Sie unternehmen, um die Familienneurose in Ihrer Generation aufzuhalten?*

Wir können uns mit unserem eigenen Blut vernichten.

62   Unsere Freundschaften

BILD: DER BAUM HAT SEINE ÄSTE VERLOREN.
»...das plötzliche Erkennen des Regenbogens in der Beziehung, der immer wieder neu entsteht, und die zerfallenen Brücken sehen, die repariert werden müssen.«

Als ich etwa zehn Jahre alt war, hatte ich einen Freund namens Ron. Ich glaube, er war größer als ich und rothaarig wie ich. Einmal im Jahr hatten wir einen mächtig dicken Krach, bei dem wir weinten und schrien und uns gegenseitig zu Boden warfen, um den anderen zum Aufgeben zu zwingen. Das war wahre Freundschaft! Er war viele Jahre lang mein bester Freund. Jeden Nachmittag nach der Schule liefen wir in den Wald, bauten Festungen und stauten kleine Flüsse. Im Herbst klauten wir Mais von den Feldern und rösteten ihn über versteckten Feuern im Freien.

Als ich mit dreizehn zur Militärschule ging, endete dieser Abschnitt der Kindheit. Irgendwann in jenen ersten Teenagerjahren lernte ich bei einem Sommercamp einen Freund kennen, der Israel hieß. Wir bestiegen zusammen einen Berg und saßen auf dem Moos mit Blick über das landwirtschaftlich bebaute Tal mit seinen ordentlichen Feldern in den verschiedensten Farben. Die Zukunft lag uns zu Füßen. Ja, die Zukunft. Israel und ich sprachen lange über die Zukunft. Wir waren uns nahe. Wir dachten großartige Gedanken. Ein Feingefühl entwickelte sich zwischen uns, eine unsichtbare, schicksalsträchtige Aura. Wir hatten großartige Ideen. Wir standen an der Schwelle zum Mannsein, noch nicht ganz bereit, aber auch noch nicht belastet vom Leben. Ich traf Israel Jahre später noch einmal. Er rief mich überraschend an. Er hatte die medizinische Hochschule besucht und sich beruflich etabliert. Immer noch war dieser Glanz zwischen uns, aber wir vertrugen uns nicht besonders gut. Wir konnten die Kindheit nicht wieder einfangen. Meine Gedanken und meine Gefühle sind von einer anderen Welt als der, die schon lange auf dem Pfad mit dem Namen »Das war einmal« verschwunden ist.

Die ersten Mysterien der Sexualität erlebte ich mit Denise, Rons Schwester. Ich war zwölf und sie elf, und wir waren mit Windpocken im Krankenzimmer der Isolierstation der Schule eingesperrt. Wir bauten uns ein Haus unterm Bett. Ich zog meinen Pyjama aus, und sie zog ihr Hemd hoch. Wir hatten Angst vor den Krankenschwestern, und waren total aufgeregt bei unseren heimlichen Aktivitäten. Meine Mutter besuchte mich, und ich hatte große Schuldgefühle wegen meiner Freundin. Einen Tag, bevor ich jene Schule verließ, rannte ich im Sommer über die Felder, und plötzlich stand Denise da mit Blumen in den Händen. Wir schauten uns lange und fest an, und dann lief einer von uns davon.

Ein Freund oder eine Freundin ist jemand, mit dem oder der ich wirklich ich selbst sein kann und meine tiefsten Augenblicke im Leben teile. Ein Freund ist ein Zeuge für wesentliche Bereiche meines Lebens. Tritt hervor, mein Freund, und wir schaffen zusammen den Sinn unseres Lebens. Ein Freund oder eine Freundin zu sein heißt, ebenso gebraucht zu werden wie selbst zu brauchen, heißt, Liebe in die Tat umsetzen, Mitgefühl und Ärger zeigen, sich freuen, wenn gespielt wird, und laut anzuklopfen, wenn die Dinge eine falsche Richtung nehmen. Freundschaft ist Lachen, Liebe und Schmerz, das plötzliche Erkennen des Regenbogens in der Beziehung, der immer wieder neu entsteht, und die zerfallenen Brücken sehen, die repariert werden müssen. Ich habe mich für dich entschieden, meine Freundin, mein Freund. Hast du dich genauso entschieden?

Wir lassen die Vergangenheit los, indem wir ihre Essenz mit uns nehmen. Die Freunde aus meiner Knabenzeit stehen lebhaft vor mir. Mit ihnen zusammen warf ich einen Blick in meine Zukunft und glaubte, auch ihre zu sehen. Ach, diese intensiven Augenblicke! Jahre an Zeit und kontinuierlicher Arbeit wären nötig, um sich diesen rohen Lebenskeimen auch nur wieder anzunähern!

Die Arbeit

☐ *Schreiben Sie bitte von Ihren Gefühlen hinsichtlich Ihrer ersten Kindheitsfreundschaften oder deren Fehlen. Was für ein Mensch waren Sie in Ihren Freundschaften? Zu welchen Menschen haben Sie sich freundschaftlich hingezogen gefühlt?*

☐ *Hatten Sie eher gleichgeschlechtliche oder eher gegengeschlechtliche Freundschaften? Wie erklären Sie sich Ihre Neigung? Was könnten Sie tun, um ein Gleichgewicht herzustellen?*

☐ *Betrachten Sie Ihre augenblicklichen Freundschaften unter folgenden Kriterien: Ist die Freundschaft beidseitig und ausgewogen? Bekommen Sie ebensoviel, wie Sie geben? Geben Sie genausoviel, wie Sie bekommen? Ist das, was Sie gemeinsam haben, zentral für die Beziehung? Wenn nicht, warum sind Sie dann befreundet? Werden Sie immer offener in Ihren Gefühlen, und öffnet sich Ihr Freund oder Ihre Freundin ebenso? Halten Sie die Freundschaft auch über ihren toten Punkt hinweg aufrecht? Haben Sie Angst, daß niemand an die Stelle tritt, wenn Sie die Freundschaft aufgeben?*

Wir beziehen uns auf andere, um uns auf uns selbst zu beziehen.

63   Mißbrauch

BILD: EIN BLITZ DURCHZUCKT DIE HÖHLE.
»Jede Heilung braucht eine Wunde.«

Wir wurden in den Hauptraum des Gebäudes gerufen, in dem dreißig von uns Jungen im Alter von zehn bis zwölf wohnten, und von den älteren Jungen, die uns überwachten, angewiesen, still zu sein. Ich schaute hinüber zu meinem Freund Ron. Unsere Blicke trafen sich, aber keiner von uns sagte ein Wort. Wir würden uns hüten, uns gerade jetzt auffällig zu benehmen. Ein älterer, stärkerer Junge schaute uns prüfend an und sagte, daß einem der Jungen Geld gestohlen worden sei und sie herausfinden wollten, wer das getan habe. Diebstähle waren in der Schule, in der ich seit meinem sechsten Lebensjahr eingesperrt war, nichts Ungewöhnliches. Ich selbst stahl niemals etwas. Ich mimte den guten Jungen und tue das auch heute noch. Aber ich hatte manchmal versucht, den Dieb selbst herauszufinden, indem ich mich versteckte, verdächtige Kinder beobachtete und dabei für den Augenblick vergaß, daß ich selbst ein Kind war. Wir wußten von einem Jungen, daß er ein Gewohnheitsdieb war, aber diesen Diebstahl nahm er nicht auf sich – was für uns alle ein Unglück war.
Die älteren Jungen wiesen uns an, uns auf den Rücken zu legen, die Beine hochzuheben und so zu halten. Sie terrorisierten uns mit Drohungen und Beleidigungen, bis der Schmerz unerträglich zu werden schien. Niemand gab die Tat zu, deswegen mußten wir alle die Folter und die Angst erleiden. Sie zitierten uns einzeln in ein Zimmer und verhörten jeden von uns mit Gebrüll und Stößen.
»Hast du's getan? Hast du's getan?« schrien sie jeden von uns in dem Zimmer an, wo wir allein waren mit ihnen und einem Schüler aus der Oberstufe. Ich gab mich so unschuldig wie möglich und wurde deswegen nur angebrüllt und herumgestoßen. Ein anderer

Junge, der früher einmal etwas gestohlen hatte, wurde – wie wir später herausfanden – hochgehoben und gegen die Heizung geworfen. Der Terror war extrem, und ich wurde durch diesen und ähnliche weitere Vorfälle dermaßen gehemmt, daß ich schließlich keinerlei Gefühle mehr zeigte und bei allem eine extrem gleichmäßige und unterwürfige Stimme beibehielt, was sich erst nach vielen Jahren Therapie änderte. Meine Unsicherheit machte mich rasend. Meine Verteidigungsstrategie bestand darin, mich unsichtbar zu machen. Meine Wutanfälle verheimlichte ich sogar vor mir selbst.

Ein anderes Mal, als ich schon älter war und in ein Militärschulinternat ging, zitierte der Oberstufenschüler einige von uns nachts aus dem Bett, um uns für ein Vergehen zu bestrafen, das wir nicht begangen hatten. Ich wurde gezwungen, meine Unterhosen herunterzuziehen, und bekam viele schmerzhafte Schläge mit einem großen hölzernen Paddel. Ich wollte den Tisch gegen den Jungen rammen, der die Aufsicht hatte, aber meine Angst war größer als mein Ärger. Ich war zu gehemmt, um mich zu wehren, meinen Ärger zuzulassen und aufzubegehren. Ich empfand die Situation als total ungerecht. Ich fühlte mich machtlos, unsicher, einsam, hilflos. Ich wollte Rache.

Mißbrauch ist die Norm, ist der große Gegnerarchetyp, der in das Leben des Kindes eindringt. Mißbrauch tritt auf in Form von Gewalt und sexuellen Missetaten. Wir als Kinder werden zu Opfern derjenigen, die stärker sind als wir. Es ist unser Los, Opfer dieses großen Machtmißbrauchs zu werden. Besser wir lernen in der Kindheit, daß wir nicht allmächtig sind und uns manchmal in Zeiten der Not niemand zur Hilfe kommt. Als Erwachsene protestieren wir heftig gegen den Mißbrauch, den wir erlitten haben, und fühlen uns dadurch verletzt, aber akzeptieren wir ihn auch als etwas Natürliches? Will ich damit sagen, daß ich als Junge nicht so heftig hätte terrorisiert werden sollen? Nein, ich kann das nicht sagen, ich kann nicht gegen die Realität angehen. Hüten Sie sich vor der Einstellung, daß die Dinge hätten anders verlaufen sollen. Denn die Schläge des Feindes empfangen heißt auch erkennen, daß, ganz gleich, wie schwierig die Umstände sein mögen, uns immer auch die Mittel für Selbstheilung und Transformation in die Hand gegeben werden.

Es ist eine unrealistische Haltung zu sagen, das-und-das hätte einem Kind niemals widerfahren dürfen. Es ist geschehen, und das ist die Realität. Zu erwarten, daß das Gute über das Böse triumphiert, der Held immer über den Gegner siegt, heißt, sich an unrealistische Einstellungen und Erwartungen klammern. Feindseligkeit als etwas Natürliches akzeptieren heißt, dem Leben so, wie es ist, realistisch zu begegnen.

Ja, natürlich wurde ich als Kind geschlagen. Das tun manche Menschen, die Macht haben, ihren Opfern an. Ja, ich wurde auch sexuell belästigt, na und? Ja, ich war gezwungen, ein enormes Abwehrsystem gegen den Terror aufzubauen, na und? Entscheidend ist, daß ich auch Zugang zu den Quellen fand, die die Wunden transformieren, die mir zugefügt wurden, und Abwehrsysteme zusammenbrechen lassen konnte, um ein neues und geheiltes Leben zu beginnen. Jede Heilung erfordert eine Wunde. Jeder von uns muß in der Kindheit die große Wunde spüren und versuchen, sie abzuwehren. Als Erwachsene können wir die verletzenden Erlebnisse durcharbeiten und anders leben. Wir können die Wunden der Kindheit heilen, indem wir das Abwehrsystem auflösen und ein Leben leben, das uns transformiert und in Einklang mit dem heilenden Zentrum des Selbst steht.

Die Arbeit

☐ *Welche Art Mißbrauch haben Sie in der Kindheit erlitten? Er kann offensichtlich gewesen sein, sexuell oder gewalttätig, oder versteckter aufgetreten sein, vielleicht sogar in Form eines Mangels an Liebe und an einem grundsätzlichen Verständnis für Ihr Wesen.*

☐ *Wenn Sie Ihre Mißbrauchserfahrung in der Kindheit beschrieben haben, schreiben Sie bitte über das Abwehrsystem, das Sie aufgebaut haben, um sich vor weiterem Mißbrauch zu schützen. Ist dieses Abwehrsystem heute noch in Aktion? Wie?*

☐ *Beschließen Sie, Ihr Abwehrsystem aufzugeben und sich allem zu stellen, was Ihnen begegnet. Wenn Sie sich dann immer noch beklagen oder in Wut geraten, haben Sie Ihre Abwehrpersönlichkeit noch nicht hinter sich gelassen. Wenn Sie glauben, es sollte in der Welt nichts Böses geben, müssen Sie weiterhin an Ihren Einstellungen arbeiten, damit sie realistischer werden. Realität ist Heilung. Idealismus führt zu Niederlagen und Verzweiflung.*

☐ *Schreiben Sie Ihr frühes Mißbrauchstrauma noch einmal auf, diesmal mit einem heilsameren Ende. Dadurch können sich innere Muster verändern. Lassen Sie den feindlichen Regen mit voller Stärke auf Ihr Kindheitsgesicht prasseln, aber setzen Sie ihm diesmal mehr Spannkraft entgegen, statt Ihre Verletzungen zu unterdrücken oder sich unsichtbar zu machen.*

☐ *Sie haben das Trauma und das Abwehrsystem der Kindheit beschrieben. Schauen Sie jetzt nach, wie dieses Muster in Ihrem Erwachsenenleben aktiv ist. Überlegen Sie sich dann, wie Sie heute anders und heilsamer mit Feindseligkeit umgehen könnten.*

Wovor wir flüchten, zu dem werden wir.

216

64 Egozentrik

BILD: EIN AUFGESCHLAGENES EI LIEGT AM RAND DES TISCHES.

»Der Weg zu bekommen, was wir wollen, besteht darin, es nicht zu wollen.«

Mit keinem von uns ist das Zusammensein immer das reinste Vergnügen. Wir haben alle unsere kleinen Schwächen, unsere Eigenheiten, die andere die Wand hoch treiben.

Wir sind egozentrisch, wenn wir uns so verhalten, daß wir unser Ego auf Kosten anderer oder des Lebens aufbauen. Wir sind egozentrisch, wenn wir nicht auf einen Prozeß vertrauen, der über uns hinausgeht, wenn wir versuchen, alles zu kontrollieren und ständig unsere Vorstellungen durchzusetzen. Wir sind egozentrisch, wenn wir uns defensiv verhalten und uns anderen entziehen oder unnötig aufdrängen. Wir sind auch egozentrisch, wenn wir versuchen, in sämtlichen anderen Häusern Ordnung zu schaffen, außer in unserem eigenen.

Fritz Kunkle, ein amerikanischer Psychologe und Autor der fünfziger Jahre, beschreibt vier Typen von Egozentrikern. Zwei Typen entwickeln sich durch das Aufwachsen in einer strengen, die anderen beiden durch das in einer nachgiebigen Umgebung.

Der Star wächst in einer nachgiebigen Umgebung auf und ist auffällig extravertiert. Er möchte im Mittelpunkt stehen. Der Klammeraffe wächst in einer nachgiebigen Umgebung auf und ist außerordentlich introvertiert. Dieser Typ ist abhängig von anderen. Der Maulheld wächst in einer strengen Umgebung zu einem extravertierten Menschen heran. Er reagiert auf Schwierigkeiten, indem er um jeden Preis zu herrschen versucht. Die Schildkröte wächst in einer strengen Umgebung zu einem introvertierten Typen heran und hat die Tendenz, sich bei Widrigkeiten zurückzuziehen.

Wie beschrieben sind dies im Wesentlichen negative und defensive Reaktionen auf die Realität. Der Star fühlt sich unsicher, wenn er nicht im Mittelpunkt steht; er versucht, durch Talente und Energie zu dominieren und Liebe zu wecken. Der Maulheld versucht, mit Macht und Aggression zu herrschen, und löst damit Angst aus. Der Klammeraffe möchte durch Bedürftigkeit herrschen und ruft Besorgnis hervor. Die Schildkröte versucht zu dominieren, indem sie sich zurückzieht und dadurch bei anderen das zwanghafte Bedürfnis auslöst, sie zu erreichen.

Die positiven Aspekte der beschriebenen Veranlagungen liegen in ihrer Transformation. Hinter jeder Tendenz steht eine natürliche persönliche Eigenschaft, die im Leben nützlich ist. Es gibt Zeiten, da müssen wir wie die Schildkröte kreativ allein sein, dann wieder müssen wir uns verletzlich zeigen wie ein Klammeraffe, oder es ist an der Zeit, uns expressiv auszudrücken und »nach außen« zu gehen wie der Star, und manchmal müssen wir uns auch wie ein Maulheld oder ein starker Mensch durchsetzen. Die Transformation besteht darin, das Abwehrsystem aufzugeben und jede Dynamik als Teil unserer eigenen Ganzheit angemessen zu leben.

Wir betrachten unsere egozentrischen Eigenheiten, um näher zu untersuchen, wie unser Abwehrsystem, das in der Kindheit entwickelt wurde, beschaffen ist, und um zu sehen, wie es sich im Erwachsenenleben auswirkt. Zu welchen Reaktionen neigen wir als Erwachsene in verschiedenen Situationen? Wenn wir das nicht wissen, können wir unsere Freunde bitten, unser typisches Verhalten zu beschreiben. Sie wissen es! Defensives Verhalten ist im Erwachsenenleben meistens unangemessen und verhindert die Entwicklung von Beziehungen.

Auf dem Hintergrund der Dynamik der frühen Kindheit können wir sagen, daß das Kind ein Ich entwickelt, indem es sich auf seine eigenen Bedürfnisse und Wünsche konzentriert. Es sammelt Besitztümer an. Es nimmt für sich mehr als für andere. Das ist ein notwendiges Stadium auf dem Weg zur Selbst-Autonomie. Wenn ein Kind seine Autonomie erst einmal gefestigt hat, wird es über das Bedürfnis hinauswachsen, die Energie so stark auf sich zu konzentrieren. Wenn aber diesem Bedürfnis nach Selbst-Bestätigung entgegengearbeitet wurde, wird das egozentrische Kind zum egozentrischen Erwachsenen.

Wenn wir als Erwachsene immer zuerst an uns denken, verhalten wir uns anderen gegenüber offensiv und sogar verletzend. Wir bleiben subjektiv, statt uns objektiv für das zu entscheiden, was in einer bestimmten Situation für alle das Beste ist. Wir machen uns andere unnötig zu Feinden und finden in unseren Beziehungen nur wenig Erfüllung. Wir lernen als Erwachsene, daß wir nicht allein existieren und Menschen voneinander abhängig sind. Wir lernen, andere in unsere Entscheidungen mit einzubeziehen. Das Heilmittel gegen Egozentrik besteht darin, sich in Einklang mit den energetischen Quellen zu bringen, die größer sind als wir. Auf diese Weise lassen wir uns von vitaler Lebensenergie nähren.

Die Arbeit

☐ *Fertigen Sie eine Liste Ihrer egozentrischen Verhaltensweisen an und wie Sie sie transformieren werden. Schreiben Sie auch die Ihrer Meinung nach egozentrischen Verhaltensweisen eines Freundes oder einer Freundin auf, und tauschen Sie sich darüber aus.*

☐ *Welcher Typ sind Sie? Ein Star? Klammeraffe? Maulheld? Schildkröte? Welcher Typ war in Ihrer Kindheit vorherrschend? Hat er sich im Laufe des Lebens verändert? Wie sehen seine positiven Aspekte aus?*

☐ *Wie würden die positiven Aspekte der Transformation Ihrer Ich-Bezogenheit aussehen?*

Wenn wir als Kinder nicht akzeptiert wurden, akzeptieren wir als Erwachsene andere nicht.

65   Das Abwehrsystem

BILD: DIE MAUERN DES SCHLOSSES HABEN RISSE.

»Ich war weit davon entfernt, der gute Mensch zu sein, der
ich zu sein hoffte, um in der Welt zurechtzukommen.«

Mein Abwehrsystem entwickelte sich in der rauhen Umgebung der
Internatsschule, wo ich wenig Wärme, Verständnis oder Liebe bekam.
Manchmal spielte ich den Maulhelden, dann wieder zog ich mich
zurück. Ich unterdrückte meine Gefühle so sehr, daß der Tonfall
meiner Stimme monoton wurde, um keine Emotionen zu verraten.
Wenn ich in meiner Kindheit Ärger oder Angst zeigte, war die
Wahrscheinlichkeit groß, daß ich von einem der älteren Junge
geschlagen wurde. Die Schulen, die ich in meiner Kindheit besuchte,
betrachte ich als Gefängnisse. Ich wurde zum Wächter meiner
eigenen Gefühle. Innerlich litt ich, aber nach außen hin zeigte ich
das niemals. Ich versteckte mich hinter meinen eigenen heimlichen
Gedanken.
In meinen späteren Intimbeziehungen mit Frauen kamen meine
Gefühle und mein Ärger zum Vorschein. Ich hatte große Angst,
zurückgewiesen zu werden. Und ich spielte den Maulhelden. Ich
dachte, ich würde zumindest jetzt in der Wärme erwachsener Sexualität bekommen, was ich wollte. Aber vor lauter Angst, es nicht zu
bekommen, verhielt ich mich fordernd und versuchte, Dinge zu
erzwingen. Ich war so defensiv, daß noch die kleinsten Dinge mich
zur Weißglut brachten. Und weil ich mich aufregte, regten sich auch
andere über mich auf. Es war schwer, mit mir zurechtzukommen.
Am defensivsten verhielt ich mich in den Zeiten, in denen ich am
meisten von mir hielt. Es war doch sonnenklar, daß ich in keiner
Situation unrecht handelte. Ich war nicht ärgerlich. Ich war nicht
unfreundlich. Die Schwierigkeiten lagen beim anderen. In der Therapie beschloß ich, zu meinem eigenen Schatten zu stehen und mich

nicht gegen ihn zu verteidigen, sondern ihn zu akzeptieren und hereinzulassen, wie peinlich mir das auch sein mochte. Ich lernte begreifen, daß mein Ärger über andere kein Indiz dafür sein muß, daß sie sich falsch verhalten, ich aber Gefühle und Bedürfnisse habe, die versuchen, ans Licht zu kommen. Peinlichkeit beruht darauf, daß die Ich-Identifikation mit der Persönlichkeit plötzlich erschüttert und die Person auf ihren Schatten zurückgeworfen wird.

Meine Transformation kam mit dem Herauslassen meiner Gefühle und als ich mich und meine Bedürfnisse direkter ausdrückte. Ich erkannte, daß ich nicht unbedingt bekommen mußte, was ich wollte, wenn ich es ausdrücken konnte. Drückte ich aber meine Bedürfnisse nicht aus, führte das zu inneren Schmerzen, weil ich mich daran hinderte, mein Verlangen und meine Wünsche zu behaupten.

Es ist befreiend, sich von einer defensiven zu einer akzeptierenden Persönlichkeit zu entwickeln. Ich brauchte viele Jahre Konfrontation und Seelenforschung, sowohl in der Therapie als auch in Beziehungen, um meine Egozentrik und meinen Schatten zu akzeptieren. Ich war weit davon entfernt, der gute Mensch zu sein, der ich zu sein hoffte, um in der Welt zurechtzukommen. Ich stellte fest, daß ich Menschen in dem Maße näher kam und sie mir, wie ich auf eine menschliche Weise verletzlicher wurde. Mein Abwehrverhalten hatte zu einer Distanziertheit geführt, die fast niemand überbrücken konnte. Jetzt gab es Hoffnung. Ich war bereit, mich von Blutwellen überfluten zu lassen und zu sehen, ob jemand reagierte oder sich sogar um mich kümmerte.

Auch wenn niemand kam, um sich um mich zu kümmern, schlossen Kollegen und Freunde, die mir nahestanden, sich mir an, indem sie sich selbst verletzlich zeigten. Schließlich wurden wir zu Gefährten. Wir arbeiteten Seite an Seite, jeder sein eigenes verletztes inneres Kind pflegend. Und das bringt mich zum Lachen und zum Weinen.

Das Abwehrsystem besteht aus einer Reihe von Einstellungen und Verhaltensweisen, die wir entwickeln, um Gefühle zu unterdrücken, die durch die Aggression und sogar die Liebe anderer Menschen hervorgerufen werden. Statt unsere Gefühle und Bedürfnisse direkt auszudrücken, lernen wir, Situationen und Menschen zu manipulieren, damit unsere Bedürfnisse wenigsten zum Teil befriedigt werden. Wir leben in Angst und verbergen unsere Verletzlichkeit vor uns selbst und vor der Welt. Wir verlieren unsere Energie und erstarren in unserer Abwehr, und auf diese Weise legen wir die Spontaneität des Lebens und von Gefühlen lahm. Wir regieren unser Reich mit Hilfe unserer schlimmsten egozentrischen Eigenschaften. Wir fühlen uns entfremdet und sind in Gefahr, unsere Menschlichkeit zu verlieren, bis wir dann beschließen, die defensive Persönlichkeit aufzugeben, die Transformation zu erleiden und schließlich geerdet, aufregend und voller Fröhlichkeit und Offenheit zu leben. Wir verpflichten uns, alles bewußt zu verarbeiten, was im Leben auf uns zukommt.

Die Arbeit

☐ *Wie würden Sie – ganz spontan – Ihr eigenes Abwehrsystem beschreiben?*

☐ *Wie könnten Sie anfangen, Ihr Abwehrsystem zu transformieren? Welche Rolle spielt Verbindlichkeit dabei? Wie könnten kreative Alternativen zu Ihrem Abwehrsystem aussehen? Akzeptieren wir unser eigenes Abwehrverhalten auch?*

☐ *Wie sieht die Alternative zu einem defensiven Leben aus? Sind Sie bereit loszulassen, Risiken einzugehen, ganz zu leben und sich mit allem, was Ihnen begegnet, auseinanderzusetzen? Wenn nicht, was hält Sie davon ab? Höchstwahrscheinlich Ihr Abwehrsystem, das Sie gefangenhält, da Sie versuchen, einen Teil Ihrer Welt auszuschließen.*

Wir wehren das ab, was wir nicht verarbeiten wollen oder können.

66 Das Ich

BILD: DER BALL WIRD MITTEN DURCH DEN REIFEN
GEWORFEN.

»Niemand kann uns unsere Entscheidungen abnehmen. Die
Folgen erleiden wir selbst.«

Die Geburt von der Kindheit in das Erwachsenenleben hinein ist
auch die Geburt des kreativen Ich. Von Zuhause weggehen heißt,
andere hinter sich lassen, die Entscheidungen für Sie treffen. Sie
möchten gern hinausgehen in die Welt, oder nicht? Sie möchten
Entscheidungen treffen und durch Ihr Handeln selbst bestimmen, ob
Sie schwimmen oder untergehen? Sie haben keine Angst, nicht wahr,
in bezug auf bestimmte Dinge eine falsche Entscheidung zu treffen
und dafür selbst zahlen zu müssen? Wo sind in unserem Erwachsenenleben die Eltern, die uns aus der Patsche helfen? Wenn wir eine
wichtige Beziehung verpatzen oder keine Arbeit haben, können wir
immer nach Hause zurückkommen, richtig? Wenn wir kein Geld
mehr haben, werden unsere Eltern uns etwas schenken oder leihen,
stimmt's?
Symptome für ein schwaches Ich? Ja. Wir haben unsere ganze
Kindheit damit verbracht, uns auf unsere Eltern oder andere Autoritäten zu verlassen, damit sie uns die richtigen Entscheidungen vor-
setzen – es sei denn, wir sind wunderbar erzogen worden. Manchmal
konnten wir als junge Menschen unsere eigene Autorität und Entscheidungsgewalt nur durch ein heimliches Sexleben oder Drogen
behaupten. Ansonsten versuchten die Eltern, uns zu kontrollieren,
uns zu sagen, was wir tun, welche Schule wir besuchen, was wir
arbeiten und welche Art Freundschaften wir pflegen sollten. Das ist
natürlich eine denkbar schlechte Grundlage dafür, eigene Entscheidungen zu treffen. Ausschlaggebend ist nicht der Inhalt der zu
treffenden Entscheidungen, sondern der Entscheidungsprozeß selbst
und seine Folgen.

Ein starkes Ich aufbauen heißt, die Verantwortung für seine eigenen Entscheidungen und deren Konsequenzen übernehmen. Wer wirklich erwachsen ist, sucht sich seine Liebespartner selbst aus und steht für seinen Lebensweg ein. Er folgt keinem Guru oder irgendeinem Lehrer, der fordert, daß die eigene Entscheidungsgewalt aufgegeben wird. Er räumt seinem Partner kein Einspruchsrecht bei der eigenen Entscheidungsfindung ein und verläßt sich nicht auf den Rat von Freunden, wenn es darum geht, wie er im Leben handeln soll. Er bleibt angesichts von Lebensentscheidungen, die getroffen werden müssen, nicht unschlüssig und folgt weder Hellsehern noch Astrologen, Therapeuten oder anderen Autoritäten, die einem sagen, mit welchen Menschen man Kontakt haben soll und wo's im Leben lang geht.

Der starke Erwachsene genießt die Spannung zwischen den Gegensätzen, weil sie ihm die Gelegenheit zu einer bewußten Entscheidungsfindung bietet. Wenn nötig, verhält er sich entschieden, oder geht mit, wenn Offenheit gefragt ist. Er entscheidet so schnell, wie die Situation es erfordert. Er verwirklicht durch Entscheidungen und Handlungen Lebenspotentiale, wenn sie reif sind, statt ängstlich zu warten und damit die Augenblicke zu verpassen, die die beste Gelegenheit bieten. Er stellt das Ich in den Dienst von Quellen, die tiefer reichen als es selbst, so daß eine gute Entscheidung getroffen wird, die allen Beteiligten möglichst viel Erfüllung bringt.

Benutzen Sie die beschriebenen Charakterzüge als Grundlage, um zu sehen, wie Sie selbst vorgehen. Bereiten Sie sich darauf vor, die Kindheit abzuschließen, indem Sie bei allem, was Sie tun, immer mehr selbst entscheiden.

Zum großen Durchbruch bei Entscheidungsprozessen kommt es offensichtlich gegen Ende der Teenagerzeit. Dann erkennen die meisten Kinder, daß ihre Eltern ihnen wissensmäßig nicht mehr überlegen sind und nicht mehr die richtigen Entscheidungen für sie treffen können. Bis zu diesem Übergangspunkt, sagen wir etwa um das siebzehnte Lebensjahr herum, betrachtet der junge Erwachsene Probleme als etwas, was »von da draußen« kommt. Die Eltern, die Schule oder sonst etwas wollen bestimmte Dinge, und man wird belohnt oder bestraft, je nachdem, ob man folgt oder nicht.

Dieser Blickwinkel ändert sich, wenn der junge Mensch erkennt, daß Erfolg nicht von anderen abhängig ist, sondern davon, was er selbst im Leben wählt oder tut. »Es schaffen« wird zu einer Entscheidung und beruht nicht auf Glück oder Druck von außen. Der Druck ist immer noch da, aber wie wir damit umgehen, liegt bei uns. Ich beschließe zu lernen, zu studieren, mir Arbeit und meinen eigenen Freundeskreis zu suchen – und das passiert dann auch.

Die Geburt des Ich, der unabhängigen, entscheidungsfällenden Funktion, mit der das Selbstbild einhergeht, auf sich gestellt in der Welt vorwärtszukommen, setzt ein. Einige beginnen das Erwachsenenleben selbstbestimmt und eigenverantwortlich. Andere, denen nie beigebracht wurde, selbst zu entscheiden, gehen eine sexuelle oder religiöse Beziehung ein, um die Abhängigkeit fortzusetzen und dabei zuzulassen, daß andere die Autorität übernehmen und Entscheidungen für sie fällen. Auf lange Sicht gesehen funktoniert das kaum. Niemand kann uns unsere Entscheidungen abnehmen. Die Folgen erleiden wir selbst.

Die Arbeit

☐ *Schreiben Sie eine kurze Geschichte Ihres eigenen Wachstums in Hinsicht auf die Entscheidungsfällung und Selbstbestimmung des Ich, beginnend mit der Kindheit. Wie sah das Muster dort aus? Welche Themen haben Sie bereits gelöst? Welche müssen noch bearbeitet werden?*

☐ *Beschreiben Sie sich selbst hinsichtlich der kreativen Hauptcharakterzüge des Ich wie Entscheidungsfällung, Selbstbestimmung, innere Autorität, Unabhängigkeit, realistisches Selbstbild, Fähigkeit zu effektivem Handeln und Selbstversorgung im Leben sowie der bewußten Wahrnehmung der eigenen Person und von anderen im täglichen Leben. Welche dieser Charakterzüge haben Sie in der Kindheit erlangt, und welche erlangen Sie jetzt in Ihrem Erwachsenenleben?*

Das Ich arbeitet am Ich, damit es Ich wird.

67 Heilung

BILD: DIE SCHLANGE VERSCHLUCKT IHREN EIGENEN SCHWANZ.

»Wir sind als Erwachsene krank, weil die Wunden der Kindheit in uns weinen.«

Als ich in meinem ersten Internat war, erkrankte ich fast jedes Jahr an Erbrechen und Schwindel, so daß ich ein paar Tage lang auf die Krankenstation geschickt werden mußte. Das war ein kleines Hospital mit zwölf Betten, wo man über Nacht bleiben konnte und von den jungen Krankenschwestern betreut wurde. Sie machten immer viel Aufhebens von mir und gaben mir Ingwertee, um mein Erbrechen zu kurieren. Ich mußte krank werden, um Heilung zu finden. Die kalte Umgebung der Internatsschule tötete jede menschliche Wärme in mir, und ich mußte in langen Zeitabständen immer wieder erleben, daß persönliche Fürsorge und Liebe in der Welt existierten. Mein Aufenthalt auf der Krankenstation brachte meine Psyche wieder ins Gleichgewicht, und ich war imstande, in die Schlafsäle zurückzukehren und dort weiteres Leiden zu ertragen, bis ich schließlich aus der Kindheit ins Erwachsenenleben fliehen konnte.

Wir alle haben ein Bedürfnis nach Heilung, das somit zu einem primären Thema des Lebens wird. Wir erkranken im Laufe unseres Lebens immer wieder an kleineren Leiden, viele von uns entwickeln darüber hinaus auch ein oder zwei schwere Krankheiten, die manchmal sogar tödlich sind. Es ist durchaus möglich, daß hinter sämtlichen Krankheiten, körperlichen wie geistigen, die ursprüngliche Wunde der Kindheit steht, die nicht geheilt und transformiert wurde. Wir sind als Erwachsene krank, weil die Wunden der Kindheit in uns weinen.

Heilen heißt, eine Spaltung aufheben, eine Dysfunktion in der Psyche und im Körper. Wenn wir krank sind, arbeiten bestimmte Organe nicht so, wie sie sollten. Sie sind blockiert und leisten dem natürlichen Energiefluß des Lebens Widerstand. Manchmal muß das alte Gewebe oder geistige Muster aus seiner Umgebung herausgeschnitten werden, damit das Ganze weiter funktionieren kann. Das ist der radikale Schritt der Beseitigung des Alten und Nutzlosen. Heilung ist ein schützender Akt, bei dem das Destruktive eliminiert wird.

Das andere Gesicht der Heilung ist die Transformation. Wieder blockiert das Muster oder Organ Energie und weigert sich, Teil des Ganzen zu sein. In diesem Fall versuchen wir jedoch Heilung oder eine Lösung zu finden, indem wir den verwundeten Teil akzeptieren, statt ihm Widerstand zu leisten. Durch die Heilung wird dieser Teil zurück in das Ganze gebracht. Der Energiefluß im erkrankten Bereich verändert sich, und das Ganze selbst wird transformiert, indem es diesen Bereich wieder einschließt.

Jedes Trauma ist ursprünglich ein Bruch im natürlichen Funktionieren des Organismus. Der Organismus reagiert darauf mit dem Versuch, sich zu schützen, indem er im Umkreis der Wunde ein Abwehrsystem aufbaut. Wir verhalten uns defensiv, um einer weiteren Verletzung vorzubeugen. Um heilen zu können, müssen wir zulassen, daß das Abwehrsystem zerstört wird. Die Wunde muß aufgeschnitten und ihre Gifte müssen herausgesaugt werden. Wenn das Trauma erneut offen gelegt wird, macht der Verletzte die ganze Qual noch einmal durch, diesmal aber ohne sich dagegen zu wehren. Die uneingeschränkte Erfahrung des Verletztseins wird als Energie akzeptiert, mit der wir uns auseinandersetzen müssen, statt gegen sie Widerstand zu leisten. Dann kann es anstelle des Abwehrverhaltens zur Lösung kommen. Die Wunde heilt, weil sie in das Ganze zurückgebracht wurde. Das Ganze funktioniert wieder mit voller Kapazität, weil alle seine Teile zusammenarbeiten und keiner gegen die anderen Widerstand leistet oder sie blockiert.

Wenn wir dieses Modell auf schwere traumatische Fälle anwenden, wie Kindesmißbrauch, Vergewaltigung, Unfälle und Kriegsgreuel, bedeutet dies, daß der darunter Leidende mit Hilfe von Rollenspiel, Visualisierungen, Traumarbeit und einem Gefühlsprozeß emotional durch die Erfahrung geleitet wird. Die unterdrückte Energie wird frei und ermöglicht ein neues Leben. Kindesmißbrauch ist keine lebenslange Tragödie, wenn die Erfahrung gründlich durchgearbeitet wird. Jeder Mensch muß sich mit Widrigkeiten der einen oder anderen Art auseinandersetzen. An einem gewissen Punkt wird das Festhalten an dem Ärger, der Verletzung und der Ohnmacht zum müßigen Schwelgen, wenn nicht auf einen Übergang hingearbeitet wird. Wir beschließen, die Wunden voll zu spüren, sie dann hinter uns zu lassen, unsere Abwehr aufzugeben und statt dessen offen und mit einer neuen kreativen Einstellung zum Leben zu leben. Ich habe diesen Prozeß häufig bei mir und den Menschen erlebt, mit denen ich Therapie machte. Wenn es zur Heilung kommt, empfinden wir sie als eines der großen Ereignisse im Leben.

Die Arbeit

☐ *Benutzen Sie die gegebenen Hinweise, führen Sie sich selbst durch einen Heilungsprozeß für ein Trauma aus der Kindheit, das Sie immer noch beeinträchtigt.*

☐ *Beschreiben Sie, wie Sie sich mit Verletzungen ohne Abwehr und dennoch schützend, integrativ und ganzheitlich auseinandersetzen können.*

Die Wunde zu heilen, verwundet den Heiler.

68 Das innere Kind

BILD: DIE ALTEN HERRSCHAFTEN SIND AUF DAS
KARUSSELL GEKLETTERT.

»Es gibt nur einen Feiertag, den Feiertag des Herzens!«

In jedem Erwachsenen gibt es ein Kind, aber wann bekommen wir
es jemals zu sehen? Bei schwerer Krankheit, wenn die Ich-Struktur
zusammenbricht? Bei sexueller Intimität? Im hohen Alter, wenn die
erwachsene Persona stirbt? Oder bei Betrunkenheit und oberflächli-
chen Partygelagen?

Es ist besser, dem inneren Kind Beachtung zu schenken, wenn das
Bedürfnis danach da ist: das Weinen in den Armen eines Freundes,
das fröhliche Necken und Herumspielen im Park, das kilometerweite
Laufen oder Gehen in der Natur, das Zelten in der freien Wildnis.
Aber auch die ärgerlichen Streitereien, die Wutanfälle von Erwachsenen, die Enttäuschungen, die nicht eingestandenen Verletzungen,
die verlorenen Besitztümer. All jene Formen von Unsicherheit, die
Erwachsene befallen können und die bewirken, daß sie in die verlorene Kindheit regredieren.

Wenn Sie jemals daran gezweifelt haben, ob Sie wirklich ganz
erwachsen sind, müssen Sie nur noch einmal – und zwar zwingend
– das innere Kind erleben, das zum Handeln drängt und all Ihre
Stimmungen beherrscht mit seiner Anspannung, Ängstlichkeit, Neu-
gier und Begeisterung für das Leben.

Wir schauen uns an, was das wirkliche äußere Kind gut kann. Sein
Talent zum Spielen, zur Spontaneität, rasch wechselnden Gefühlen,
sowohl positiven als auch negativen, seine direkte Bedürftigkeit, mit
der es nicht hinter dem Berg hält, sein schnelles körperliches und
geistiges Lernen, sein Bedürfnis nach Struktur und Ermutigung. Das
innere Kind ist das Gefäß in uns, das sämtliche nicht gelebten
kindlichen Aspekte enthält, die in der tatsächlichen Kindheit niemals

voll zum Ausdruck gekommen sind. Aber das innere Kind steht auch für die Seiten, die voll ausgedrückt wurden und die wir als Erwachsene anscheinend verloren haben.

Und was ist ein Erwachsener? Maßlos ernst vor allem, entschlossen, Erfolg im Leben zu haben, erfolgreich zu sein, immer ein weiteres Ziel im Blick, immer zu beschäftigt; vielleicht hat er einen Ordnungszwang und sicherlich eine Lust an materiellen Dingen als Maßstab für erfüllte Bedürfnisse. Der Erwachsene ist ein Sammler, ein gieriger Mensch, der Besitztümer anhäuft, die kleinen Geschenke, die er oder sie als Kind niemals bekam. Der Erwachsene ist eine Intimitätsmaschine, ein Bücherlerner – sexuelle Positionen, wie befriedige ich meine/n Geliebte/n, was sage ich, wie liebe ich, wie werde ich kompetent und gelte als erfolgreich. Der Erwachsene trägt Kleider, gewebt aus Einstellungen, die besagen, wie man die Dinge im Leben richtig macht. Der Erwachsene ist ein gelenktes Wesen, ein reifer Mensch, der »das« – was es auch sein mag – nicht tut, um nicht dabei erwischt zu werden, daß er kindisch ist.

Lassen Sie uns also Ferien machen, die inneren Reiche aufsuchen und dort die verlorenen Kinder besuchen, den Kindergarten des Herzens, und wieder lieben und frei sein. Wir brauchen unser inneres Kind, um unsere Identifikation mit der Erwachsenenrolle zu durchbrechen, damit es uns zu jener Spontaneität und Flexibilität und jenem neuen, sprudelnden Leben zurückverhilft, das wir als Kinder vielleicht hatten.

Unterhalten Sie sich mit Ihrem Kind, führen Sie ein Gespräch mit einem inneren Aspekt Ihres Wesens, der verletzlichen Seite, der Seite, die immer wieder neu und bereit für das nächste Stück Leben ist, neugierig, lebendig, ängstlich, böse, oder ist sie frech? Sie werden dort Erneuerung finden, beweglicher werden, weniger ernst in allem. Alter ist sowohl Starre als auch die angehäuften Jahre. Bringen Sie mit Glanz und Gloria das Kind wieder ein, den Funken des neuen Lebens, um dem Alterungsprozeß etwas entgegenzusetzen!

230

Die Arbeit

☐ *Nachdem Sie diesen Text mit Freunden zusammen gelesen haben, wobei jeder abwechselnd einen Absatz vorliest, besprechen Sie ihn, oder jeder teilt sofort nach dem Lesen seines Absatzes seine Reaktionen mit. Spielen Sie dann das Kind!*

☐ *Kommen Sie herunter auf den Boden, krabbeln Sie herum und übereinander weg. Halten Sie sich abwechselnd in den Armen. Spielen Sie zusammen Kinderspiele, zum Beispiel Brettspiele, aber brechen Sie alle Regeln. Sie müssen aus dem erwachsenen Gewinnspiel ausbrechen! Holen Sie Kreide und Farben und malen Sie das Kind. Machen Sie zusammen Musik, aber spielen Sie keine Aufnahmen auf Ihrer Stereoanlage. Holen Sie Töpfe und Pfannen und trommeln Sie drauf los. Nehmen Sie, was Sie gerade zur Hand haben. Sprechen Sie Babysprache miteinander und seien Sie wirklich albern. Machen Sie so weiter, erfinden Sie Ihre eigenen Tricks, spielen Sie nackt miteinander, ohne sich direkt sexuell zu verhalten, packen Sie den Wasserschlauch, den Schlamm, die Wasserfarben, die Wildheit, die Blumen aus, raufen Sie sich am Boden und massieren Sie sich gegenseitig. Keinen Sex! Hier geht es darum, kindliche Gefühle freizulassen, nicht unterdrückte Gefühle. Hier wird die erwachsene Persona aufgelockert, damit Sie im Leben spontaner sind und eine neue Lebendigkeit und Kreativität spüren können. Wenn wir ständig nur erwachsen sind, nimmt das den Dingen jeden Spaß, und wir werden zu großen Männern und Frauen, die wie Roboter sind. Es gibt nur einen Feiertag, den Feiertag des Herzens!*

☐ *Malen Sie Ihr inneres Kind. Besorgen Sie sich ein großes Blatt Papier, und lassen Sie sich von Ihren Wasserfarben oder Buntstiften verführen. Entspannen Sie sich und lassen Sie einfach alles zu, was kommt. Beginnen Sie, indem Sie kritzeln, wie die Kleinsten es tun. Bewegen Sie Ihre Arme. Sollten Sie spüren, wie Sie negativ auf das reagieren, was Sie tun oder produzieren, dann erinnern Sie sich daran, daß das Ihr erwachsenes Du ist, das Ihr kindliches Du kritisiert. Sie müssen jetzt überhaupt nicht gut sein. Seien Sie einfach spontan. Und was ist Spontaneität? Es ist nichts, was Sie festhalten können. Bewegen Sie sich allmählich zu einem zweiten Blatt Papier, zeichnen Sie Ihr inneres Kind. Was tut es gerade? Macht es ein trauriges oder ein glückliches Gesicht? Tun Sie es auch! Bewerten Sie nicht, was Sie tun. Wenn Sie fertig sind, tauschen Sie sich auf unterstützende Art mit anderen darüber aus.*

☐ *Führen Sie einen Dialog mit Ihrem inneren Kind, dem Kind des Herzens. Nehmen Sie Papier zur Hand und schreiben Sie einen Dialog auf, ohne zu denken. Fragen Sie Ihr Kind, wie Sie Kontakt mit ihm aufnehmen können, und schreiben Sie auf, was Ihnen dazu in den Sinn kommt. Bitten Sie Ihr Kind, Ihnen zu sagen, wie Sie im Leben anders und neu handeln könnten, und schreiben Sie alles auf, was Sie im Herzen und im Geist hören. Schreiben Sie solange, bis die Energie verebbt. Und lassen Sie die Gefühle hochkommen. Beziehen Sie sie einfach ein in das, was Sie gerade tun.*

Das neue Kind lebt wieder, wenn der alte Erwachsene stirbt.

69 Die Elternarchetypen

BILD: DAS KÜKEN ÜBERQUERT DIE STRASSE.

»Als Erwachsener sind Sie selbst Mutter und Vater für sich.«

Wenn Sie wirklich erwachsen werden möchten, müssen Sie Ihr Abhängigkeitsproblem lösen. Der Weg dorthin sieht so aus, daß Sie sowohl zu Ihren inneren Eltern, den Elternarchetypen, als auch zu Ihren inneren Kindern, dem verletzten und dem wunderbaren Kind, eine kreative Beziehung entwickeln.

Solange wir die Elternarchetypen in uns nicht erkannt haben, projizieren wir sie nach außen und suchen bei anderen nach den elterlichen Funktionen, die wir in uns selbst finden sollten. Sie können Jahre damit verbringen, die verlorenen Eltern außen zu suchen, Jahre der Frustration, in denen Sie in die falsche Richtung laufen und niemals finden, wonach Sie so verzweifelt suchen. Diese Suche ist zum Scheitern verurteilt. Sie können nicht in die Kindheit zurückkehren, um all die Zuwendung und Anregung zu bekommen, die Ihrem Gefühl nach Ihre leiblichen Eltern Ihnen hätten geben müssen, unvollkommen, wie sie waren.

Was Sie damals vermißten, können Sie heute nicht von ihren Eltern bekommen. Denn die Kindheitseltern sind nicht die Eltern von heute. Sie haben sich verändert, wenn auch noch so geringfügig; Sie aber tragen innerlich immer noch die Bilder von den Eltern aus der Vergangenheit mit sich herum und auch Ihre Erwartungen an diese. Damit müssen Sie sich auseinandersetzen, wenn Sie wirklich die Kindheit abschließen und ins Erwachsenenleben eintreten wollen. Offensichtlich sind die meisten Eltern nicht darauf vorbereitet, ihre Kinder großzuziehen. Sie wurden von ihren Eltern selbst falsch erzogen, geschlagen, sexuell mißbraucht, vergewaltigt und für Fehler kritisiert. Ihnen wurden Werte vermittelt, die nicht ihre eigenen waren. Sie waren unvollkommen, sogar verkrüppelt, als sie die erwachsene

Rolle, Kinder großzuziehen, übernahmen. Und Sie sind der Nutznießer von alledem, Nutznießer des Erbes und der Familienneurose. Ist es da ein Wunder, daß Sie zögern oder gezögert haben, sich selbst Kinder anzuschaffen?

Wie aber kommt es dann zur Heilung, wenn nicht durch die Eltern? Sie kommt durch die Erlösung und Heilung der inneren Eltern und des inneren Kindes. Der Elternarchetyp ist ein inneres Muster, das Sie im Leben stützen und versorgen kann. Die meisten Menschen können sich vielleicht gut um andere kümmern, sind aber kaum imstande, sich selbst Zuwendung zu geben. Das ist ein Symptom dafür, daß ein Mensch die innere nährende elterliche Funktion nicht in sich entwickelt hat. Diese arbeitet nur, wenn sie nach außen projiziert wird. Vieles von dem, was Menschen Fürsorglichkeit nennen, ist in Wirklichkeit unterdrückte Qual. Wir lieben andere, um selbst geliebt zu werden.

Wenn ich jemanden liebe, wird er mich auch lieben, lautet die Einstellung. Aber wenn Sie einen anderen Menschen lieben, ist es durchaus möglich, daß Sie ihn lieben, weil er verwundet und deswegen nicht imstande ist, Sie auch zu lieben. Am schrecklichsten ist, wenn wir versuchen, Liebe zu bekommen, indem wir andere lieben. Besser ist, Sie verhalten sich selbst verletzt und hilflos, damit jemand daherkommt und Mutter- und Vaterrolle für Sie übernimmt. Wenn Sie stark sind, werden andere schwach sein. Sind Sie schwach, werden andere stark. So läuft es in der Welt.

Gibt es dafür keine Lösung? Nur wenn wir uns bewußt machen, wie dieser Prozeß verläuft und wir ihn transformieren können. Wenn wir bewußt daran arbeiten, stehen die elterlichen Funktionen uns innerlich zur Verfügung. Wir können anderen uneingeschränkt Zuwendung geben, nicht um selbst Zuwendung zu erhalten, sondern um uns auszudrücken und uns verwurzelt zu fühlen, indem wir uns auf einen Heilungsprozeß einlassen. Und wir können zulassen, daß andere sich um uns kümmern, indem wir unsere Verletzlichkeit zeigen und sogar um das bitten, was wir unserem Gefühl nach brauchen. Das erfordert natürlich, daß zwei reife Menschen sich aufeinander beziehen. In so vielen Beziehungen zeigt sich das Abhängigkeitssyndromstatt das Gesundheitssyndrom. Abhängigkeit heißt, den anderen dahin zu manipulieren, daß er Ihre Bedürfnisse erfüllt, indem Sie sich verletzter geben, als Sie sind. Ich erfülle deine Bedürfnisse, wenn du meine erfüllst, lautet der ungeschriebene Vertrag.

Kehren Sie zur Kindheit zurück. Klären Sie das Abhängigkeitsthema. Entwickeln Sie die Elternarchetypen als innere Funktion – Zuwendung, Fürsorge und Anleitung geben, Strukturen setzen und so weiter. Das Verhalten, das Eltern natürlicherweise ihrem Kind gegenüber zeigen, ist auch als Potential in Ihnen vorhanden, so daß Sie mit sich selbst so umgehen können. Dann sind Sie als Erwachsener selbst Mutter und Vater für sich.

Nach der Beerdigung meines Vaters – ich war dreißig und er war fünfundsechzig gewesen – lief ich in jenem kalten Herbst durch die Straßen von New York City, und mir wurde innerlich klar, daß ich jetzt als einziger von unserer Familie übriggeblieben war. Ich hatte niemanden mehr im Hintergrund, der sich um mich kümmern konnte, wenn die Dinge mich überforderten, auch wenn mir die Jahre vorher niemand zur Hilfe gekommen war. Ich mußte mich jetzt um mich selbst kümmern, was sich gleichzeitig einsamer und realer anfühlte.

Die Arbeit

☐ *Führen Sie mit beiden Elternteilen als inneren Eltern einen Dialog. Wenn Ihre Eltern noch leben, nennen Sie diese Dialog-Eltern die »inneren« Eltern Ihrer Kindheit. Diese sind nicht identisch mit Ihren heutigen äußeren Eltern. Fragen Sie jeden Elternteil, was er für Sie repräsentiert, wie Sie mit Hilfe seiner Dynamik Heilung finden können, und was Sie tun müssen, um zu diesem Zeitpunkt Ihres Lebens für sich selbst in elterlicher Weise zu sorgen.*

☐ *Fangen Sie an, Ihre äußeren Eltern bei ihren Vornamen zu nennen, wenn Sie das nicht bereits tun. Solange Sie sie immer noch »Mutti« und »Vati« nennen, projizieren Sie auch die elter-*

lichen Funktionen nach außen und weigern sich, ein integriertes Leben zu leben. Tun Sie es auch, wenn Ihre Eltern Ihnen widersprechen. Denn auf elterliche Oppositionen oder Verletzungen sollte niemals eingegangen werden. Sie sind Manipulationen ersten Ranges, der Grund für viele Ihrer eigenen Probleme. Denn auch heute noch versuchen Ihre Eltern, Sie zu beeinflussen, statt Sie als Individuum zu bestätigen, das sein eigenes Potential realisiert. Geben Sie die äußeren Eltern auf, um mit Ihren inneren Eltern Kontakt aufzunehmen.

☐ *Wenn Sie einen Guru oder ein anderes »besonderes Wesen« verehren, auch durch entsprechendes Verhalten, sollten Sie das als Riesenprojektion betrachten. Sie haben einen Elternteil idealisiert in der Hoffnung auf eine perfektere Kindheit, als Sie sie beim ersten Mal hatten. Nehmen Sie die Projektion zurück, um sie zu integrieren, lösen Sie die äußere Beziehung, um mit der inneren in tiefen Kontakt zu kommen. Dem Guru wird das nicht gefallen, er möchte Anhänger, Kinder, die an das glauben, was er tut. Warum eine spirituelle Abhängigkeit schaffen, wenn Sie statt dessen Integration erleben können?*

☐ *Schreiben Sie auf, welche Qualitäten die Elternarchetypen haben. Welche haben Sie in Ihrer Kindheit bei den ursprünglichen Eltern erlebt, und welche haben Sie als Erwachsene/r in Form von elterlichen Projektionen auf Gurus, Lehrerinnen, Gefährten und so weiter gesucht?*

Wir kommen von außen, um nach innen zu gehen und dann wieder nach außen zu treten.

70 Das erste sexuelle Erlebnis – eine traumatische Erfahrung

BILD: DIE ROSE IST GEKNICKT, IHRE BLÜTENBLÄTTER SIND ÜBERALL VERSTREUT.

»Wir versöhnen uns mit der dunklen Seite nicht, indem wir sie vermeiden, sondern indem wir ihr uneingeschränkt begegnen.«

Unsere ersten sexuellen Erfahrungen prägen unser restliches Leben. Vielleicht regen Sie sich über die folgenden Lebensgeschichten auf. Bestimmte Einzelheiten können mit Ihren Einstellungen zusammenprallen oder Ihren Schatten wecken. Damit müssen Sie sich auseinandersetzen. Diese Fälle zeigen Erlebnisse, die viele Menschen durchgemacht haben. Einige Fachleute gehen davon aus, daß jeder dritte Erwachsene sexuell mißbraucht wurde. Lassen Sie uns mitfühlend mit diesem Leid umgehen, sowohl mit dem verletzten Menschen als auch mit dem, der die Verletzungen zugefügt hat. Denn wer verletzt, ist selbst verletzt worden und schürt die Wunde weiter in dem unbewußten Versuch, sie zu heilen.

Sie war siebzehn und attraktiv, hatte aber keine gute Meinung von sich. Sie fand sich häßlich und fühlte sich bestimmt nicht beliebt, und als der Junge, den sie kannte, sie bat, mit zu ihm zu kommen, und dann darauf bestand, sie so zu behandeln, wie er es wollte, gab sie schließlich nach. Es ist eine Form von Liebe, redete sie sich ein, aber es war auch eine Vergewaltigung, und das schnitt ihr ins Herz. Heute, im Alter von dreißig Jahren, hat sie mit enormen Unsicherheiten zu kämpfen, die auf der Angst beruhen, daß man sie gewaltsam bedrängt.

Er war etwa acht Jahre alt, als ein Onkel in seinen Mund onanierte. Der Mann war abstoßend in seinem Verhalten und seiner Erscheinung. Trotzdem wuchs der Junge zu einem Mann heran, der für Liebe empfänglich war. Er entwickelte sich zum Schwulen und fühlte sich zu jungen Männern hingezogen. Sie hatten schöne Körper, aber auch wenn er guten Sex mit ihnen hatte, fühlte er sich heimlich gedemütigt und unwohl. In der Traumtherapie fand er heraus, wie das ursprüngliche Kindheitstrauma seine Erwachsenenjahre prägte. Er mochte Frauen, fühlte sich aber zu Männern hingezogen. Er erkannte schockiert, daß er versuchte, das ursprüngliche abstoßende Vergewaltigungserlebnis zu wiederholen, indem er schöne junge Männer oral befriedigte. Dann stellte er fest, daß er damit aufhören konnte, denn in der Therapie durchlebte er das Trauma der Vergewaltigung, drückte seine Wut und seine Verletzung aus und beschloß dann selbst, auch mit Frauen intime Beziehungen einzugehen.

Können Sie als Leserin oder Leser noch weitere schwere Fälle von Kindern verkraften, die Sexualität als traumatisch erleben?

Sie war siebzehn und Jungfrau. Sie traf sich mit einem Jungen aus einer anderen Stadt. Er nahm sie mit in seine Wohnung, weil er sich umziehen wollte, und bedrängte sie dort sexuell. Sie gab zögernd nach, weil sie nicht wußte, was sie sonst tun sollte. Sie hatte Angst vor seiner Gewalttätigkeit. Sie war nicht in Kontakt mit ihrem eigenen Ärger und fühlte sich hilflos. Jahre später, nachdem sie in der Therapie Hilfe gesucht hatte, kam sie zur Traumtherapie, weil sie von dunklen männlichen Wesen träumte, die extreme Angst in ihr auslösten, ohne irgend etwas Offensichtliches zu tun. Sie hatte Beziehungen zu Männern, fürchtete sich aber vor ihnen. In ihrer Traumtherapie ging sie unter Anleitung in einer zweistündigen Sitzung noch einmal durch das Trauma der Vergewaltigung. Ich spielte den Mann und stand damit bei der Interaktion mit ihr für sämtliche Männer. Die Wut, der Ärger, die Empfindsamkeit und die Verletztheit kamen heraus. Sie sagte, was sie ihrem Gegner diesmal sagen mußte. Sie gestand sich ein, daß ihr die Möglichkeit eines ersten positiven sexuellen Erlebnisses genommen worden war. Dann ließ sie das Erlebnis los, und ich öffnete mich für die heilende Energie. Bald darauf begegnete sie dem richtigen Mann, ließ ihre Offenheit und Verletzlichkeit zu, heiratete dann und kam so doch noch zu Kindern und Familie.

Wir versöhnen uns mit der dunklen Seite nicht, indem wir sie vermeiden, sondern indem wir ihr uneingeschränkt begegnen. Die einzige Erlösung liegt in dem, was heute anders sein kann. Wir können die Vergangenheit nicht ändern, aber wir können in Zukunft anders leben. Selbst ein schreckliches erstes sexuelles Erlebnis und seine Auswirkungen können transformiert werden. Manche werden durch gegnerische Mächte für die Sexualität geboren, manche durch Liebe. Das eine ist schmerzlicher, das andere mit mehr Freude, wenn nicht Unschuld verbunden. Das Schöne kann ebenso zur Sucht werden wie das Schreckliche, also kommt es letzten Endes darauf an, wie Sie mit Sex umgehen. Machen Sie sich Ihr sexuelles Leben bewußt, wie immer es sich auch entwickeln mag, und Sie werden es mit Sicherheit besser in Ihr Leben integrieren können.

Die Arbeit

☐ *Schreiben Sie Ihr erstes traumatisches sexuelles Erlebnis mit sich selbst oder einem anderen Menschen auf, oder beschreiben Sie es. Welches Muster tritt dabei zutage, und wie ist Ihr weiteres Leben davon sexuell und in anderer Hinsicht beeinträchtigt worden?*

☐ *Gewisse Einstellungen müssen durch Ihre frühen sexuellen Erfahrungen entstanden sein. Welches sind diese Einstellungen, und wie haben sie sich auf Sie ausgewirkt? Welche müssen verändert werden? Wie könnten die neuen, ganzheitlicheren Einstellungen aussehen, mit denen Sie die alten ersetzen?*

☐ *Wie könnten Sie daran arbeiten, sich von dem Trauma zu befreien, das Ihre Sexualität möglicherweise umgibt? Sexuell sein heißt, sich der Lebenskraft hingeben und schöpferisch mit ihr umgehen. Nur steht dem alles mögliche andere im Weg. Was steht Ihrer Sexualität im Weg?*

☐ *Malen Sie sich in einem meditativen Zustand ein heilsames erstes sexuelles Erlebnis aus. Versuchen Sie, sich auf der gefühlsmä-*

ßigen und der bildlichen Ebene darauf einzulassen. Sie können sich dabei vielleicht auch selbst befriedigen oder das Erlebnis mit einem oder einer Geliebten durchspielen.

☐ Finden Sie das Kind in sich, das sexuell nie erwachsen geworden ist, und heißen Sie es im Schoß der Gemeinde willkommen.

Der Schnitt der Klinge der Realität geht tiefer als Liebe.

71 Das erste sexuelle Erlebnis – eine positive Erfahrung

BILD: EIN RING LIEGT AUF EINEM SAMTKISSEN.
»Es gibt viele Wege zu leben, aber nur einen zu sterben.«

Die erste sexuelle Erfahrung ist für manche erfüllend, ein Erlebnis, bei dem zwei Menschen sich wirklich so sehr lieben, wie sie es vermögen. Sie lernen gemeinsam, ohne daß einer vergewaltigt wird und der andere angreift. Sie öffnen sich allmählich gegenseitig füreinander. Sie tauschen sich nicht nur sexuell, sondern auch auf andere Weise aus. Und wenn sie schließlich ohne Kleider zusammen sind und die liebevolle, wilde Energie des Liebesspiels ohne Hemmungen ausdrücken, fühlen sie sich sicher, sind verliebt, freuen sich darüber, wie das Leben sein kann.

Eine solche Erfahrung wird natürlich nicht ewig anhalten. »Küsse sind süßer als Wein«, heißt es in einem Lied, aber der Wein, die Schwere des Lebens, kann auch dazu kommen und beenden, was dem Paradies so nahe zu sein schien.

Das folgende Erlebnis ist ein positives Beispiel für eine Liebeswahl.

Sie war ganze achtzehn Jahre alt, eine warmherzige und leidenschaftliche junge Frau, die aber noch nie mit einem Mann geschlafen hatte. Sie war mit mehreren Jungen befreundet gewesen. Manche hatten sie gedrängt, weiter zu gehen. Das waren die falschen gewesen. Es fehlte ihnen an Feingefühl, an Raffinesse. Dann begegnete sie ihm. Er war ein paar Jahre älter als sie. Er hatte bereits Erfahrungen, aber auch nicht sehr viele. Er hatte, bevor er sie traf, noch nicht erlebt, wie es ist, umfassend zu lieben. Sie brachte ihm tiefe Gefühle entgegen. Sie gingen durch einige Höhen und Tiefen, mußten sich aufgrund elterlichen Drucks trennen und kamen heimlich wieder zusammen. Sie küßten sich leidenschaftlich, redeten viel miteinander, gingen oft zusammen an den Strand und zu anderen Plätzen in der Natur und machten Volkstanz.

Eines Tages schließlich waren sie nackt zusammen. Sie fühlte sich fast bereit für ihn, ihren ersten Mann. Er zögerte. Sie liebten sich auf andere Weise. Er wußte nicht warum, aber er hatte Angst. Vielleicht wollte er nicht, daß sie sich nach ihm für andere Männer öffnete? Er wußte, er wollte sie nicht verlieren.

Dann, zu Beginn des Frühlings, besuchte sie ihn nachmittags in seiner Wohnung, als seine Mitbewohner zur Arbeit und in der Schule waren. Ein weicher Sprühregen fiel. Die Windenblüten draußen vor seinem Fenster blühten in üppigem Pupurrot und Rosa. Er hatte nachgedacht und beschlossen, was er tun würde. Er würde sich einlassen. Sie hatte selbst einen Schlüssel zur Wohnung und schloß sich die Tür auf. Er lag in seinem hinteren Zimmer unter Decken im Bett. Sie kniete sich neben ihm nieder und küßte ihn, und er lud sie ein, sich auszuziehen und zu ihm ins Bett zu klettern. Ihnen war warm und gemütlich so zusammen, warm und liebevoll, sie waren fröhlich an diesem ruhigen Frühlings-nachmittag, warm und voller Liebesleidenschaft, als sie sich küßten und aneinander drängten. Sie dachte, er würde sie wie schon so oft stimu-lieren, sie erregen bis zu der warmen Entspannung, die sie beide innerlich zum Singen brachte. Er war ganz entschlossen, als er mit jedem Streicheln langsam weiter in sie eindrang. Das erste Mal ganz in ihr zu sein, kam ihm als etwas Besonderes vor, denn er hatte das Gefühl, sich in den Tiefen ihres liebevollen Wesens zu befinden.

Er sagte ihr, daß er ganz in ihr sei, und sie wurde überrascht wachgerissen aus ihrer Leidenschaft und begriff, ja, sie waren vollkommen miteinander verbunden, ja, sie waren eins, sie waren intim und erregt voneinander. Die Feuer ihrer beider Leben, die so lange geschwelt hatten, flackerten jetzt auf, trugen sie beide über sich hinaus in das Reich ekstatischen Seins, die große Leidenschaft, deren Frucht die Liebe war.

Es war ihr erstes Mal. Jetzt kam der Abend heran, und das Licht wurde weicher. Er sah sie dort ganz nackt im Spiegel, wie sie sich selbst betrachtete, während ihr die Tränen über die Wangen liefen. Er hielt sie im Arm, während sie losließ, eine unendliche Traurigkeit spürend, ein neues Öffnen für das Leben. Denn diese Geburt würde auch ihren Tod einleiten. Er hatte eines der größten Geschenke seines Lebens bekommen und hatte ihr behutsam ihre erste umfassende Erfahrung von Liebe geschenkt, eine sichere Erfahrung, eine gefühlvolle Erfahrung, ein Los-lassen in das Leben. Sie sah so dunkelhäutig aus dort im Spiegel im Kontrast zu seiner helleren Haut. Ihre Körper und ihre Wesen enthüllten sich im Spiegel auf der Wand der Zeit.

Dort vor dem Spiegel erfand er ein Gedicht für sie und ihre gemeinsame

Liebe, bevor sie sich anzogen und dazu übergingen, zu essen, zu reden, zu leben. Sie schaute nach, ob sie jetzt, nach dem vollendeten Liebesspiel, anders aussah. Sie würde später auf dem Universitätsgelände mit einem neuen Geheimnis umhergehen. Sie hatte einen Geliebten, einen Mann in sich, sie hatte einen neuen Schritt getan ins Leben als Frau. Die Liebe, die sie entfachten, führte schließlich zur Heirat, zu mehr Liebe, zur Scheidung, zu neuer Liebe, zu Kindern, zur Scheidung, zu neuem Leben. Das Rad von Tod und Geburt dreht sich ständig weiter. Widrigkeiten folgen auf glückliche Zeiten, sowie Unglück der Auftakt zu neuem Leben ist.

Dieses Liebeserlebnis soll zeigen, wie ein wichtiger Übergang im Leben aussehen kann, wenn er zur richtigen Zeit am richtigen Ort frei gewählt wird. Aber das Leben wird nicht einfach dadurch leichter, daß wir einen wichtigen Übergang positiv erfahren. In gewisser Weise bereitet die positive Erfahrung uns weniger auf das Leben vor als die negative.

Wir, die wir uns bei unserer Reise auf Ganzheit verpflichten, lernen sowohl das Positive als auch das Negative mit gleichem Schwung anzunehmen. Die guten Dinge brauchen ebensoviel Heilung wie die schlechten. Aber wer würde es wagen, uns die schönen Erfahrungen zu nehmen? Schönheit erleben heißt Ganzheit erleben. Wie tief wir gesunken sind, wissen wir erst, wenn wir uns, nachdem wir das Leben erst einmal gefunden haben, nicht voller Leidenschaft immer wieder dafür entscheiden, selbst angesichts der größten Widrigkeiten.

Kehren Sie also zur Kindheit zurück, zu jenen Anfängen und ersten Übergängen, bei denen wir lernten, vom Leben zu trinken und herauszufinden, was es heißt, das Muster auszuleben, uns Fülle statt Mangel zu wünschen, bei Ganzheit statt bei Stückwerk und Einseitigkeiten zu verweilen, uns so für das Leben zu entscheiden, wie es auf uns zukommt, mit all seinen Wundern und Qualen.

Die Arbeit

☐ *Schreiben Sie Ihre eigenen Erfahrungen mit dem sexuellen Übergangsstadium auf. Sie können es allein oder mit einem anderen Menschen, spät oder früh erlebt haben. Es war ein bedeutender Augenblick in Ihrem Leben. Nehmen Sie jetzt Kontakt damit auf, um seine Essenz kennenzulernen.*

☐ *Konfrontieren Sie sich mit dem Trauma und dem daraus folgenden Abwehrsystem, um die erste negative sexuelle Erfahrung zu heilen. Gehen Sie dann dazu über, sich mit Hilfe Ihrer eigenen heiligen Vorstellungskraft eine erste sexuelle Erfahrung so auszumalen, wie sie für Sie am heilsamsten ist. Dadurch werden die Archetypen in Ihnen neu strukturiert, so daß Sie frei werden, die Lebenskraft in der Sexualität und anderen Aktivitäten ungehinderter auszudrücken.*

☐ *Wie haben Sie das Potential Ihrer ersten positiven sexuellen Erfahrung verwirklicht? Welcher Mensch sind Sie, auf dem Hintergrund jener ersten Erfahrungen betrachtet, und wie aktualisieren Sie diese innere Dynamik heute? Entscheiden Sie sich für das Leben, wenn Sie das Gefühl haben, sexuell zu regredieren!*

Das Leben gibt sich der Zeit hin, die Zeit dem Wesen aller Dinge und das Wesen aller Dinge der Liebe.

72 Der Animus

BILD: DER HUT LIEGT AUF DEM TISCH.

»Das Ziel sämtlicher Projektionen ist Integration...«

Der Animus ist die männliche Energie in der Frau. Bei der Liebeserfahrung projizieren wir unsere andersgeschlechtliche Seite auf das andere Geschlecht oder auf die andersgeschlechtliche Seite des gleichen Geschlechts. Im allgemeinen projiziert eine Frau ihren Animus auf einen Mann oder auf den Animus einer anderen Frau. Der Sinn dieser Projektionen besteht darin, daß wir Beziehungen eingehen, um die Projektionen erfahren und dann wieder in uns selbst integrieren zu können.

So spielt die kleine Tochter also in der Kindheit die Anima des Vaters aus und verkörpert sie, während er zum Empfänger der Animus-Projektion seiner Tochter wird. Sie projiziert das Männliche und er das Weibliche.

Bei der Projektion sehen wir zuerst außen, was in uns ist. Es ist leichter und meistens sehr viel dynamischer, die Stärke und Entschiedenheit des Männlichen als Wesenszug des Vaters zu sehen, als in sich selbst, vor allem wenn das kleine Mädchen mit Rüschchen und Spitzchen aufwächst. Wenn eine Frau dazu erzogen wird, sich ausschließlich mit dem Weiblichen zu identifizieren, wird ihre projizierte Männlichkeit entsprechend stärker sein.

Wenn jedoch Vaters Männlichkeit nur schwach entwickelt, die von Mutter hingegen stark ausgeprägt ist, hat die Tochter vielleicht selbst eine ausgeprägt entwickelte Männlichkeit. Sie identifiziert sich mit ihrer Mutter und verhält sich stark. Auf eine schwache und passive Mutter reagiert die Tochter, indem sie gegen ihre eigene Weiblichkeit angeht und ihre maskuline Seite überentwickelt. Als Erwachsene wird sie sich Männer suchen, die schwächer sind als sie, damit sie niemals so kraftlos und bemitleidenswert wird wie ihre Mutter.

In den frühen Lebensjahren müssen die Projektionen ausgelebt werden. Und so machen wir unsere ersten Liebeserfahrungen, sind verknallt in Lehrer des eigenen oder anderen Geschlechts und in diverse Freunde und Freundinnen. Wenn Sie sich die Qualitäten der Empfänger Ihrer Animus-Projektionen genau anschauen, bekommen Sie ein gutes Bild davon, wie Ihr Animus aussah oder vielleicht noch aussieht.

Die erste Liebe einiger junger Frauen gilt einem Pferd, dem prächtigen und edlen Tier, das sie zähmen lernen, um damit frei darauflos zu galoppieren. Die Beziehung zu einem realen Mann kommt später. Wir alle kennen die Geschichte der gebildeten jungen Dame, die ihre erste sexuelle Erfahrung an einem verregneten Nachtmittag mit dem Stallburschen im Heu machte. Sie besprangen sich wie die Tiere, die sie auch waren, weil die Archetypen, die großartigen Energien, am Werk waren.

Auch der junge Mann versucht in der Kindheit das Männliche zu verkörpern, indem er sich damit identifiziert. Seine Kleidung, sein Verhalten, seine Leistungen und sein großspuriges Auftreten sind der Versuch, sich mit seiner Männlichkeit zu identifizieren und sie auszuleben, um das andere Geschlecht anzuziehen.

Das Ziel sämtlicher Projektionen ist die Integration, ganz gleich ob sie uns gelingt oder nicht. Der Animus ist eine wunderbare Dynamik in der Frau, denn er verleiht ihrer natürlichen Weiblichkeit eine gewisse Schärfe, eine Würze, und ist für sie eine Quelle von Macht, die zeigt, daß sie für ihre eigenen Rechte kompetent und entschieden eintreten und den Sinn ihres Lebens realisieren kann, ohne darauf angewiesen zu sein, daß der Mann ihn für sie lebt.

Die Arbeit

☐ *Auf wen haben Sie als junge Frau Ihren Animus projiziert?*
Welche Eigenschaften haben Sie projiziert? Wie hat der Animus
Ihrer Mutter auf Sie als Frau gewirkt? Inwiefern hat Ihr Animus
den Ihres Vaters widergespiegelt? Wie hat Ihr Animus auf Ihre
Mutter gewirkt? Wie hat Ihr Animus auf die Männer in Ihrem
Alter gewirkt, als Sie eine junge Frau waren? Wie haben Jungen
Ihren Animus beeinflußt? Wie beziehen Sie sich als Frau heute
auf Ihren eigenen Animus? Wie beziehen sich andere Frauen
und Männer darauf?

☐ *Wie hat Ihre Mutter Sie, als Sie ein junger Mann waren, in Ihrer*
Fähigkeit beeinflußt, sich auf den Animus der Frau zu beziehen?
Wie hat Ihr Vater Sie darin beeinflußt? Wo stehen Sie heute,
was Ihre Fähigkeit betrifft, sich auf den Animus einer Frau zu
beziehen? Wie gehen Sie dabei vor? Was genau tun Sie?

Wir projizieren zuerst, was wir werden müssen.

73 Der Vater

BILD: DIE SONNE BRICHT DURCH DIE WOLKEN.

»Jemand muß dem Kind zeigen, daß man in der Welt effektiv zurechtkommen kann.«

Mein Vater weilte niemals über den Wolken, wenn er überhaupt da war, war er auf der Erde. Er behandelte mich, solange ich ihn kannte, als etwas Besonderes. Er kochte für mich und ging mit mir aus, wenn ich in den Ferien nach Hause kam, zudem war er berühmt, was mir die Bewunderung einiger anderer Jungen sicherte. Sie dachten allerdings, damit seien wir auch reich; ich war aber in Wirklichkeit so arm wie Ben Franklins Kirchenmaus.

Ich schaute als Junge zu meinem Vater auf, nicht nur, weil er größer war als ich, sondern weil er mir immer sagte, was ich tun sollte. Er schien zu wissen, wie es in der Welt zuging. Er versuchte, mir dabei zu helfen, mit Menschen zurechtzukommen und sich mit dem auseinanderzusetzen, was sich mir, als ich größer wurde, als ziemlich rauhe Realität zeigte. Tatsächlich fragte ich mich vor dem Hintergrund seiner Sicht der Welt manchmal, ob ich überhaupt erwachsen werden sollte. Vielleicht würde ich es da draußen gar nicht schaffen? Für ihn wurde die Welt heimgesucht von feindlichen Kräften, gegen die man ankämpfen mußte.

Ich kann mich noch daran erinnern, daß meine Mutter mir einmal erzählte, wie mein Vater in den Fahrstuhlschacht gefallen sei. Natürlich konnte ich mir das Lachen kaum verkneifen, denn ich hatte meinen Vater immer für unschlagbar gehalten. Offensichtlich hatte er im Dunkeln angenommen, der Fahrstuhl hielte in seinem Stockwerk, obwohl das nicht der Fall war, und war ins Leere getreten. Er mußte dann eine Zeitlang an Krücken gehen. Meine Mutter sagte immer, Vater habe Mut, weil er sich niemals über wichtige Dinge beklage.

Ein anderes Mal, als die beiden an den Betrunkenen und den Seeleuten von Manhattan vorbei nach Hause gingen, hatte ein stämmiger Betrunkener versucht, meine Mutter an den Haaren wegzuziehen. Oscar zog sie in die andere Richtung, und zusammen schafften sie es, sicher ins Haus zu gelangen.

Wenn ich an meinen Vater denke, dann sehe ich jemanden vor mir, der in die Welt mit all ihren Schrecken hinausgehen und sich mit dem, was dort passierte, erfolgreich auseinandersetzen konnte. Er muß auch arrogant gewesen sein. Als ein Junge ihn beim Schlittenfahren von hinten in den Schnee stieß, lachte ich. Das gefiel meinem Vater überhaupt nicht. Er sagte, ich solle über solche Dinge nicht lachen. Aber ich konnte nicht anders. Ich lachte immer weiter, so stark kam der Witz des Lebens plötzlich daher und zerrte ihn vorübergehend von seinem Sockel. Mein Vater hatte mit mir gerade das gleiche gemacht, und jetzt hatte ein kleiner Junge das Blatt gewendet.

Der Vaterarchetyp beherbergt die primären Qualitäten der Beziehung zur Welt, des entschiedenen Handelns, von Aktivitäten, die zum Verdienst des Lebensunterhalts notwendig sind, von Effektivität, Ausrichtung auf realisierbare Ziele und einer kontinuierlichen Stärke. Nicht alle Väter realisieren das Potential dieser Rolle. Oft müssen die Frauen diese Qualitäten für ihre Kinder verkörpern, vor allem in einer Welt, die sich ständig verändert und in der die Rollen kaum noch festgeschrieben sind. Die Rollen wechseln, aber die Funktionen bleiben die gleichen. Jemand muß dem Kind zeigen, daß man in der Welt effektiv zurechtkommen kann.

Die Arbeit

☐ Schildern Sie Ihren eigenen Vater und beziehen Sie dabei sämtliche Erfahrungen und typischen Züge ein, die Ihnen in den Sinn kommen. Entnehmen Sie Ihrem Bild dann, was wirklich wichtig ist. Welche Werte hat Ihr Vater verkörpert?

☐ Schildern Sie Ihren idealen Vater oder den vollkommenen Vater. Inwieweit hatten Sie ihn und inwieweit nicht? Wie zeigt sich das heute? Wie hat Ihre Vatererfahrung Ihre Beziehungen zu Männern beeinflußt?

☐ Für die Frauen: Welche Männer in Ihrem Leben waren wie Ihr Vater oder völlig anders als Ihr Vater? Inwiefern ist das wichtig für Sie?

☐ Wie hat Ihr persönliches Vatererlebnis Ihre Vorstellung von Gott als Vater beeinflußt?

☐ Wie erfolgreich sind Sie in der Welt? Wieso können Sie das sagen?

Erfolg heißt, die Gesetze der Realität kennen und effektiv anwenden.

74 Verabredungen

BILD: DIE FINGER BERÜHREN SICH, UND IM GRAS SITZT
EIN SCHMETTERLING.

»Wir testen uns im Leben selbst.«

Bei unseren Verabredungen lernen wir, Freundschaft zu schließen,
zusammen zu spielen, uns zu küssen, zu streicheln, miteinander zu
schlafen, zu streiten, uns gegenseitig zu helfen und intim zu sein.
Wir wünschen uns offensichtlich alle einen Gefährten oder eine
Gefährtin, die täglich an unserer Seite ist, und so müssen wir uns
hinausbegeben in die wirkliche Welt und uns solange mit Menschen
treffen, bis wir dem oder der Richtigen begegnen. Als Teenager
fingen wir an, uns mit unserem Körper, unserem Aussehen und
unseren sozialen Fähigkeiten zu beschäftigen. Wir wollten, daß man
uns mag. Wir wollten Freundinnen und Freunde haben. Wir hatten
Angst vor Ablehnung und oft bereits schwer unter der Zurückweisung
in unserer Ursprungsfamilie gelitten. Die Hormone drängten uns,
nach außen zu gehen. Ängste hielten uns zurück.
In unserer heutigen Gesellschaft, wo die wichtigsten Beziehungen
alle paar Jahre wechseln können, ist es relevant, Verabredungen zu
treffen. Stellen Sie sich vor, Ihre Beziehung ist zu Ende, und Sie
haben sich eine Weile zurückgezogen. Was tun Sie dann? Wo sind
die Menschen, die zu Ihnen passen würden? Und wie gehen Sie vor,
um den oder die Richtige auf sich aufmerksam zu machen und zu
halten? Mit wieviel Kandidatinnen oder Kandidaten müssen Sie sich
verabreden und schlafen, bis Sie den Menschen finden, der zu Ihnen
paßt? Gehen Sie davon aus, zehn Menschen treffen zu müssen, um
den richtigen zu finden. Warum diese Zahl? Damit Sie fortfahren,
sich zu verabreden, bis sich der oder die Richtige auf Sie einläßt.
Versuchen Sie nicht, die erstbeste Beziehung zur wichtigsten in Ihrem
Leben zu machen.

Es kann nicht so schwer sein, sich vorzustellen, wie es sein muß, die Arena der Verabredungen zum ersten Mal zu betreten. Wie gehe ich dabei vor? Wie komme ich mit meinen Emotionen klar und kann mich dabei gleichzeitig auf einen anderen Menschen beziehen? Was macht mich attraktiv und interessant? Was wird der Beziehung Halt geben? Sollte sie überhaupt dauern?

Unsere Absicht ist, diese ersten Verabredungen zu untersuchen, damit wir sie besser verstehen und akzeptieren und unseren heutigen Auftritt beim Beziehungsspiel richtig einschätzen können.

Wenn wir die Arena der Verabredungen betreten, ersetzen wir unsere Unschuld durch die Fähigkeit, uns auf Beziehungen einzulassen und uns wieder aus ihnen zu lösen. Wir messen unsere Wirkung auf andere an unserer Fähigkeit, einen wichtigen Menschen in unser Leben zu bringen, um ihn zu lieben. Wir testen uns selbst im Leben. Wir nutzen all unsere Hilfsquellen, unsere psychische Wachheit und unsere Liebesfähigkeit – wobei wir uns erneut daran erinnern sollten, daß wir in den Liebeziehungen weiterhin Kindheitsprobleme durcharbeiten, die wir zuerst auf unsere Eltern und dann auf die anderen wichtigen Menschen in unserem Leben projizieren.

Jeder kann einen Gefährten oder eine Gefährtin finden. Das hängt nicht von Ihrer natürlichen Schönheit ab. Sie können eine schöne und lebendige Persönlichkeit entwickeln, durch die sogar Ihre körperliche Erscheinung attraktiv wird. Wenn Sie nicht auf der Suche sind oder sich nicht nach guten Möglichkeiten für eine Beziehung umschauen, sollten Sie nachprüfen, ob Ihre »Anforderungen« zu hoch sind und Sie damit die Gelegenheiten ablehnen, die real für Sie bestehen. Und finden Sie auch heraus, ob Sie »liebenswert« sind. Lieben Sie die Liebe, lieben Sie das Leben und lieben Sie letzten Endes sich selbst? Keiner liebt Verlierer. Alle lieben einen Menschen, der ebenfalls liebt. Lieben Sie, um geliebt zu werden!

☐ *Was haben Ihnen diese Darlegungen zu sagen? Fertigen Sie eine Liste mit Fragen oder Themen an, die Ihnen bei diesem Material in bezug auf Ihre Erfahrungen mit Verabredungen kommen.*

☐ *Welche Fragen haben Sie sich als Teenager hinsichtlich Verabredungen gestellt? Was war Ihr Hauptthema?*

☐ *Welche Verhaltensmuster hatten Sie als Teenager oder junge/r Erwachsene/r bei Verabredungen oder Kontakten? Wie sehen diese heute aus? Was ist der Unterschied oder die Transformation?*

☐ *Wie oft teilen Sie Ihrem Partner/Ihrer Partnerin Ihre innersten Gedanken mit? Warum? Worin liegt der Wert, sich mitzuteilen oder nicht mitzuteilen?*

☐ *Wie lautet das Geheimnis für gelungene Verabredungen oder Beziehungen?*

☐ *Wenn Sie in einer festen Beziehung leben, benutzen Sie diese dann als sicheren Ort, sich zu verstecken und den Austausch zwischen den Geschlechtern zu vermeiden? Oder nehmen Sie an diesem Austausch weiterhin voll teil?*

☐ *Wie glauben Sie, geht Ihr Partner/Ihre Partnerin mit seinem/ihrem heimlichen Leben in bezug auf das männliche oder weibliche Geschlecht um? Das muß sich nicht auf reale Erlebnisse beziehen. Was in der Phantasie oder im Herzen passiert, ist genauso wirklich.*

☐ *Wie realistisch sind Sie in bezug auf Beziehungen zwischen den Geschlechtern? Wie sehen die Lektionen dieses komplizierten Zusammenspiels aus?*

Wenn du deine Schwierigkeiten zu Markte trägst, sieht niemand dein Herz.

75 Inzest

BILD: DIE BLUME IST IM WASSERSTRUDEL
VERSCHWUNDEN.

»Die Heilung der Kindheit wird im Restaurant der Götter als
große Bestellung betrachtet.«

Es mag schockierend klingen, aber es ist eine psychologische Tatsache, daß die meisten Menschen in ihrem Erwachsenenleben psychologischen Inzest begehen. Wir heiraten unsere Eltern. Wir suchen
unsere Eltern in unseren erwachsenen Geliebten und versuchen so,
die Kindheitswunde zu heilen, die Wunde, die Zeugnis davon gibt,
daß wir von einem kalten und kritischen Vater, einer abwesenden
Mutter, von einer Alkoholikerin oder einem Vater, der uns mißbraucht
hat, verletzt worden sind. Wir möchten eine Beziehung mit einem
Menschen eingehen, der auf die Beschreibung unserer Eltern paßt,
diesmal in dem Versuch, die »elterliche Persönlichkeit« durch Liebe
zu transformieren.

Das funktioniert niemals. Wir bekommen ein gewisses Maß an
Heilung durch die Zuwendung, die Sex und Partnerschaft uns bringen,
aber wir lösen damit nicht das elterliche Problem tief in unserer
Psyche. Sie können das verletzte Kind nur im Rahmen des Mythos
der Kindheit heilen, indem Sie die elterlichen Archetypen heilen.
Wir müssen an unseren Komplexen direkt arbeiten und dürfen nicht
von unseren Freunden und Geliebten erwarten, daß sie uns heilen.

So gesehen brauchen fast alle Paare eine psychologische Beratung,
um zu lernen, offen zu kommunizieren und Probleme zu lösen, und
um sehen zu können, welche ihrer gegenseitigen Projektionen in
Wirklichkeit zum Mythos der Kindheit gehören.

Wir können den psychologischen Inzest überwinden, aber es kann
Jahre dauern. Erkennen Sie, daß Ihr Partner oder Ihre Partnerin einen
Elternteil repräsentiert, jemand, um den Sie sich kümmern möchten.

Sie werden dann mit den entsprechenden Themen vorsichtiger und einfühlsamer umgehen. Es hat seine Vorteile, wenn wir unbewußt sind. Besser, wir wissen nicht, mit wem wir da in einer Beziehung leben. Vielleicht erlischt Ihr Interesse am anderen. Tatsache ist, daß viele Paare im Laufe der Zeit das sexuelle Interesse und die Zuneigung füreinander verlieren. Inzest geht gegen die Natur, und ihnen wird allmählich klar, daß sie nicht mit ihren Eltern schlafen möchten. Sie möchten einen wirklichen Gefährten oder eine wirkliche Gefährtin, der oder die sie nicht an den Schlamassel der Kindheit erinnert. Sie möchten mit jemandem zusammensein, der nicht versucht, sie zum Kind zu machen.

Auch den körperlichen Inzest können wir bearbeiten, selbst wenn er schrecklicher zu sein scheint als der psychologische. Zur Heilung kommt es dann, wenn die beteiligten Parteien sich mit der Erfahrung auseinandersetzen, ohne etwas zu unterdrücken. Körperlicher Inzest ist deswegen ungesund, weil er die betroffene Person auf archetypische, regressive und zudringliche Weise an den Elternteil bindet. Die sexuelle Bindung an Eltern hindert Menschen daran, Bindungen mit Gleichaltrigen einzugehen. Eltern können auch körperlichen Inzest begehen, ohne tatsächlich Sex mit ihren Kindern zu haben. Bestimmte Formen von körperlicher Zuwendung stellen vielleicht Grenzfälle dar, aber den größten Schaden richtet das verführerische Verhalten von Eltern an. Wenn ein Vater oder eine Mutter versucht, den Teenager an sich gebunden zu halten, grenzt das an körperlichen oder psychologischen Inzest. Die Jugend muß ausbrechen und Gefährten außerhalb des Familienkreises finden. Die ursprüngliche Kindheitsfamilie sollte nicht mehr an erster Stelle stehen.

Lassen Sie Ihre Kinder gehen. Und Kinder, befreit Euch selbst! Denn die Welt ist sehr viel größer als Eure Familie je sein kann. Die Weltenfamilie braucht Euch sehr viel dringender als Eure Kindheitsfamilie das Recht hat, Euch zu beanspruchen.

Wenn Eltern mit ihren Kindern eine offene und nicht verführerische Beziehung praktizieren, vermitteln sie ihnen die Erfahrung menschlicher Wärme, die sie in die Lage versetzt, sich frei auf andere einzulassen. Damit Ihre Kinder die Liebe, die Sie ihnen geben, an andere weitergeben können, muß sie ein Geschenk sein, keine Verpflichtung. Liebe ist eine Spirale, die nach außen führt, und keine Schlinge, die mit einem unlösbaren Knoten geknüpft ist.

Die Arbeit

☐ *Wie haben Sie in Ihrem Leben psychologisch mit Ihrer Mutter oder Ihrem Vater geschlafen? Was war das Gute daran, und wie sahen die unangenehmen Gefühle aus, die mit der Erfahrung einhergingen? Wie haben Sie die allmählich eintretenden Veränderungen dieses Musters erlebt?*

☐ *In welcher Form werden Sie sich verbindlich darauf einlassen, das Syndrom des »Paarens mit den Eltern« zu durchbrechen und Ihren wahren Gefährten/Ihre wahre Gefährtin zu finden, jemanden, der eher wie Sie selbst ist als Ihren Eltern zu gleichen?*

Wenn wir nicht frei sind, uns zu binden, können wir uns nicht binden, um frei zu werden.

76 Arbeit

BILD: DAS SEIL HAT SICH UM DEN KOPF DER SCHLANGE
GESCHLUNGEN.

»Trage ich Erfolg oder Mißerfolg in mein Leben?«

Wenn wir von der Schule abgehen, sind wir bereit, in die Welt der
Erwachsenen hinauszugehen und zu arbeiten, unseren Lebensunter-
halt zu verdienen, unsere Fähigkeit zu überleben zu praktizieren.
Vielleicht haben wir statt dessen geheiratet, haben die Universität
besucht oder sind auf Reisen gegangen. Aber irgendwann kam die
Arbeit auf uns zu. Wir mußten Geld verdienen, um zu leben. Wir
mußten eine Struktur für unsere Leben finden.
Wer arbeitet gerne? In unserer Gesellschaft freuen sich viele Men-
schen auf die Rentenzeit, in der sie machen können, was sie wollen.
Aber die Jungen müssen sich mühen und anstrengen und zur besten
Zeit des Tages arbeiten. Die Jungen erledigen die Routinearbeit der
Zivilisation, zusammen mit älteren Menschen, die nicht mehr nütz-
lich sind oder ihre nützlichen Fähigkeiten niemals voll entwickelt
haben.
Viele haben sich in eine Arbeit gefügt, wo sie zwar zu mehr
Verantwortung und Geld gelangen können; aber das beste Ziel des
Arbeitslebens besteht darin, sich mit der Realität so vertraut zu
machen, daß Sie Ihre Arbeit zu Ihrer ganz individuellen und krea-
tivsten Aufgabe entwickeln. Dann verdienen Sie Ihr Geld und leisten
Ihren gesellschaftlichen Beitrag, indem Sie das tun, was Sie am besten
können.
Um zu kreativen Bereichen zu gelangen, müssen wir oft lange
Lehrjahre des gewohnheitsmäßigen Übens und der Routinearbeit
ableisten, die einen so großen Teil der modernen Arbeitswelt ausmachen. Um der oder die Beste zu sein, müssen Sie das Schlimmste
durchmachen. Unsere Kindheitserziehung in bezug auf alltägliche

Aufgaben kann uns helfen oder daran hindern, uns für das zu entscheiden, was wir brauchen, um im Erwachsenenleben vorwärts zu kommen. Bitten Sie inständig darum, daß Ihre Familie Sie als Kind bewegt hat, Aufgaben zu erledigen, die Sie nicht machen wollten, denn das ist die beste Vorbereitung auf die Realität des reifen Lebens.

Die Rentenzeit ist oft eine Zuflucht für verausgabte Menschen, die sich dafür entschieden haben, sich einem Arbeitssystem zu beugen, das sie nicht erfüllt. Daß Sie Ihre eigene, Ihnen entsprechende und kreative Arbeit gefunden haben, erkennen Sie daran, daß Sie solange nicht in Rente gehen, solange Sie etwas bewirken können. Rentner und Rentnerinnen können zum kreativen Teil ihrer Kindheit zurückkehren und einen neuen Berufsweg anfangen, bei dem sie ihre Begabungen und Vorlieben besser zum Ausdruck bringen können. Es geht nicht darum, sich zur Ruhe zu setzen, sondern neue Aktivitäten zu verfolgen. Das hält Menschen ein Leben lang munter und vital.

Die meisten von uns möchten keine langweilige Arbeit. Wir möchten in einem Bereich arbeiten, wo wir uns, unsere Werte, Fähigkeiten und unsere Liebe zum Leben zum Ausdruck bringen können. Wir möchten gern glauben können, daß das, was wir tun, eine Wohltat für die Welt ist. Wir möchten das Gefühl haben, daß unsere Arbeit, wenn wir sehr viel kreative Anstrengung hineingeben, von bleibendem Wert ist.

Vielleicht möchten wir auch gut Geld verdienen, damit wir Dinge tun können, die über den bloßen Lebensunterhalt hinausgehen. Vielleicht möchten wir die Leiter unserem Einsatz und unseren Fähigkeiten entsprechend aufsteigen. Vielleicht möchten wir immer mehr Resonanz auf unseren Schwung finden.

Aber viel hängt von unserer Einstellung und unserem Selbstbild ab. Arbeite ich für mich oder für andere? Bin ich bereit, die Disziplin für die Routinearbeiten ebenso aufzubringen wie für das Kreative und Neue? Ist Geld mein Ziel, oder möchte ich durch meine Arbeit Erfüllung finden?

Und auf der metaphysischen Ebene: Bin ich offen dafür, den Wohlstand und die Erfüllung anzunehmen, die für mich im Leben da sind? Beklage ich mich über mein Los, oder treffe ich Entscheidungen, um die Dinge zu verändern und neue Möglichkeiten zu manifestieren?

Der größte Mißerfolg spielt sich in unserem eigenen Kopf ab. Die Realität enthält sowohl das Potential für Zerstörung als auch für Fülle. Es hängt von meinen Einstellungen und meinem Selbstbild ab, auf was ich mich zubewege. Ein negatives Selbstbild ist an sich schon Armut. Es ist so leicht, die Resultate der eigenen Arbeitsanstrengungen zu genießen, statt sich über das zu beklagen, was man nicht bekommen hat. Trage ich Mißerfolg oder Erfolg in mein Leben?

Die große Herausforderung des Abschlusses der Kindheit besteht darin, arbeiten zu gehen, auf das hinzuarbeiten, was in Ihrem Leben Ihre Bestimmung ist, etwas zu riskieren und sich nicht allzu sicher im Nest einzurichten. Wenn Ihr Motiv Sicherheit ist, wird es Ihnen nie gelingen, die Angst zu überwinden, Sie werden Gelegenheiten verpassen, und auch das dickste Bankkonto wird Ihnen kein Gefühl von Sicherheit oder Glück geben. Bei der Arbeit etwas riskieren heißt, im Grenzbereich leben, dort, wo Aktion ist. Es heißt, sich um neue Möglichkeiten bemühen und sich in einer Welt, die sich ständig verändert, verwirklichen.

Die Arbeit

☐ *Beschreiben Sie, welche theoretischen und praktischen Einstellungen Sie in Ihrer Kindheit zur Arbeit hatten. Waren Sie erfolgreich und wurden gelobt, oder hat man Sie kritisiert und ignoriert? Welche Verhaltensmuster und Einstellungen hat man Ihnen in bezug auf Arbeit und produktive Erfüllung vorgesetzt? Entwerfen Sie einen Plan, mit dessen Hilfe Sie diese Muster und Einstellungen jetzt, heute und für immer ändern werden. Suchen Sie sich jede nur mögliche Hilfe, um sich so zu verändern, daß Sie in Ihrer Arbeit Erfüllung finden können.*

☐ *Auch wenn Sie sich in Ihrer Arbeit und Ihrer Lebensaufgabe sicher fühlen, kann es Bereiche für Sie geben, die Ihnen eine neue Fülle erschließen. Was hindert Sie daran, sich Ihr Potential maximal zu erschließen?*

☐ *Was genau ist Arbeit für Sie?*

Erfolg heißt, nur das zu tun, was Sie von Ihrer Bestimmung her tun sollen.

77　Die Persona

BILD: DIE LEINWAND DES MALERS IST LEER.

»Es wird nicht viel enthüllt, wenn wir das Offensichtliche zeigen.«

Jeder braucht eine Persona, um in der Welt zurechtzukommen. Ganz einfach ausgedrückt: Wir spazieren in der Öffentlichkeit meist nicht nackt umher. Unsere Persona hält uns davon ab, so etwas zu tun. Scham und Peinlichkeit sind Gefühle eines Ich, das sich mit der Persona identifiziert, der guten und sicheren Seite der Persönlichkeit. Wir sind nicht unsere Persona, außer wenn wir uns mit ihr identifizieren, und das geschieht häufig.

Aber selbst wenn wir nackt herumspazierten, würde nicht viel enthüllt. Die nächste Barriere wäre weiterhin vorhanden, die nächste Schranke für die absolute Freiheit würde immer noch existieren. Menschen können alles von uns sehen, wie es ja auch der Fall war, als wir Babys waren, aber wenn wir beschließen, uns hinter der Maske der Person zu verstecken, die wir der Welt präsentieren, bleiben wir trotzdem vor ihnen verborgen.

Als Kinder werden wir zuerst von unseren Eltern gepflegt, bis wir dann beginnen, uns selbst zu pflegen, damit unser Körper gemäß der allgemeinen Wertvorstellungen vorzeigbar, sauber und sogar schön aussieht. Außer der Körperpflege bringt man uns auch bei, was wir anderen sagen und was wir besser für uns behalten sollen. Wir identifizieren uns mit den guten Seiten und versuchen, die schlechten sorgfältig zu verbergen. Nach welchen Einstellungen von richtig und falsch leben wir als Erwachsene heute noch immer? Welche Kleiderregeln gelten für wen? Wie verhält man sich in verschiedenen Situationen richtig?

Wer von uns hat in seiner Kindheit nicht einmal einem anderen Menschen etwas gestohlen? Wenn Sie das nicht getan haben, warum nicht? Wahrscheinlich ist auch die völlig aufrichtige Persönlichkeit rigide. Wenn Sie sich mit Ihrer Persona identifizieren, werden Sie einfach nur einen großen Schatten schaffen, den die Menschen, die Ihnen nahe sind, sehen, während Sie selbst blind dafür sind.

Man muß sich auf die Persona beziehen, statt sich mit ihr zu identifizieren. Meine Persona besteht aus den verschiedenen Rollen, die ich in der Welt spiele, um in ihr zu wirken. Ich kann bestimmte kollektive Werte verkörpern und innerhalb der Grenzen der augenblicklichen Trends bleiben. Ich kann das Spiel spielen. Wir werden für unsere Persona bezahlt. Ich muß bei meiner Tätigkeit effektiv wirken und handeln, so daß andere meine Dienste schätzen und bezahlen.

Für jedes Lebensstadium entwickeln und vervollkommnen wir die Persona. In den ersten Jahren meines Lebens spielte ich das gute oder das schlechte Kind. Für die eine Rolle gab es Liebe und für die andere Vorwürfe und Verachtung. Ich lernte schnell, daß ich gut sein mußte, um Liebe und Fürsorge zu bekommen. Als ich dann die Kindheit hinter mir ließ, übernahm ich das Verhalten und die Rollenvorbilder meiner Altersgenossen. Ich paßte meine Persona meinem Alter und meiner Kultur an. Ich wurde in der Welt effektiv.

Die Arbeit

☐ *Paßt Ihre Persona zu Ihrem augenblicklichen Lebensstadium? Wenn nicht, was werden Sie dagegen tun? Beurteilen Sie selbst, ob Sie eine Persona zur Schau tragen, die für Ihr Alter unangemessen ist.*

☐ *Wie sah Ihre Persona aus, als Sie Teenager waren? Inwiefern ist sie heute anders?*

☐ *Wie sieht mein positives Selbstbild aus? Welches Bild haben andere von mir? Wie passen die beiden Bilder zusammen?*

☐ *Wie würde ich in der Welt gern gesehen werden?*

Setzen Sie eine Maske auf, um gesehen zu werden.

262

78 Der Schatten

BILD: DER BAUM FÄLLT AUF DIE GIRAFFE, DIE VON SEINEN ÄSTEN FRISST.

»Der neue Weg ist der zu wachsender emotionaler Aufrichtigkeit...«

Ich kann mich daran erinnern, daß ich mich einmal, als ich meine Eltern besuchte, fragte, wie ihr verborgenes Leben wohl aussehen mochte. Irgendwie wußte ich, daß meine Mutter nur bestimmte Dinge von sich und von meinem Vater enthüllte. Ich sehnte mich so danach, alles über das Leben der beiden zu wissen, aber – so wurde ich ermahnt – es gab bestimmte Dinge, über die man einfach nicht sprach.

Als ich nach dem Tod meines Vaters den großen schwarzen Koffer öffnete, fand ich bestimmte Gegenstände aus dem Leben meiner Mutter, von denen – so wußte ich – mein Vater mir niemals erzählt hätte. Ich zögere sogar noch heute, einige der Dinge zu beschreiben, die in dem Koffer waren, so charakterschwach ist die menschliche Natur manchmal. Ich fand es irgendwie pathetisch, die Schreibmaschine meiner Mutter zu finden, in die noch immer ein Blatt Papier eingespannt war, auf das sie wiederholt getippt hatte:
Ich bin ein Genie
Ich bin ein Genie
Ich bin ein Genie
Als sie noch am Leben war, mußte diese verrückte Seite in ihr versucht haben, das Geniale in ihr zu wecken, um großartige Poesie zu schreiben. Das war ein Akt, von dem niemand wissen sollte.
Ich fand in jenem Koffer auch einige Papiertaschentücher mit getrocknetem, gelben Auswurf, den meine Mutter offensichtlich ausgehustet hatte, als sie im Sterben lag. Der Schock darüber, daß sie ging, war offensichtlich so groß gewesen, daß mein Vater in seiner Verzweiflung versucht hatte, alles zu bewahren, was er nur finden konnte. Er etikettierte dieses Stück Nutzlosigkeit:
»Der Auswurf der späten Dichterin Gene Derwood.«

Ich offenbare etwas, was eigentlich geheim gehalten werden sollte. Ich offenbare den Schatten meiner Eltern. Menschen tun merkwürdige Dinge, wenn ihr Schatten plötzlich auftaucht. Normalerweise schien mein Vater so vernünftig und rational zu sein wie andere Menschen auch, aber sein Schock und sein Kummer lösten seinen Schatten aus und riefen extreme, intensive Gefühle hervor. Er galt als ein kritischer, unabhängiger Mann mit sehr viel Humor. Das war seine Persona. Gefühlsmäßig drückte er sich kaum aus. Gefühle waren sein Schatten, und deswegen kamen sie auf ungewöhnliche Weise heraus.

Wir alle haben einen Schatten, die Lagerkammer für das unterdrückte und nicht gelebte Leben. Dorthin bringen wir, was andere und wir selbst an uns nicht mögen. Wir bauen unsere Persona auf, die akzeptable Seite, indem wir das Nichtakzeptable unterdrücken. Ich wuchs in dem Glauben auf, ich sei Pazifist. Ich empfand Verachtung für gewalttätige Menschen. In der Therapie mußte ich zu meinem Kummer erfahren, daß ich aggressiv und gewalttätig sein konnte und sehr viel Ärger in mir hatte. Ich hatte beim Aufwachsen die Persona aufgebaut, ein liebes Kind zu sein, um Strafen zu entgehen. Dabei hatte ich meinen Schatten, meine dunkle, gewalttätige Seite, unterdrückt und auf andere projiziert.

In unserem Intimleben als Erwachsene kommt unser Schatten in voller Größe zum Vorschein, um unsere Partner zu quälen. Sie können sich aufrichtig lieben, aber wenn Ihre Schatten nicht zusammenpassen, können Sie nicht ohne Unterdrückung zusammenleben.

Wir müssen uns mit unserem Schatten versöhnen und Wege finden, ihn angemessen auszuleben. Es stimmt, daß wir nicht einfach überall unsere Negativität abreagieren können. Wir können in unseren erwachsenen Intimbeziehungen lernen, die kreative Energie des Schattens auszudrücken statt zu unterdrücken. Der neue Weg ist der zu einer wachsenden emotionalen Aufrichtigkeit, bei der wir uns selbst und auch unseren Schatten mehr akzeptieren und Wege finden, diese vitalen Lebenskräfte zum Ausdruck zu bringen.

Die Arbeit

☐ *Beschreiben Sie, was Sie vom Schatten Ihrer Eltern und den Verhaltensweisen wissen, mit denen sie ihn unterdrückt haben. Schauen Sie dann nach, wie ihre Art des Umgangs mit dem Schatten Sie beeinflußt hat. Was war in Ihrer Familie nicht akzeptabel? Welche Seiten von Ihnen sind Ihrem Gefühl nach unterdrückt oder vernachlässigt worden? Welche dieser Seiten werden in Ihnen immer noch unterdrückt? Und was können Sie jetzt tun, um ihnen Ausdruck zu verleihen?*

☐ *Beschließen Sie, mit Ihrem Intimpartner/Ihrer Intimpartnerin darüber zu sprechen, wie der Schatten sich vordrängt oder ausgedrückt werden muß. Erfinden Sie Spiele, mit deren Hilfe jeder von Ihnen den Schatten des anderen darstellen kann. Das kann in der Sexualität, spielerischen Kämpfen, Phantasieaufführungen oder Rollenspielen geschehen.*

☐ *Finden Sie Möglichkeiten, Ihren Schatten nicht zu unterdrücken, sondern zu zügeln. Zügeln ist die bewußte Entscheidung, dem Ausdruck von Energie Grenzen zu setzen.*

Das Ich hat vergessen, was der Schatten weiß.

79 Die Vater-Beziehung heilen

BILD: DER HAMMER TRIFFT DEN NAGEL AUF DEN KOPF.
»Der Vater verfolgt den Wert der Dinge und schaut niemals
zurück!«

Was soll all das Getue darum, Ihren Eltern zu vergeben? Sie haben
mit Sicherheit ihr Bestes gegeben, aber ihr Bestes war manchmal
nicht gut genug. Stimmt, oder? Warum ihnen also vergeben, daß sie
uns das Leben schwer gemacht haben? Der Versuch, sich mit den
leiblichen Eltern zu versöhnen, führt oft zu einer frustrierenden
Erfahrung. Zu viele Faktoren stehen einer erfolgreichen Lösung im
Weg.
Denn erstens sind unsere heutigen Eltern nicht die Eltern unserer
Kindheit. Unsere Kindheitseltern sind jetzt archetypische Erinnerungen und Muster in unserer Psyche. Wahrscheinlich hilft es nicht viel
weiter, wenn Sie einem Menschen, Ihrem Vater oder Ihrer Mutter,
vergeben, der ja heute nicht mehr Ihr tatsächlicher Vater oder Ihre
tatsächliche Mutter ist, weil Sie ja auch kein Kind mehr sind. Oder
spielen Sie immer noch das Kind, wenn Sie mit ihnen zusammen
sind? Dann reicht der Einfluß Ihrer Eltern auf Sie tatsächlich tief
und behindert Ihre Entwicklung zur vollen Reife.
Zweitens kann es sein, daß Ihre heutigen Eltern aufgrund ihrer
Persönlichkeiten nicht in der Lage sind, ihr Verhalten Ihnen gegenüber
groß zu ändern. Es ist wahrscheinlich zuviel verlangt, wenn Sie diese
alten Eltern von heute bitten, Ihre Kindheit zu heilen, indem sie zu
den Eltern werden, die Sie immer brauchten, aber niemals hatten.
Wenn Sie ihnen mehr abverlangen, als sie geben können, werden
Sie sich und sie enttäuschen. Wir lösen unsere Kindheitsprobleme
durch innere Erfahrungen, nicht durch äußere.
Drittens leben Ihre Eltern vielleicht nicht mehr, und was tun Sie
dann? Sie haben keine Beziehung, die Sie heilen können. Mit ihrem

Tod ist die Beziehung für immer zu Ende. Oder nicht? Gibt es einen anderen Weg?

Viertens kann es durch die Konfrontation mit den leiblichen heutigen Eltern manchmal zu Veränderungen in der Beziehung kommen, die als ziemlich heilsam empfunden werden. Vielleicht sind sie das auch. Es ist heilsam, wenn es Ihnen gelingt, mit Ihren Eltern über alles aufrichtig und liebevoll sprechen zu können, ohne daß einer von Ihnen ein Machtspiel spielt oder manipuliert. Können Sie das erreichen? Setzen Sie nicht Ihre ganze Hoffnung darauf. Seien Sie offen, wenn die Gelegenheit sich bietet. Und doch ist das Leben kurz und süß. Es gibt andere und meistens auch effektivere Wege, die Kindheit zu heilen.

Der Schlüssel für den Umgang mit ungelösten Elternbeziehungen aus der Kindheit liegt in inneren Faktoren. Was ist es denn eigentlich, was die Mutter oder der Vater heute noch für Sie repräsentiert? Was muß transformiert werden? Wie kann das geschehen?

Der Traumvater

Mein Vater starb 1964, als ich dreißig und er fünfundsechzig war. Ich hatte ihn ein paar Monate vor seinem Tod an Kehlkopfkrebs für etwa eine Woche in New York besucht. Wir hatten große Schwierigkeiten zu kommunizieren. Er sagte wenig, auch wenn er mich und meine Frau zum Essen einlud. Er teilte niemals etwas Intimes über sich mit und fragte mich auch nicht nach meinen persönlichen Problemen. Ich war selbst gehemmt, eine Folge des langen Aufenthalts im Internat. Es gelang uns also nicht, miteinander ins Gespräch zu kommen, und Monate später starb er dann, und ich kehrte nach New York zurück, um an der Beerdigung teilzunehmen. Ich verspürte Schmerz, aber was ist dieser Schmerz anderes als die Trauer um das verlorene oder nicht gelebte Leben? Es sah so aus, als trauerte ich um ihn, weil er sein Leben verloren hatte, aber in Wirklichkeit war ich traurig, weil ich die Chance verpaßt hatte, eine sinnvolle Beziehung zu ihm zu entwickeln und mich zu heilen. Wir sorgen uns um uns selbst. Eltern sind vor allem deswegen wichtig für Kinder, weil sie diesen manchmal helfen zu wachsen. Ich brauchte meinen Vati, und ich wußte nicht warum.

Dann kam es zu einer dramatischen Entwicklung. Im Verlauf der nächsten fünfzehn Jahre hatte ich zu meinem Vater die heilsamste Beziehung, die ich je gehabt hatte. Das verlorene Leben wurde gefunden, erfahren und gelebt. Es gelang mir, die Vater-Sohn-Beziehung zu heilen.

Das alles geschah in einer Traumserie während meiner langen Jungschen Analyse. Zunächst war die Vater-Sohn-Traumbeziehung eher kalt. Als ich dann mit meinen wirklichen Gefühlen für meinen Vater in Berührung kam und sie in der Therapie und mit Hilfe der Tagebucharbeit ausdrückte, begannen sich die Vaterträume zu verändern. Ich besuchte im Traum immer wieder seine alte Wohnung. Fast jedesmal war die Wohnung größer, die Luft besser, die Fenster größer und der Blick weiter. In einem Traum bekam ich von ihm eine Ausgabe seiner Bücher, die er im Laufe seines Lebens geschrieben und veröffentlicht hatte. Er war ein bekannter Lyrikanthologe. Das war wunderbar für mich. Er überreichte mir tatsächlich Geschenke. Ja, ich hatte seine Bücher tatsächlich von ihm bekommen, als er noch lebte, aber er schien dabei immer eher stolz auf sich zu sein. Er verschenkte seine Bücher, um sich selbst zu bestätigen, nicht um anderen etwas zu geben. Ich fühlte mich in seiner Gegenwart so minderwertig, obwohl ich bereits wußte, daß ich ein intelligenter Mensch war. Aber im Traumzustand fühlte ich, daß diese Geschenke von ihm wirklich für mich und mein Erbe waren. In der Therapie hatte ich meine Wut auf ihn so weit verarbeitet, daß ich ihn als den Menschen annehmen konnte, der er war, und mich auch der Tatsache stellen konnte, daß ich genetisch und beziehungsmäßig viel von ihm geerbt hatte. Ich mußte akzeptieren, daß ich in vielen wichtigen Zügen wie mein Vater war. Das war hart.

In einem weiteren wichtigen Traum überreichte er mir ein großes Buch. Es war nicht sein Buch, sondern mein Buch. Es war das Buch meines Lebens, noch ungeöffnet und sicherlich mit leeren Seiten. Was für ein Geschenk! Diesmal mehr als das Erbe. Dies war meine eigene Bestimmung, der Segen, der von Generation zu Generation weitergegeben wird.

Ich hatte in den folgenden Jahren viele Träume, in denen mein Vater vorkam, und in der äußeren Welt wurde ich in meiner Arbeit als Autor und Lehrer sehr viel effektiver. Der Vater repräsentiert die Beziehung zur Welt, den Erfolg in der Welt, die Auseinandersetzung mit und das effektive Wirken in der Welt. Das geschah in meiner Arbeit und meiner Entwicklung. Ich integrierte den Vaterarchetyp und leistete ihm nicht länger Widerstand.

Und dann kam schließlich ein erstaunlicher Traum. Ich hielt meinen Vater in meinen Armen, als er sichtbar alt geworden war und im Sterben lag. Ich weinte die ganze Zeit, während ich ihn hielt. Klein, schrumpelig und zerbrechlich, wie er war, hatte er seine übliche enorme Macht verloren, mich zu beherrschen und zu zerstören. Ich empfand großes Mitgefühl und weinte viele Tränen. Ich hatte das Gefühl, meinen Vater jetzt endlich kennengelernt zu haben, nachdem ich aufgehörte hatte, gegen ihn Widerstand zu leisten. Er war etwa 96 Jahre alt, als er in jener Nacht in meinen Armen starb. Immer noch weinend, war ich erstaunt. Ich wachte zitternd und lebendig auf. Ich hatte meinen Vater losgelassen. Ich wußte, daß ich nicht mehr von ihm träumen würde. Ich verlor meine Eltern wirklich, und das stimmte genau mit meiner Entwicklung überein. Von meiner Mutter träumte ich auch nur selten. Denn wenn wir die Eltern einmal integriert haben und die elterlichen Funktionen selbst leben, müssen wir sie nicht mehr träumen.

Ja, ich habe mir das Akzeptieren meiner Eltern und die Heilung unserer Beziehung erarbeitet. Die Traumwelt schenkte mir mehr Flexibilität und Heilung, als in der äußeren Welt möglich gewesen wären, wenn mein Vater noch weitergelebt hätte. Aber vielleicht mußte er dann sterben, damit ich zu meiner eigenen Bestimmung gelangen konnte? Als ich die elterliche Energie noch nicht integriert hatte, wurde ich unbewußt sicherlich noch immer davon beherrscht, rebellierte deswegen dagegen und konnte nicht zu meiner Erfüllung gelangen. Wir arbeiten das elterliche Material durch, um davon frei zu sein und zu unserer Erfüllung als Erben des Vermächtnisses der vorangegangen Generation zu gelangen.

Die Arbeit

☐ *Schreiben Sie die wichtigsten Begegnungen in Ihrer Beziehung zu Ihrem Vater auf. Welche Seiten des Vaterarchetyps hat er für Sie erfüllt oder nicht erfüllt? Stärke? Einsicht? Erfolg in der Welt? Aggressivität oder sogar herrschendes Verhalten? Sicherheit? Schutz? Lenkung? Das Ziel kennen und wissen, was nötig ist, um es zu erreichen? Oder war er unsicher, ein Schwächling, zurückhaltend, kalt, unzulänglich, erfolglos, beherrscht von seiner Frau oder seinem Chef, nicht in der Lage, für das einzustehen, was er für real und richtig hielt? Ihre Arbeit steht fest. Die Eigenschaften, die Ihr Vater nicht verkörpert hat, müssen in Ihnen noch entwickelt werden. Gehen wir zu sehr davon aus, daß die Eigenschaften, die er verkörperte, auch in Ihnen entwickelt sind? Wenn nicht, schauen Sie nach, warum. Stand er in Konkurrenz mit Ihnen, und Sie haben schon früh aufgegeben? Hat er Sie – vor allem, wenn Sie eine Frau waren – in Ihren Stärken, Ihrer Macht in der Welt und Ihrer Entschiedenheit nicht ermutigt?*

☐ *Schreiben Sie einen Brief an Ihren Vater, den Sie nicht unbedingt abschicken müssen, in dem Sie ihm detailliert erzählen, wie Sie ihn gern gehabt hätten, wie er aber nicht war. Befreien Sie sich von der Unterdrückung und der Enttäuschung. Tragen Sie Ihre Sache vor und bringen Sie sie zum Abschluß.*

☐ *Wie sieht das Erbe Ihres Vaters aus, mit dem Sie ins Reine kommen und das Sie selbst leben müssen? Wie können Sie den Segen erlangen, das Geburtsrecht, die Energie für Ihre eigene volle Entwicklung und Ihr eigenes Gelingen in der Welt?*

☐ *Schauen Sie nach, was Träume Ihnen bringen, während Sie daran arbeiten, Ihren Vater zu akzeptieren, statt ihm Widerstand zu leisten. Schauen Sie sich auch die anderen Menschen an, die Vater für Sie waren und Ihnen halfen, in diesem Leben stark*

270

und entschlossen zu werden. Was gibt es als nächstes zu tun?
Tun Sie es jetzt, im kommenden Jahr. Das kann etwas so
Praktisches sein, wie den Führerschein machen oder eine Arbeit
zu finden, bei der Sie Ihre Fähigkeiten besser einsetzen können
als jetzt, oder ein intensives Studium, um sich weiterzubilden
und etwas aus sich zu machen. Der ideale Vater, müssen Sie
wissen, möchte, daß Sie Erfolg haben, und er hilft Ihnen, ihn zu
erhalten. Er würde Ihnen sagen, daß die Dinge in diesem Leben
nicht so leicht sind, und Sie fragen, warum Sie so wenig vorzu-
weisen haben, wenn Sie soviel mehr erreichen könnten. Verfolgen
Sie, wie die Dynamik der Vater-Kind-Beziehung sich in Ihren
Träumen und in Ihren intimen Beziehungen mit Männern – falls
Sie welche haben – entwickelt. Wir beziehen uns auf andere, um
uns auf uns selbst zu beziehen. Achten Sie darauf, daß Sie alles,
was an Ihren Beziehungen wertvoll ist, kreativ nutzen. Lernen
Sie, sich sowohl von anderen gut einsetzen zu lassen als auch
andere gut für sich einzusetzen. Der Vater verfolgt den Wert der
Dinge und schaut niemals zurück!

Wir heilen, indem wir verkörpern, was verlorengegangen war.

80 Die Mutter-Beziehung heilen

BILD: DIE FRAU WÄSCHT IHRE KLEIDER AM BRUNNEN.
»Kommen Sie einfach mit ihrem Herzen in Berührung.«

Heilen wir die Beziehung zur Mutter jemals? Sie ist unsere Bindung zum Leben selbst, die nährende Brust, der blutige Schoß, der uns geboren und hinausgestoßen hat zur Musik der Wehenqual, die wilde Hysterie unkontrollierter Gefühle, das sanfte Feingefühl, das Vertrauen, daß im Leben immer jemand da sein wird, was sich später als falsch erweist. Und vor allem das Festhalten am Leben selbst, das sogar stärker ist als der Tod. Chaucer schreibt in seinen frühen englischen Gedichten: »Ich klopfe mit meinem Stock dreimal auf den Boden und sage: ›Ach, liebe Mutter, laß mich ein.‹« Ist das also die Rückkehr in den Mutterleib, geht es darum beim Sex? Das männliche Anhängsel, das ständig auf der Suche nach dem Nest ist, das jede Frau hat, ganz gleich wie gut oder schlecht sie es nutzt. Das Nest, der Schoß, der seidene Schaft, der Durchgang zum Leben, der Tunnel zur Ekstase, der welkende Schoß des Alters, der schnell zur Gruft wird.

Für eine Frau ist die Mutter die einzige, die sie versteht, die wie sie ist, wenn auch älter und weiser oder debiler als je. Die starke junge Frau erfährt, was das Leben der Mutter angetan hat und auch ihr antun wird, wenn sie sich des Lebens und seiner Kräfte nicht bewußt ist. Die starke junge Frau, fast jungfräulich und frei, ist eine Abenteurerin, eine Tänzerin, die nach dem neuen Trommelschlag des Lebens tanzt und etwas von einer Wilden an sich hat, suchend, immer suchend. Allmählich jedoch muß sie sich anderen Kräften überlassen, den Samen nehmen und dem Leben eine neue Generation zurückgeben. Andere versorgen und selbst versorgt werden, das ist ihre Hoffnung, aber wie lange hält sie an? Soviel Bitterkeit kann entstehen.

Die Mutter-Beziehung heilen, heißt das nicht sowohl die dunkle als auch die helle Seite akzeptieren? Erzählen Sie ihr, was Sie durchgemacht haben, und beobachten Sie, ob sie reagiert. Aber malen Sie auch Bilder der Göttin, der Mutter mit all ihren Aspekten. Verweilen Sie nicht zu lange bei der eigenen Mutter, deren Weiblichkeit vielleicht zu sehr geprägt wurde durch das Bild männlichen Begehrens. Finden Sie die Große Mutter, und lassen Sie die eigene Mutter los. Sprechen Sie mit ihr, aber schauen Sie sich auch anderswo nach Heilung und nach dem Weiblichen um.

Und wenn es dem Ende zugeht, kann der heilige Ritus sehr wohl in Krankheit bestehen, eine dunkle Leidenschaft, die bei vielen Frauen ihrem inneren Licht entspricht. Der blutende Schoß, die dem Körper eigene Öffnung – Frauen brauchen auf tausenderlei Weise Heilung. Bei Ihrem Ritus von Krankheit und Fürsorge werden Sie dem Mysterium näherkommen, es erleben. Versuchen Sie, bei den Gefühlen zu bleiben, auch dem großen Ärger, falls er sich zeigt. Das sind Sie, sich in ihrem Gesicht spiegelnd.

Die Arbeit

☐ *Schreiben Sie einen Brief an Ihre Mutter, in dem Sie Ihr mitteilen, wie sehr Sie sie lieben, ganz gleich ob Sie es so meinen oder nicht. Aber versetzen Sie sich wirklich in das Gefühl von Liebe. Ihre Fähigkeit, Ihrer Mutter Ihre Liebe zu zeigen, ist der Maßstab für Ihre Liebesfähigkeit überhaupt. Sie brauchen also die Tests und die Praxis. Sie müssen den Brief nicht abschicken, aber Sie können sich darin ausdrücken.*

☐ *Schreiben Sie auf, inwiefern Sie das Gefühl haben, Ihrer Mutter unrecht getan zu haben. Seien Sie mit ganzem Herzen dabei. Beschreiben Sie Details und Gefühle. Das Bild, das sich entfaltet, kann sehr wohl zum Vorschein bringen, daß Sie dem weiblichen Mutterteil in sich selbst unrecht getan haben. Indem Sie also mit der Mutter wieder Kontakt aufnehmen, bringen Sie sich in Kontakt mit der Mutter als innerer Quelle.*

☐ *Nehmen Sie sich Zeit, um mit Ihrer leiblichen Mutter allein zu sein, selbst wenn Sie sie Ihrem Vater »wegnehmen« müssen. Ihre Aufgabe besteht darin, die Seite in ihr zu suchen, die eine eigene Identität hat, die sie unabhängig von ihrer Beziehung zu Männern entwickelt hat. Suchen Sie auch nach der Seite in ihr, die sich von der Mutterrolle unterscheidet, wie sie sie Ihnen gegenüber im Lauf der Jahre immer gespielt hat. Jetzt finden Sie die Frau in ihr und sind mit ihr auf eine Art und Weise verbunden, wie es vorher niemals möglich war. Sie sind auf eine Erfahrung aus, die Ihnen bestätigt, wer Sie als Mensch wirklich sind.*

☐ *Schreiben Sie nicht all das Gute und das Schlechte an Ihrer Mutter auf oder all die Dinge, die Sie ihr verzeihen müssen. Diese Einteilung in richtig und falsch wäre diskriminierend. Es gibt in bezug auf das Weibliche kein richtig und falsch. Nur ein fließendes Sein, das uneingeschränkte Mitteilen der Verletzungen und der Liebe, die Freiheit, die mit Akzeptanz einhergeht, die Begeisterung für das Leben, die entsteht, wenn wir uns dem hingeben, was wirklich wichtig ist, das Feingefühl und die einfache Weisheit, die im Berühren, Kochen und Witzemachen liegen kann. Wenn Sie verzeihen müssen, dann tun Sie es und lassen die Vergangenheit los. Aber es gibt ihr oder anderen Menschen nichts zu verzeihen, es sei denn, Sie halten an den Kategorien von richtig und falsch fest, was eher ein männliches Vorgehen ist. Kommen Sie einfach mit ihrem Herzen in Berührung. Analysieren Sie nicht. Leben Sie!*

Wo alles eins ist, gibt es nichts zu verzeihen.

81 Neid

BILD: DER APFEL BLEIBT EINFACH AUSSER REICHWEITE.
»Niemand kann dem Hündchen helfen, das nicht darum kämpft, an die Zitze zu gelangen, um seinen Teil der Milch zu bekommen.«

»Warum werden meine Bedürfnisse nicht befriedigt?« fragt der Erwachsene, der vor langer, langer Zeit einmal ein Kind war, das zu einer Familie, einer Gruppe Nachbarskinder oder Schulkinder gehörte.

Das Kind weiß, daß es, um zu überleben, in Rivalität mit anderen treten muß, die etwa im gleichen Alter sind wie es selbst. Es muß konkurrieren. Es muß um sein Überleben kämpfen. Es muß darauf achten, wen der Lehrer bevorzugt und wen die Eltern gern haben. Wir wissen, wer der Liebling ist, nicht wahr?

In diesem Leben wird niemand Sie füttern, wenn Ihr Mund nicht geöffnet ist und sich nicht am richtigen Platz befindet. Dafür sind Sie verantwortlich. Wenn Sie eifersüchtig sind oder vor Neid vergehen, weil jemand anderes erhält, was Sie nicht bekommen, dann sind Sie in Gefahr, den Kampf um das Leben zu verlieren.

Viele Menschen haben aufgegeben, wenn es um Beziehungen geht oder um die Arbeit, mit der sie ihre wirklichen kreativen Talente ausdrücken können. Millionen leben eng mit einem Menschen zusammen, der durch sein bloßes Wesen verhindert, daß die Beziehung ihnen Erfüllung schenkt. Viele verdienen weniger als ihre Nachbarn und rechtfertigen ihre nahezu ärmliche Lage mit hohen Idealen oder ökonomischen Theorien. Aber wo stellen sie sich der Herausforderung, ein Leben zu führen, das so erfüllt wie nur möglich ist? Und die Depressiven, die sich mit einem Leben auf Sparflamme fast eingerichtet haben, welche Zuflucht haben sie? Die Große Mutter der erfüllten Wünsche ist nicht demokratisch, aber sie gibt denen, die für sich fordern, von dem, was sie hat.

Wenn Sie auf einen Menschen neidisch sind, hat er offensichtlich, was Sie gern haben wollen, ohne daß Sie beschließen, es sich zu holen. Das Problem liegt bei Ihnen, nicht beim Erfolg des anderen. Lassen Sie sich wirklich darauf ein, leidenschaftlich zu leben, Ihr ganzes Wesen in Ihrem Kampf um das Leben auszudrücken? Nein, Sie müssen niemanden überrennen, um selbst erfüllt zu sein, aber Sie müssen bereit sein, vorneweg zu gehen und in dem, was Sie erreichen, besser zu sein als andere. Verpflichten Sie sich, in allem, was Sie tun, Ihr ganzes Potential auszudrücken, und Sie müssen niemals wieder neidisch sein. Das Rennen gehört dem Gewinner, niemals dem Verlierer. In dieser Realität gibt es keine Trostpreise.

Die Arbeit

☐ *Wer hat Ihnen gesagt, Sie sollten nicht neidisch oder eifersüchtig auf andere sein? Waren das Ihre Eltern? Oder eine Religion? Warum gegen den Instinkt und das Bedürfnis angehen, mehr zu tun, als für das bloße Überleben nötig ist? Das Bedürfnis nach eigener Erfüllung geht darüber hinaus. Schreiben Sie die Einstellungen auf, die Sie daran hindern, für sich Erfüllung zu finden. Fertigen Sie dann eine Liste mit neuen Einstellungen an, die Sie als Affirmationen und Absichten formulieren, nach denen Sie leben werden.*

☐ *Visualisieren Sie sich als eines von zu vielen Hündchen eines Wurfes, mit denen die Mutter überfordert ist. Schreiben Sie Ihre Phantasien auf, und ziehen Sie daraus Schlußfolgerungen für Ihr Verhalten und Ihre Einstellungen. Was würden Sie gerne ändern? Visualisieren Sie die Szene ein zweites Mal, und stellen Sie sich diesmal vor, sich so zu verhalten, daß es Sie wirklich erfüllt.*

☐ *Entspricht es eher Ihrer Natur, anderen zu helfen und deren Bedürfnisse zu erfüllen, oder erfüllen Sie sich Ihre eigenen Bedürfnisse zuerst? Schauen Sie sich das an. Besser funktioniert es, wenn Sie sich zunächst einmal auf Ihre eigenen Bedürfnisse konzentrieren und sie sich direkt erfüllen, indem Sie so handeln, daß die anderen Beteiligten auch einige ihrer Bedürfnisse erfüllt bekommen. Auf diese Weise habe alle oder fast alle etwas davon. Es gibt genug Opfer in dieser Welt. Sie müssen nicht herumlaufen und sie alle retten. Sorgen Sie für sich selbst. Selbstlosigkeit löst Eifersucht und Konkurrenzdenken aus. Wie sieht Ihr Muster hier aus? Was werden Sie tun, um es zu transformieren?*

Halten Sie sich niemals zurück, und es wird Ihnen an nichts fehlen.

82 Gerechtigkeit

BILD: EIN ALTER MANN SITZT AM ESSTISCH UND
SCHLÄGT EIER AUF.

»Man tat das Richtige und wurde belohnt.«

Die meisten von uns hatten eine Kindheit, in der wir nicht immer
bekamen, was wir wollten und nicht immer dafür belohnt wurden,
daß wir das Richtige taten. Eine Kindheit, in der andere ihre De-
struktivität auslebten und oft trotzdem die guten Dinge im Leben zu
bekommen schienen. Vielleicht sind wir zu ehrlich, zu freundlich,
zu rücksichtsvoll mit anderen umgegangen, und die anderen nutzten
das aus und machten uns fertig, damit wir ihre Bedürfnisse erfüllten.
Wir protestierten. Wir wurden wütend. Und selbst wenn wir kein
einziges Wort zu unserer Verteidigung sagten, protestierten wir
insgeheim gegen die Realität und dachten, es sei nicht richtig, was
uns da angetan wurde.

Als Heranwachsende mißfielen uns die Berichte von Menschen, die
sich gegenseitig umbrachten, und von Kriegen, die sich in dieser
Welt abspielten. Aber wir richteten unsere Klage gegen unsere Eltern.
Zu oft hatten sie darauf bestanden, uns ihren Willen aufzuzwingen.
Zu oft beharrten sie darauf, daß ihre Sicht richtig sei. Wir rebellierten,
entweder offen oder innerlich. Das Leben war ganz offensichtlich
ungerecht, und wir wollten nicht hier sein. Wir zogen uns in das
Reich der Phantasie zurück oder fingen an, unseren Unmut auszuleben.

In der Schule schien es die meiste Zeit gerecht zuzugehen. Wenn
wir lernten und nicht störten, bekamen wir gute Noten. Wir taten das
Richtige und wurden belohnt. Leider brachte man uns damit eine
falsche Sicht der Wirklichkeit bei. Es gibt keinen sicheren Beweis
dafür, daß die Gerechten, die Guten, die Moralischen für ihr Verhalten
mehr Wohltaten ernten als die Intriganten, die Hinterlistigen, die
Politiker, die Drahtzieher und die Betrüger.

Jeder scheint etwas von der Fülle des Lebens abzubekommen, ob er nun ein besonders guter Mensch ist oder nicht.

Statt also ein gerechter Richter zu sein, kann dieses Leben sehr wohl zwischen Gegensätzen hin- und herpendeln. Es ist durchaus möglich, daß jeder ebensoviel Gutes wie Schlechtes erlebt, ganz gleich, wie sehr er sich auch anstrengt, gut zu sein. Ist das gerecht? Wohl nicht, aber ausgewogen.

Kindheitserfahrungen zu integrieren, wenn sie zum zweiten Mal auftauchen, bedeutet, die Fehler und die Ungerechtigkeiten, die uns angetan wurden, als gültigen Bestandteil des Lebens zu akzeptieren. Wenn wir mißbraucht werden, einen Elternteil verlieren und emotional oder körperlich die Hölle durchmachen, zeigt sich darin die dunkle Seite, die den Ausgleich darstellt für gesunde Zeiten, in denen wir von unseren Eltern gut behandelt wurden und emotional stabil waren. Ihr Ich neigt zum Positiven. Achten Sie einmal darauf! Das, was Sie vernachlässigen, beherrscht Sie.

Wenn wir darauf bestehen, daß die Dinge anders sein sollen, als sie es sind, schaffen wir falsche Bilder von der Realität und tun uns damit nichts Gutes. Es gibt im Leben keine absolute Gerechtigkeit, nur die Realität und ihre Folgen. Es existiert kein anderes vollkommenes Universum als das, das uns gegeben wurde. Wenn wir uns im Geiste ein anderes bauen, schwächen wir damit unseren Realitätssinn.

Manche Menschen werden zum Zyniker und nehmen sich, was sie nur kriegen können. Andere scharen sich um Retter und Elternfiguren, damit diese sie vor dem Leben bewahren. Wieder andere agieren ihr inneres Opfer aus, um heilsame Erfahrungen anzuziehen. Bewußtere Menschen akzeptieren gut und böse als natürliche Kräfte und versuchen, sie zu einem Ganzen zu vereinigen. Sie versöhnen sich mit ihrer Kindheit, indem sie erkennen, daß alles, was geschah, in Übereinstimmung mit dem Lauf dieser Welt war, und sie auf die Auseinandersetzung mit Widrigkeiten nicht vorbereitet gewesen wären, wenn sie keine schwere Kindheit gehabt hätten. Wer bewußter ist, stellt sich darauf ein, daß Gegensätzliches passiert, und entwickelt realistische Pläne und Strategien, um sowohl mit den hellen als auch mit den dunklen Seiten im Leben umgehen zu können.

Ganzheit heißt, sämtliche Seiten in sich zum Ausdruck zu bringen. Manchmal müssen wir bewußt böse sein, um diese Energie im Leben zu verwirklichen. Versuchen Sie, nicht zum Opfer Ihrer eigenen Einseitigkeit zu werden. Wer nur Gutes will, bringt Böses über sich. Das ist das große Gesetz von den Gegensätzen. Ersetzen Sie die Gerechtigkeitsdoktrin durch das Gesetz der sich ausgleichenden Gegensätze, indem Sie beide Seiten achten und integrieren. Wenn wir Gerechtigkeit durch Objektivität ersetzen, läuft das Leben besser für uns.

Die Arbeit

☐ *Wie sieht Ihre früheste Erinnerung an die Ungerechtigkeit der Welt aus, und welche Reaktion hat diese Erkenntnis in Ihnen ausgelöst?*

☐ *Wenn Sie immer noch erwarten, daß Menschen und Situationen gerecht sind, beschreiben Sie bitte Ihre eigenen Einstellungen, durch die diese Erwartung eventuell hervorgerufen wird.*

☐ *Nutzen Sie die Macht, die Ihnen in Ihrem Leben zur Verfügung steht, wirklich ganz? Wenn nicht, welche Einstellungen hindern Sie vielleicht daran, Ihr Leben voll zu leben?*

Das Ausgleichen von Gegensätzen bringt Heilung.

83 Vergeben

BILD: BLUT IN DEN HÄNDEN, DIE EINE SCHALE BILDEN.
»Wir sind uns selbst die schlimmsten Gegner, und darum geht
es beim Thema Vergebung.«

Ich weiß, daß es für die meisten von uns einen Menschen aus unseren
frühen Jahren gibt, der uns verletzt hat und dem wir nicht vergeben
wollen.

Auch wenn meine Eltern mir eine höllische Kindheit bereiteten, kann
ich in ihrem Verhalten Sinn und Freundlichkeit sehen. Vielleicht war
ihre Entscheidung, mich wegzuschicken, gar nicht so schlecht. Wäre
es denn besser gewesen, bei ihnen zu leben statt im Internat? Mein
Zorn gilt eher den Lehrern auf der Militärschule, die mich plötzlich
von der Schulbank zerrten und wie wild auf mich einschlugen. Aber
was gibt es an diesem Unglück zu vergeben?

Was gibt es all den Mördern und Soldaten in der Welt zu vergeben,
die ohne große Umstände töten? Viele von uns, die Opfer gewesen
sind, würden lieber zurückschlagen und ihre Gegner umbringen. Aber
es gibt so viele Feinde in diesem Leben. Wenn wir sie alle töten
könnten, wer würde da noch übrigbleiben?

Vergeben heißt nicht, daß wir jemanden von einer Missetat freispre-
chen. Vergebung ist ein Akt des Opferns, bei dem wir etwas loslassen,
was uns bereits genommen wurde. Wer nicht vergeben kann, hält
immer noch an der Vorstellung fest, wie es hätte sein sollen. Das,
was war, ist Realität. Das, was hätte sein sollen, hat nie existiert.

Wir lassen die Vergangenheit los, um in der Gegenwart mehr präsent
zu sein. Vergeben heißt, mich selbst erlösen, nicht den anderen.
Vielleicht verändert die Energie auch das Verhältnis zum Gegner,
aber das liegt nicht in unserer Hand.

Der Prozeß des Vergebens beinhaltet, daß Sie sich die Wunden, die
Sie erlitten haben, und denjenigen, der sie zugefügt hat, in Erinnerung

rufen, die Erfahrung neu durchleben und die Notwendigkeit spüren, die dem Geschehen zugrundeliegt. Wir vergeben nicht mit der Macht unseres Willens. Wir können nur dann wirklich vergeben, wenn wir uns dazu eigentlich gar nicht imstande fühlen. Vergeben muß ein Opfer sein. Ich muß besitzen, was ich loslasse. Wenn es um Groll gegen die Eltern geht, ist es in den meisten Fällen nicht nötig, den leiblichen Eltern gegenüberzutreten. Die heutigen Eltern sind nicht die Eltern unserer Kindheit. Der Prozeß des Vergebens ist ein innerer Prozeß, bei dem wir die Abwehr, mit der wir unsere Wunden umgeben haben, spüren und loslassen. Wir lassen die Sichtweise los, daß die Welt der große Gegner ist, und wir anderen die Schuld an unserem eigenen Unglück geben können.

Solange Sie nicht vergeben können, haben Sie Angst vorm Leben. Das Festhalten an den alten Wunden wird ab einem bestimmten Punkt zum müßigen Schwelgen, bei dem wir bei unserer Identifikation mit dem Opfer stehenbleiben. Sich vom Gegner durch Vergebung befreien heißt, sich von der Identifikation mit dem Opferarchetyp befreien.

Vielleicht zünden Sie eine Kerze an, schreiben die Missetaten Ihrer Gegner auf, erlauben sich, sie zu spüren, ohne sich länger dagegen zu wehren, und lassen dann völlig los. Lassen Sie den Gegner los und lassen Sie Ihr Opferdasein los. Sie können Ihrem inneren Kind oder Ihren inneren Eltern auch einen Brief schreiben. Und halten Sie sich dabei an einem heiligen Ort auf, wo Sie nicht gestört werden können und der heilsam auf Sie wirkt, wie zum Beispiel draußen in der Natur oder an einem Meditationsplatz.

Ich selbst habe vor einigen Jahren in der Analyse den Kopf meiner Mutter in Ton geformt, und als ich den Impuls hatte, ihn zu zerstören, tat ich es. Was ich mit diesem Stück Ton auslöschte, war ihre Macht über mich. Als ich mir erst einmal erlaubt hatte, das Schlimmste auszudrücken, konnte ich zum besseren Teil übergehen. Sie wurde zu einem fehlbaren menschlichen Wesen für mich, das gar nicht mehr in erster Linie meine Mutter war. Meine neue Mutter war in dem Maße in mir lebendig, wie meine Fähigkeit zu fühlen wuchs und ich die nährende und kreative Seite in meinem Leben ausdrückte.

Die Arbeit

☐ Entwickeln Sie aus dem, was in diesem Abschnitt beschrieben wird, für sich Schritte, mit denen Sie den Gegnern Ihrer Kindheit vergeben. Vielleicht fühlen Sie sich nicht bereit dazu oder praktizieren diese Schritte mehr als einmal. Sind wir denn jemals völlig bereit für den nächsten Schritt? Gehen Sie durch Ihren Prozeß, allein oder mit anderen, und schreiben Sie auf, was dabei hochkommt.

☐ Wenn Sie bislang noch nicht imstande waren, den Prozeß des Vergebens zu durchlaufen, schreiben Sie auf, was Sie daran hindert, und halten Sie Ausschau nach heilsamen Träumen und Erfahrungen.

☐ »Und vergib uns unsere Schuld, wie auch wir vergeben unseren Schuldigern«, lautet ein wohlbekannter religiöser Text. Woher kommt Vergebung nach diesen Lehren? Ist Vergebung oder Erlösung im Rahmen des Universums etwas Gegebenes oder die Tat einer launenhaften Gottheit, die angefleht werden muß? Was müssen wir tun? Was muß die Quelle der Vergebung tun? Was müssen wir tun, damit uns vergeben wird oder wir uns versöhnt fühlen mit früheren Wunden, Blockierungen oder gar willentlich bösen oder zerstörerischen Handlungen? Welche Wahl haben wir?

☐ Gibt es irgend etwas im Leben, was einem Menschen nicht vergeben werden kann? Auf welcher Grundlage? Gibt es für jeden Konflikt und jede zerstörerische Handlung Heilung?

☐ Arbeiten Sie jetzt daran, sich mit der Kindheit zu versöhnen, indem Sie einen Vergebungsprozeß durchlaufen – die Wut, die Verletztheit, die Hilflosigkeit, die Abwehr, die die Folge war, das Loslassen der Abwehr und der Blockaden, die Entscheidung, sich von der Vergangenheit zu befreien, das Spüren der einset-

*zenden heilenden Macht aus einer anderen Quelle als der des
Ich, der Wechsel der Lebensperspektive oder der Sicht der Welt
und das verbindliche Einlassen auf ein neues, transformierendes
Leben.*

Wer wenig vergibt, wird wenig gewinnen.
Wer viel vergibt, wird viel haben.

84 Entscheidungen treffen

BILD: BLITZE FAHREN AN EINEM KLAREN TAG ÜBER DEN HIMMEL.

»Wenn wir ja sagen zu einer Sache, sagen wir nein zu allem, was ihr entgegensteht.«

Ich erinnere mich daran, wie ich vor Jahren Freunde besuchte. Als es für ihren Dreijährigen Zeit war, zu Bett zu gehen, stellten sie das Kind vor mehrere Entscheidungen. »Möchtest du jetzt zu Bett gehen? Möchtest du eine Geschichte vorgelesen bekommen? Möchtest du noch heißen Kakao? Möchtest du deinen roten Schlafanzug anziehen?« Mir widerstrebt es regelrecht, die zahlreichen weiteren Fragen aufzuführen, die sie ihrem Dreijährigen stellten. Schließlich sagte er: »Nein, nein, nein, nein!« zu allem. Die »guten« Eltern hatten ihr Kind mit Entscheidungen überfordert. Sie hatten versucht, ihre eigene Verantwortung für das Treffen von Entscheidungen auf ein Kind abzuwälzen, das sich noch nicht auf dieser Ebene befand. Sie waren sich nicht darüber im klaren, welche Macht das Treffen von Entscheidungen beinhaltet und wie dieser Prozeß beschaffen ist. Sie erkannten auch nicht, daß Entscheidungen gegen etwas nicht das gleiche waren, wie Entscheidungen für etwas.

Das Treffen von Entscheidungen gehört ganz offensichtlich zu den Lebensbereichen, die am stärksten vernachlässigt werden. Wo sind die Kurse und Bücher zu diesem Thema? Jeden Tag unseres Lebens treffen wir Entscheidungen, aber wer von uns ist wirklich fähig dazu? Ein Schlüssel für Effektivität ist die Fähigkeit, Entscheidungen zu treffen. Eine Entscheidung heißt, die Energie in eine bestimmte Richtung und nicht in eine andere zu lenken. Wenn wir ja sagen zu einer Sache, sagen wir nein zu allem, was ihr entgegensteht.

Viele von uns neigen eher dazu, ja statt nein zu sagen, und nach einer Weile sind wir schließlich überfordert von all unseren eigenen

Jas. Streß entsteht, wenn wir immer nur ja und niemals nein sagen. Es gibt auf dieser Welt mehr Jasager als Neinsager. Das Neinsagen kann kreativ sein, wenn wir uns damit für die Möglichkeit öffnen, ja zu sagen. Es ist besser, nein zu sagen, als automatisch ein Ja von uns zu geben, für das wir dann nicht einstehen.

Aber es gibt auch jene, wahrscheinlich sehr zurückhaltenden Menschen, die meistens nein sagen oder gar nichts. Vielleicht müssen die Neinsager sich für die Möglichkeiten des Lebens mehr öffnen und mehr riskieren. Beginnen Sie, sich dafür zu entscheiden, immer wieder ja zu sagen, wenn Sie nicht vor und zurück wissen und unentschlossen sind. Damit werden Sie das Muster durchbrechen und sich mit zahlreichen Konsequenzen auseinandersetzen müssen.

Vielleicht haben Sie das Gefühl, daß das Universum immer nein zu Ihnen sagt und Sie sich deswegen schützen müssen, indem Sie zum Universum ebenfalls nein sagen? Wer wird der erste sein, der diesen Kreislauf durchbricht? Sie oder das Universum? Sie haben die Macht, sich zu entscheiden. Sie durchbrechen das Muster zuerst!

Etwa im Alter von siebzehn Jahren fangen viele von uns an, selbst zu entscheiden, wie sie ihr Leben leben wollen. Wir sind zwar immer noch abhängig, möchten aber selbständig sein. Wir wissen, daß wir in ein, zwei Jahren mehr oder weniger auf uns selbst gestellt sein werden. Wir halten die Meinungen der Eltern nicht mehr für die einzig richtigen im Leben. Wir rebellieren oder gehen dagegen an. Wir wollen unsere eigenen Entscheidungen treffen. Das ist die Geburt des kreativen Ich in der oder dem Siebzehnjährigen, die Geburt einer ausgeprägten Persönlichkeit, die bereit ist, sich gegen die Eltern zu wenden, um sich selbst zu finden. In diesem Fall sind Entscheidungen die Demarkationslinie zwischen der eigenen Identität und den familiären Erwartungen.

Wer von uns gegen Ende der Teenagerjahre kein kreatives Ich entwickelt hat, lernt oft im Erwachsenenalter, seine eigenen Wahrnehmungen und Meinungen zu haben und seine eigenen Entscheidungen zu treffen. Wir lernen, die Folgen unabhängig davon auf uns zu nehmen, was andere sagen. Niemand kann Entscheidungen für Sie treffen. Es hängt von Ihnen ab, ob Sie untergehen oder schwimmen.

Die Arbeit

☐ *Wann haben Sie angefangen, Ihre eigenen Entscheidungen zu treffen? Beschreiben Sie die Abläufe und was Sie durch diese Erfahrung über das Leben gelernt haben. Vielleicht gehörten Ihre ersten Entscheidungen mehr zur Nein-Kategorie? Vielleicht gab es auch einige große Ja-Entscheidungen, zum Beispiel in bezug auf Liebesbeziehungen? Wie sahen die Folgen aus, und wie haben Sie sich damit auseinandergesetzt oder auch nicht? Haben Sie das Gefühl, sich die Finger verbrannt zu haben, weil Sie noch nicht bereit waren, Entscheidungen zu treffen? Wie haben Ihre letzten Schuljahre Ihre Einstellungen zu Entscheidungen und deren Folgen geprägt?*

☐ *Welche wichtigen Entscheidungen müssen Sie im Augenblick treffen? Wie sehen Ihr Entscheidungsfindungsprozeß und die ihm zugrundeliegenden Einstellungen aus? Welche Alternativen gibt es in der Situation? Was gefällt Ihnen und was nicht? Was ist das größte Potential und der größte Wert dieser Situation? Das Gefühl zeitlicher Abstimmung? Die umfassendere Perspektive? Die konkreten unmittelbaren Entscheidungen, die getroffen werden müssen? Ihr verbindliches Einlassen auf die Folgen?*

☐ *Entwickeln Sie schriftlich eine Strategie für das Treffen von Entscheidungen vom ersten bis zum letzten Schritt.*

Wofür wir uns entscheiden, das werden wir.

85 Schulabschluß

BILD: DIE VASE MIT DEN ALTEN BLUMEN WIRD IN DIE
LUFT GEWORFEN.

»Etwas abschließen heißt, die Tür hinter der Vergangenheit
zumachen und nur das Wesentliche mitnehmen.«

Endlich ist der Abschluß da! Wir gehen hinaus in die Welt, »mit
Glanz und Gloria«. Ich verspüre ein Gefühl von Erhabenheit und
eine freudige Traurigkeit. Als Fortschritt bringt der Abschluß mich
im Leben weiter. Als Gefühlserfahrung erlaubt er mir, ein letztes
Mal zurückzuschauen.
Bis jetzt waren wir Teil einer Familie und einer Bezugsgruppe. Mit
dem Abschluß gehen wir als Individuum hinaus in die Welt, um
unsere eigenen Freunde und unseren eigenen Lebensweg zu finden.
Einige von uns werden in der Nähe ihres Zuhauses bleiben und auch
die alten Gewohnheiten fortsetzen. Andere werden Tausende von
Kilometern weit weggehen und einen neuen Lebensstil entwickeln.
So scheiden sich die Wege. Feiern heißt, den Übergang zu ehren.
Der Stachel der Zeit fordert uns auf, weiterzuziehen.
Drehen Sie sich um und schauen Sie jetzt nach vorn. Wir müssen
uns auf die Zukunft konzentrieren. Die Zukunft ist immer da, wo
das Leben liegt.
Werde ich die Vergangenheit loslassen? Werde ich den Übergang
trotz meiner Ängste begrüßen? Habe ich ein Gespür für das Helden-
hafte der Situation? Bin ich mir im klaren über mich und meine
Fähigkeit, mich in der Welt auszutauschen?
Der Abschluß. Immer wieder kommt es im Leben zu Abschlüssen.
Wir beenden eine wichtige Arbeit oder Beziehung. Habe ich die
Lektion gelernt, oder rege ich mich über all die verpaßten Gelegenheiten auf? Etwas abschließen heißt, die Tür hinter der Vergangenheit
zumachen und nur das Wesentliche mitnehmen. Die Lektion besteht
darin, loszulassen, damit wir uns für die Zukunft öffnen können.

Die Art und Weise unseres Abschlusses wirkt sich auf sämtliche anderen Übergänge im Leben aus. Wenn wir die Kindheit niemals hinter uns lassen, wird es uns schwerfallen, die nächsten Wendepunkte auf unserem Weg zu akzeptieren. Der Umzug in eine andere Wohnung oder eine andere Stadt, heiraten und eine Familie gründen, die Geburt eines Kindes ohne allzuviel Bedauern oder Angst begrüßen, uns für eine sinnvolle Arbeit entscheiden, uns verbindlich auf den spirituellen Weg einlassen, uns damit auseinandersetzen, daß die Kinder aus dem Haus gehen, uns für einen neuen Beruf entscheiden, eine schwere Krankheit annehmen, den Höhepunkt unseres Lebens und unserer beruflichen Karriere erfahren, die Auseinandersetzung mit Sterben und Tod – all das sind wichtige Übergänge im Leben, die davon beeinflußt werden, wie und ob wir die Kindheit hinter uns gelassen haben. Der Abschluß der Kindheit ist der erste große Übergang. Wenn wir nicht mit Hilfe eines gründlichen Initiationsprozesses ins Leben hinausgegangen sind, werden wir bei sämtlichen folgenden Übergängen den ursprünglichen Versuch, die Kindheit abzuschließen und ins Leben hinauszutreten, mit all den Ängsten und Widerständen wiederholen, mit denen wir uns beim ersten Mal nicht richtig auseinandergesetzt haben. Besser, wir machen schließlich unseren Abschluß, als ständig Angst vor den nächsten Schritten im Leben zu haben.

Lassen Sie uns sämtliche Stadien des Lebens feiern!

Die Arbeit

☐ *Schreiben Sie auf, wie Sie Ihren Schulabschluß erlebt haben. Anschließend schreiben Sie auf, wie Sie ihn gern gehabt hätten.*

☐ *Das sind die wesentlichen Merkmale der Abschlußerfahrung:*

- *sich auf das nächste neue Stadium im Leben ausrichten;*
- *regredieren wollen, im augenblicklichen Stadium bleiben oder sogar zu einer früheren Zeit Ihres Lebens zurückkehren wollen;*

- das, was war, ehren, indem Sie das Wesentliche erfassen;
- es ehren, indem Sie sich daran erinnern, wer Sie waren, wo Sie anfingen und wie weit Sie gekommen sind;
- Angst vor der Zukunft, den Gefahren, dem Neuen;
- das große Abenteuer spüren, das der Übergang zu einem neuen Leben darstellt;
- sich selbst definieren;
- die eigenen Fähigkeiten, Persönlichkeitszüge und das bislang im Leben Erreichte auflisten;
- dem Übergang durch Selbstreflexion, Zeremonien und Feiern mit Freunden und anderen wichtigen Menschen eine Form verleihen;
- sich für das neue Leben entscheiden;
- sich mit den gewöhnlichen Seiten des Lebens, das auf Sie zukommt, auseinandersetzen, um sich wieder in den täglichen Aufgaben des Lebens zu verankern.

☐ Wenn Sie jemals ein Klassentreffen besucht haben, welche Gefühle und Themen sind bei Ihnen hochgekommen? Inwiefern sind Sie gewachsen?

☐ Wie sehen Ihre Einstellungen zu Übergängen und Neuanfängen aus? Welche müssen Sie verändern? Wie könnten einige neue Affirmationen oder Einstellungen lauten, die Sie zu diesem Thema gern in die Tat umsetzen würden?

☐ Wenn wir gegen Veränderungen Widerstand leisten, führt das zu sehr viel zusätzlichem Leiden. Inwiefern trifft das auf Ihr Leben zu?

☐ Was müssen Sie im Augenblick zum Abschluß bringen?

Für die Lebenden gibt es keinen Tod, nur Übergänge.

86 Mit der Realität Kompromisse schließen

BILD: DIE SCHWARZE KÖNIGSSCHLANGE SONNT SICH AUF EINEM GROSSEN FELSEN.

»Diese gute Erde ist das Reich des Realen.«

Schauen wir den Tatsachen einmal ins Auge: Viele von uns möchten manchmal nicht hier sein. Die Realität scheint ein schwieriger, wenn nicht sogar schrecklicher Ort zum leben zu sein. Belastungen und Anspannungen bedrücken uns. Wir haben große Talente, großartige Gedanken, aber irgendwie scheinen wir in dieser Welt nicht voranzukommen. Wir wünschten, es wäre leichter. Vielleicht wäre alles besser, wenn wir robuster, intelligenter und nicht der Mensch wären, der wir sind? Vielleicht würde es uns besser gehen, wenn wir nicht eine so schwere Kindheit gehabt hätten?

Aber wir sind nun einmal hier im gegenwärtigen Augenblick. Wir leben mit dieser Realität, wie immer die Einschränkungen aussehen mögen. Der eine ist ständig krank, allergisch gegen dies und jenes. Die andere leidet unter dem Ausbleiben der Menstruation und fühlt sich als Frau behindert. Wieder ein anderer wird in eine wohlhabende Familie geboren und fühlt sich so vernachlässigt, daß er an Selbstmord denkt. Ein Mädchen, das immer wieder davon träumte, an Krücken zu gehen und Jesus zu folgen, bekam später Kinderlähmung, war an den Rollstuhl gefesselt und wurde Nonne. Manche versteckten sich als Kinder in ihrem Zimmer. Andere flüchten vor Spannungen, wo sie nur können. Und wieder andere werden geschlagen, sexuell belästigt, nicht verstanden. Die Realität schmerzt und manchmal schmerzt sie sehr.

Wollen wir hier sein? Ist das Erwachsenenleben, von dem wir uns mehr Entscheidungsfreiheit erhofften, wirklich freier und erfüllender als eine schwere Kindheit?

Der Weg hinaus führt mitten hindurch. Dieses unser Leben ist das Reich des Möglichen, der einzige Ort, an dem wir sein können. Seien Sie jetzt hier. Wenn Sie Ihren Idealismus, Ihre Sehnsucht, die zu hoch angesetzten Werte und Ihre zwanghaften Ängste aufgeben können, haben Sie die Chance, ein erfülltes Leben zu leben. Aber Sie müssen sich dafür entscheiden, hier zu sein. Treffen Sie diese Entscheidung so nachdrücklich, wie Sie nur können, damit Sie Ihre weiteren Entscheidungen im Bereich des Möglichen treffen können. Voraussetzung für diese große Entscheidung ist, daß Sie sich die zentralen Aspekte Ihrer Kindheit eingestanden und sie verarbeitet haben.

Ja, schließen Sie Ihren Kompromiß mit der Realität. Die Menschen, die eine ähnliche Entscheidung getroffen haben wie Sie, werden Sie an ihrer Menschlichkeit erkennen. Sie können Ihnen in die Augen schauen. Sie sind bereit, auf jeden Moment, jedes Thema einzugehen. Sie nehmen sowohl die Freude als auch das Leiden auf sich und messen beiden den gleichen Wert bei. Sie verstecken sich nicht hinter irgendwelchem Firlefanz, Religion, Familie, Arbeit, Neurose, Freundschaft oder ähnlichem. Sie stehen für sich selbst ein und behandeln Sie als Individuum, das fähig ist, ähnlich bewußt zu sein. Wenn Sie mit solchen Menschen zusammen sind, dehnt Ihr eigenes Bewußtsein sich aus, und die guten Entscheidungen scheinen aus dem Nichts zu sprießen. Sie spüren, daß der andere in seiner Mitte ruht und reagieren wie selbstverständlich aus Ihrer eigenen Mitte auf ihn. Es gibt keine Klagen. Es gibt nur Entscheidungen und ihre Folgen.

Diese gute Erde ist das Reich des Realen. Setzen Sie sich damit auseinander. Willkommen in der Realität! Willkommen im Leben!

Die Arbeit

☐ *Warum nicht weiterhin gegen das Reale Widerstand leisten?
Beschreiben Sie, wie Sie sich Ihrem Leben weiterhin verweigern
können. Wie können Sie das noch besser machen, sich noch
abwehrender und unrealistischer verhalten? Entwerfen Sie einen
großartigen Plan.*

☐ *Beschreiben Sie das Abwehrsystem, das Sie in der Kindheit
entwickelt haben, um Widerstand gegen die Realität der Dinge
zu leisten. Haben Sie von einer anderen Welt phantasiert?
Beschreiben Sie Ihre Phantasiewelt. Hinter den Symbolen befinden sich die Samen für Ihr zukünftiges Leben, das Potential für
die Heilung einer kranken Kindheit.*

☐ *Sind Sie ein Kontrolleur oder ein Phantasierer? Picken Sie sich
gewisse Bereiche Ihres Lebens heraus und schieben andere, vor
denen Sie Angst haben, beiseite? Gehen Sie mit der Angst. Sie
werden feststellen, daß das Ich in den angstbesetzten Bereichen
gefährlich nahe daran ist, die Realität nicht zu akzeptieren.
Verändern Sie Ihre Einstellung, wenn Sie Angst haben. Fangen
Sie das neue Verhalten an mit dem Satz: »Ich akzeptiere die
Dinge so, wie sie sind, und werde...«*

☐ *Wenn Sie bereit dazu sind, sollten Sie eine einfache Zeremonie
oder Meditation entwickeln, die Ihre Entscheidung ausdrückt,
diese Welt so, wie sie wirklich ist, ganz zu betreten. Das ist Ihr
Kompromiß mit der Realität, das ist Ihre große Entscheidung,
so real zu sein, wie Sie nur können. Ihre Entscheidung kann
folgende Elemente beinhalten:*

– *Ich werde die gegenwärtigen Augenblicke so, wie sie kommen,
so umfassend wie möglich leben.*
– *Ich werde versuchen, beim Treffen meiner täglichen Entscheidungen nicht in die Vergangenheit oder die Zukunft abzuschweifen.*

– Ich entscheide mich dafür, hier zu sein. Dieser Bereich meines Lebens muß jetzt gelebt werden. Ich entscheide mich, in jedem Moment, so wie er kommt, lebendig zu sein. Ich werde meine Erfüllung in den Möglichkeiten finden, denen ich auf meinem Weg begegne, und nicht in Phantasien oder anderen Formen von Unbewußtheit.

– Ich werde daran arbeiten, unangenehme Erfahrungen nicht zu unterdrücken, sondern zu verarbeiten, indem ich mich kontinuierlich auf die Ganzheit einlasse. Ich möchte ganz lebendig sein und leidenschaftlich an der Welt teilhaben.

– Ich werde Schritt für Schritt mit den destruktiven Praktiken aufhören, durch die ich unbewußt werde, um die Realität zu vermeiden. Jedes Mittel, das meine Realitätswahrnehmung verändert und meine Fähigkeit schwächt, auf einer täglichen Basis Entscheidungen zu treffen, ist wahrscheinlich zerstörerisch für meine Entscheidungsfähigkeit überhaupt.

– Ich werde leidenschaftlich leben und auch die Gegensätze im Leben mit einbeziehen. Ich werde die dunkle Seite nicht draußen lassen. Ich bin jetzt lebendig, und das allein zählt.

Ebenso wie die Realität uns verwundet, heilt sie uns auch!

87 Der Brief

Ihr lieben Menschen aus meiner Kindheit,

meine Mutter, Gene Derwood, mein Vater, Oscar Williams, Richard und Diana, Bruder und Schwester, meine Freunde, meine Lieblingslehrerin Frau Day und all die anderen Lehrer, Freundinnen und Freunde, die mich unterstützt haben.

Ich brauchte euch, und wahrscheinlich brauchtet Ihr mich auch. Meine Eltern beschlossen, mich nicht bei sich aufzuziehen, und so wende ich mich an euch alle.

Dies ist ein Brief, mit dem ich mich von all dem Guten und all dem Schlechten verabschiede. Ich bin zur Kindheit zurückgekehrt, um zu erleben und durchzuarbeiten, was geschah. Jetzt lasse ich es los. Ich gebe die Traumen und den Groll auf. Ich lache darüber. Sie haben mich nicht zugrunde gerichtet, und ich bin jetzt sehr lebendig. Es stimmt, ich werde immer noch krank und habe Anfälle von Übelkeit wie in der Kindheit. Jetzt gerade habe ich einen schweren Anfall. Ich staune, wieviel Leiden ich verkraften kann. Und ich freue mich auch auf gesündere Zeiten. Ich erwarte nicht, von der Kindheit jemals völlig kuriert zu sein. Das wäre Perfektion. Ich bin bereit, das Leiden zu erfahren, das auf meinem Weg liegt.

Und was habe ich in der Kindheit gewonnen und aus ihr mitgenommen? Meine Robustheit, meine Fähigkeit, allen Widrigkeiten zu trotzen. Die Hingabe an die Heilung in Gott, in mir selbst und anderen. Gott oder die Quelle scheint sehr viel Dunkelheit und Unvollkommenheit in sich zu bergen. Wie sonst könnte ich die schlimmen Dinge erklären, die mir widerfuhren? Warum sollte ich irgend etwas ausschließen?

Es ist wieder einmal Zeit, weiterzugehen. Ich bin dort gewesen und hoffentlich mit mehr Mitgefühl und Bewußtsein in diese Zeit zurückgekehrt. Und ich danke den anderen, die mit mir gereist sind. Wir haben zusammen die Kindheit besucht und wieder verlassen.

Meine Liebe, meine Eltern, meine Kinder, meine Freunde und Feinde – alle sind in mir lebendig. Ich werde diesen Brief mit sämtlichen Namen unterschreiben, die mir vererbt wurden. Ade!

Strephon Derwood Kaplan-Williams

88 Der Abschluß der Kindheit

BILD: EIN SCHWARZES GEWAND UND EINEN GOLDENEN STAB EMPFANGEN.

»Wir sind hier. Und es gibt keine Möglichkeit, irgendwo anders zu sein.«

Das Folgende müssen wir mit einer umfassenden Selbstakzeptanz aufnehmen. Schließen wir die Kindheit tatsächlich ab, und können wir das überhaupt? Die Art und Weise, wie wir die Kindheit überlebten, hat einen tiefgreifenden Einfluß auf unser restliches Leben, ganz gleich, wie sehr wir uns transformiert haben. Trotzdem gibt es bestimmte *grundsätzliche Anzeichen*, die darauf hinweisen können, daß die Kindheit tatsächlich abgeschlossen wurde:

■ Ein Mensch, der die Kindheit abgeschlossen hat, beklagt sich selten über etwas. Beklagen heißt, daß wir etwas kritisieren und nicht akzeptieren, ohne aber etwas dagegen zu unternehmen. Der Klage liegt die Aussage zugrunde, daß die Kindheit des Klagenden anders hätte sein sollen, als sie tatsächlich war. Wenn wir die Kindheit nicht genauso akzeptieren, wie sie war, heißt das, daß wir immer noch Gründe haben zu klagen. Uns gefällt etwas nicht, und wir wünschen uns, es wäre anders. Wir möchten, daß die Dinge anders sind, als sie sind. Darüber hinaus unternimmt der typische Klagende niemals besondere Anstrengungen, um die Umstände zu ändern, die seiner Klage zugrundeliegen.
In der Kindheit waren wir mit Dingen konfrontiert, unter denen wir litten, und meistens waren wir hilflos und konnten nichts gegen sie unternehmen. Die Erwachsenen hatten die Macht. Die einzige Möglichkeit, Widerstand zu leisten, lag darin zu weinen, zu schmollen und einen Wutanfall zu bekommen. Wenn wir beim Heranwachsen nicht ein starkes Gespür dafür entwickelten, selbst die Wahl zu haben, fuhren wir fort, uns angesichts von Widrig-

keiten hilflos zu fühlen und uns zu beklagen. Wenn sich uns im Erwachsenenleben etwas widersetzt, beklagen wir uns. Wir haben schreckliche Ehemänner und Regierungen, leiden unter Kopfschmerzen, die Welt ist fürchterlich und so weiter. Der Punkt ist, sich über diese Umstände nicht zu beklagen, sondern etwas dagegen zu unternehmen. Wenn Sie das Gefühl haben, daß etwas nicht stimmt, sollten Sie es ändern! Wenn Sie es nicht ändern können, sollten Sie sich selbst ändern! Und was ist, wenn Sie eine Situation oder einen Menschen als unterdrückerisch erleben, ohne etwas daran ändern zu können? Dann akzeptieren Sie die Realität so wie sie ist oder gehen Sie. Warum sollten Sie sich auf eine Situation einlassen, die zu beeinflussen oder zu ändern nicht in Ihrer Macht steht?

■ Der reife Erwachsene schließt seine Kompromisse mit der Realität. Wieviele von uns haben akzeptiert, hier auf der Erde zu sein? Leisten wir immer noch gegen irgend etwas im Leben Widerstand? Es ist schwer, auf den Wunsch nach Dingen zu verzichten, die wir nicht haben. Als Kinder haben wir uns immer etwas Besseres gewünscht als das, was wir bekamen. Jetzt, wo wir in das Erwachsenenleben eingetreten sind, wünschen wir uns immer noch, daß die Dinge anders seien. Wir bauen uns im Kopf eine ideale Wirklichkeit auf, an der wir die reale Welt messen und ihr so entfliehen. Wenn Sie immer noch gegen irgend etwas in diesem Leben Widerstände haben, haben Sie Ihren Kompromiß mit der Realität noch nicht geschlossen. Sie möchten immer noch einen besseren Geliebten, als Sie ihn haben, möchten mehr Geld, eine andere Wohnung, lieber ein Mann oder eine Frau sein. Nennen Sie irgend etwas, und bestimmt gibt es jemanden, der es sich wünscht.

Unseren Kompromiß mit der Realität schließen heißt, innerhalb der Grenzen der Realität arbeiten. Wir akzeptieren das, was ist, und gehen damit kreativ um. Wir leben im Reich des Möglichen. Wir leben jetzt, nicht später. Wie unser Leben auch aussehen mag, wir haben es jetzt. Wir sind hier. Und es gibt keine Möglichkeit, irgendwo anders zu sein.

■ Für den reifen Erwachsenen existieren die Eltern nicht mehr als Eltern. Sie sind jetzt Menschen. Als Erwachsene schulden die Kinder ihnen nichts, so wie auch die Eltern ihnen nichts schulden. Ihre Eltern stehen für das alte Leben. Sie bewegen sich auf das neue zu. Lassen Sie sie sein. Lassen Sie sie gehen. Gehen Sie weiter.

Eltern haben keine speziellen Rechte über ihre erwachsenen Kinder. Menschen nehmen von ihren Eltern die empörendsten Dinge hin, die sie von ihren engsten Freunden niemals dulden würden. Das erwachsene Kind hat immer noch Angst, den Vater oder die Mutter zu kränken, weil die Eltern in der Kindheit das Machtspiel spielten und ihre Kinder gebrochen und ihnen mit dem Einsatz ihrer Macht Angst eingeflößt haben. Wenn Sie Angst haben, Ihre Eltern in irgendeiner Weise zu kränken, sind Sie noch nicht erwachsen geworden.

■ Wir sind entschlossen, im Erwachsenenleben keine Abhängigkeitsbeziehungen einzugehen, in denen wir uns verstecken. Tatsächlich aber gehen wir alle Abhängigkeitsbeziehungen ein, doch in unserer modernen Zeit führen diese oft zur Trennung mit sehr viel Leid auf beiden Seiten.

Was bei Auflösung von Beziehungen natürlich geschieht ist – vor allem, wenn es um Abhängigkeitsbeziehungen geht –, daß die Nabelschnur noch einmal durchgetrennt wird. Wahrscheinlich wird sie in jedem Fall durchgetrennt. Durch Sex knüpfen wir eine Nabelschnur zur Großen Mutter, unserem Partner oder unserer Partnerin, und wenn die Beziehung in die Brüche geht, schreien wir auf und erleben noch einmal das qualvolle Leid des ursprünglichen Verlustes. Der Wunsch nach Sex ist eine instinktive Reaktion; in ihm zeigt sich darüber hinaus auch die Sehnsucht nach einer Wiedervereinigung mit der Großen Mutter, um sich zu erneuern oder als Erwachsener zu regredieren. Das Abhängigkeitssyndrom erfolgreich bewältigen heißt, daß wir in möglichst vieler Hinsicht unser eigenes Leben leben, finanziell, sexuell, in bezug auf Freundschaften und das eigene Wachstum. Dann spielen die Partner nicht mehr Amateurtherapeuten füreinander, auch wenn sie sich gegenseitig in ihren Bedürfnissen bestätigen und dadurch auch viel eher in der Lage sind, den Partner oder die Partnerin bei der Erfüllung seiner oder ihrer Bedürfnisse zu unterstützen.

■ Wir lassen uns verbindlich darauf ein, das Abhängigkeitsthema zu bearbeiten, wann immer es auftaucht. Auch wenn wir nicht in einer Abhängigkeitsbeziehung leben, fallen wir in Phasen von Abhängigkeit zurück, die durch unsere Vergangenheit oder augenblickliche Belastungen entstehen. In diesem Fall müssen wir unseren ganzen Mut zusammennehmen und unser Wachstum selbst fördern, statt zu erwarten, daß unsere Partner unsere Bedürfnisse erfüllen.

■ Wir leisten gegen die Übergänge im Leben keinen Widerstand, sondern feiern sie auf sinnvolle Weise. Da wir von der Kindheit zum Erwachsenenleben übergegangen sind, indem wir unser Material bearbeitet haben, können wir uns auch sämtlichen anderen Übergängen im Leben stellen und sie bewältigen.
Die Menschen, denen das Sterben am schwersten fällt, haben ihre Kindheit nie verlassen. Sie möchten am Leben bleiben, weil sie nie gelebt haben. Dann müssen sie sämtliche Abhängigkeitsthemen, die sie schon Jahre vorher hätten bearbeiten sollen, beim Sterben durcharbeiten. In ihrer eigenen Krankheit erleben sie das archetypische verletzte Kind noch einmal und können schließlich, wenn sie sterben, noch zahlreiche Erlebnisse mit dem wunderbaren Kind haben. Es scheint paradox, daß die Sterbeerfahrung eine letzte Rückkehr zu den Kindheitserfahrungen sein soll, aber wenn Sie nicht erwachsen geworden sind, müssen Sie natürlich zum Anfang zurückkehren, um sich Ihrem Ende stellen zu können.

■ Wir lassen uns verbindlich darauf ein, aus dem Archetyp des göttlichen Kindes heraus zu leben, dem Archetyp des Selbst. Wir leben täglich eine neue Essenz. Wir sind spontane Wesen, flexibel und unverwüstlich bis ans Ende unserer Tage. Wir sind lebendig und bewußt. In vielem, was wir tun, manifestiert sich eine spirituelle Macht. Wir haben uns zum Vehikel für einen Prozeß gemacht, der über das Ich hinausgeht, einen Prozeß, der sogar noch umfassender ist, als unsere Eltern ihn sich für uns erhofften oder von uns erwarteten. Wir leben nicht, um die Erwartungen unserer Eltern zu erfüllen. Wir leben das Potential des zentralen Archetyps, die Quellen des Universums treten für uns an Elternstelle. Wir werden täglich wiedergeboren ins Leben. Wir beschließen, diese Neugeburt durch unser tägliches Handeln zu schützen und zu fördern.

■ Wenn wir die Kindheit bereits abgeschlossen haben, begrüßen wir den Tod, wenn er kommt, als letzte und höchste Erfahrung eines Übergangs. Wir fürchten uns nicht davor zu sterben, denn wir haben eine wichtige erwachsene Aufgabe bewältigt, nämlich die Abhängigkeiten der Kindheit hinter uns zu lassen und schließlich aus dem göttlichen Kind heraus zu leben, dem zentralen Archetyp des Selbst. Dann wird der Tod zu einer Erfahrung des Göttlichen, bei der wir uns als Kind Gottes fühlen, dem das höchste Geschenk, das Geschenk des Lebens, zuteil wurde, das dieses Geschenk realisiert hat und jetzt aus dem Leben tritt.

□ Schreiben Sie einen verbindlichen Brief an sich, in den Sie
    sämtliche erwähnten Punkte einbeziehen und mit eigenen Worten
    ausdrücken. Wenn Sie fertig sind, können Sie ihn sogar mit der
    Post an sich schicken. Und Sie sollten ihn auf jeden Fall Ihrer
    Kindheits-Transformations-Gruppe vorlesen, falls Sie in einer
    sind.

□ Schreiben Sie eine Chronologie Ihres Lebens, die Ihre ganze
    Kindheit bis zum Alter von einundzwanzig Jahren enthält. Führen
    Sie jedes Jahr auf, und schreiben oder beschreiben Sie dahinter
    ein oder zwei der wichtigsten Ereignisse sowie deren Bedeutung.
    Das wird Teil Ihres Mythos der Kindheit sein, Ihrer inneren und
    Ihrer äußeren Reise.

**Wir gehen weiter, indem wir erkennen, welche Bedeutung die
Ereignisse haben, die hinter uns liegen.**

89 Abschied nehmen

BILD: EIN KRUG MIT KLAREM WASSER UND ZWEI
GLÄSER.

»Aber ich beschließe, nicht dort zu bleiben.«

Dies ist unsere Zeremonie. Da die Zeit fortschreitet, ist jetzt der
Augenblick gekommen, jene erste frühe Phase der Kindheit hinter
uns zu lassen. Ich bin auf vielen Wegen dorthin zurückkehrt, und
vieles hat mich berührt. Aber ich beschließe, nicht dort zu bleiben.
Die Zukunft ruft mich vorwärts ins Leben. Ich muß Abschied nehmen.
Ich muß jene Phase meines Lebens loslassen, während ich mir noch
einmal eingestehe, wer ich war und niemals wieder sein werde. Und
trotzdem nehme ich, wenn ich gehe, das Wesentliche mit mir, den
Kern meiner Bestimmung, die ich hier und heute leben muß.

Ich verabschiede mich von allem, was war.

Ich verabschiede mich von dem kleinen Kind.

Ich verabschiede mich von den Eltern, die mich liebten und schwierig
fanden.

Ich verabschiede mich von den Verletzungen und den Freuden von
damals.

Ich verabschiede mich von allem, was ich bekommen und nicht
bekommen habe.

Ich verabschiede mich von meinem kleinen Kind-Selbst.

Ich sehe dich vor mir. Ich umarme und halte dich. Ich lasse alles
los, was damals war, denn mein Herz verändert sich.

Ich sehe dich vor mir, und trotzdem lasse ich dich los, ich muß
weiter.

☐ *Diese zeremoniellen Worte können Sie für ein Ritual benutzen, mit dem Sie diese Phase Ihres Lebens ehren und loslassen, was Ihnen auch hilft, sie noch weiter zu bewältigen. Bei unserer »Abschiedszeremonie« sprechen wir einen Toast auf die Vergangenheit aus, sagen den Namen des Kindes und lesen die zeremoniellen Worte. Lesen Sie sich also diese Worte jetzt bitte durch, und benutzen Sie sie als Vorlage für Ihre eigene Ansprache. Gehen Sie so weit, wie Sie können, in dem Wissen, daß jetzt und vielleicht auch in Zukunft immer noch weiteres Material aus der frühen Kindheit existiert, das bearbeitet werden muß. Sie können sich Ihr kleines Kind vorstellen, während Sie die Worte schreiben oder sprechen.*

☐ *Lassen Sie die Gefühle und Bilder zu. Was einmal überwältigend war, kann jetzt eine reinigende Wirkung haben. Fühlen Sie die Unterstützung. Fühlen Sie die Familie und die Stärke Ihrer Erwachsenenjahre – die neue Versorgungsquelle und die Gemeinschaft all jener, die mit Ihnen reisen und die sich darauf eingelassen haben, sich auf verschiedenen Wegen innerlich zu entfalten und zu Bewußtheit und Ganzheit zu gelangen.*

Erleben Sie beim Abschied den Neuanfang!

Tod-Wiedergeburt

Jede Jahreszeit bringt eine Wahl.
Eine Zeit zu sterben und eine Zeit zu leben.
Eine Zeit zu schrumpfen und eine Zeit sich auszudehnen.
Jeder Anfang hat ein Ende.
Eine Zeit der Regression und eine Zeit des Wachsens.
Eine Zeit des Abschieds und eine Zeit des Willkommens.

Für alles Neue muß das Alte gehen.
Ein Grab muß geschaufelt und ein neuer Same gesät werden.
Ein Opfer muß gebracht und Erfüllung geschaffen werden.

Unsere Tage sind gezählt von der Ewigkeit.
Was einmal war, wird niemals wieder sein.
Die Lieder, die wir sangen, sind nur noch ein Echo.

Wir sind wie Sandkörner in der Unendlichkeit der Meere.
Nur für einen kurzen Augenblick erleuchtet unser Bewußtsein das Leben.
Wir sind nichts in der Transzendenz des Jetzt.

Und das, was wir haben, haben wir nicht.
Das was wir sind, werden wir nicht sein.
Was wir werden können, ist bereits
eine Last auf unseren Schultern.

Welche Richtung nimmt mein Leben? fragt der Sucher.
Zu was führen all meine Entscheidungen?
Und zu welchem Zweck bin ich geboren oder nicht geboren worden?

Und doch sage ich: Das, was ist, ist meine Zuflucht.
Meine Rettung liegt in meinem Handeln und dem, was das Leben mir
bringt.
Meine Sehnsucht gilt dem Heiligen.

Wenn ich nicht mehr bin, wird weiter Regen fallen.
Die Jahreszeiten wirbeln fort in alle Ewigkeit.
Und die Stimme aus meinem Munde wird zum Lied eines anderen.

Denn ich bin nicht allein in meinem ganz gewöhnlichen Menschsein.
Ich bin nicht allein auf meiner Reise zur Ganzheit.
Ich bin dort in Frieden, wo das Zentrum mich führt.
Und ich werde leben in all meinem Sterben.

Anhang

Worterklärungen

Nutzen Sie dieses Glossar zum schnellen Nachschlagen bestimmter Emotionen, Gefühle oder Themen, mit denen Sie sich in Ihrem Leben gerade auseinandersetzen. Das kann Ihnen helfen, Ihre Erfahrungen im richtigen Zusammenhang zu sehen.

1. Ablehnung: Niemand kann uns ablehnen außer wir selbst. Die anderen können nein zu uns sagen, aber müssen wir nein zu uns sagen, nur weil andere es tun? Das Ablehnungsproblem ist zentral, weil die Angst vor Ablehnung viele Menschen daran hindert, für sich Erfüllung zu suchen. Wenn Sie ein kleines Kind betrachten, werden Sie ein Wesen sehen, das aktiv mit seinem eigenen Prozeß beschäftigt ist. Wenn es etwas will, bemüht es sich darum und bekommt manchmal ein Nein und manchmal ein Ja zu hören. *Wenn Sie ein Nein hinnehmen können, können Sie um alles bitten.* Wenn Sie ein Ja hinnehmen können, gewinnen Sie das Leben. Ja, wir wurden in der Kindheit zurückgewiesen, abgelehnt, vernachlässigt, verspottet, kritisiert und uns selbst überlassen. Na und? Was ist falsch an Entbehrungen, solange sie uns nicht veranlassen, uns zu verschließen und nicht mehr nach der Fülle des Lebens zu suchen? *Sagen Sie ja zu sich, wenn jemand nein zu Ihnen sagt.* Nehmen Sie das Nein anderer Menschen nicht an, indem Sie sich automatisch in Selbstkritik üben und sich fragen: Was habe ich nur falsch gemacht? Bestätigen Sie sich stattdessen. Erkennen Sie – falls das stimmt –, daß das, was Sie wollten, für Sie beide gut war, und daß einige Menschen sich die Fülle des Lebens versagen, indem sie nein sagen. Dafür sind Sie nicht verantwortlich. Hoffentlich finden diese Menschen das, was sie brauchen, woanders. Die anderen verlieren mehr als Sie. Denn Sie lassen sich nicht dadurch aufhalten, daß andere sich selbst ablehnen. Sie bewegen sich auf die nächste Gelegenheit zu, in dem sicheren Wissen, Menschen wie Sie zu treffen, die ebenfalls ja zum Leben sagen.

2. Abwehrverhalten: Jeder von uns hat sich beim Aufwachsen in der Kindheit hinter einem Abwehrsystem verbarrikadiert, das die Wunde der Kindheit sorgfältig verborgen hat. Wir haben gelernt zu existieren,

307

indem wir uns verteidigten, statt uns dem Leben zu öffnen. Aber alle Schlösser werden zu Gefängnissen. *Die Wände, die Fremde draußen halten, halten uns gefangen,* und so werden wir uns selbst fremd, weil wir uns nicht ehrlich ausdrücken. Abwehrverhalten heißt, daß wir darauf beharren, im Recht zu sein und einen Anspruch darauf zu haben, daß unsere Bedürfnisse befriedigt werden, koste es, was es wolle. Wir öffnen uns nicht, sondern leisten Widerstand gegen die Realität, so wie sie ist. Wir haben unsere Kindheit noch nicht akzeptiert, also können wir auch das Erwachsenenleben und die Realität an sich nicht akzeptieren. Wir verhalten uns abwehrend, immer auf der Hut davor, daß irgendein Gegner eindringt und über uns herfällt. Wir verlieren neue Möglichkeiten aus den Augen, die für uns da wären, wenn wir einfach loslassen und mitgehen könnten.

3. Anfänge: Wenn wir etwas Neues beginnen, löst das immer die gleiche Kindheitsdynamik aus. So wie wir morgens täglich aufwachen, wurden wir auch ins Leben geboren. Wenn Sie bei Neuanfängen eine gewisse Ängstlichkeit verspüren, sollten Sie sich Ihre Kindheitserfahrungen anschauen und sie noch einmal durcharbeiten. Mit jeder gegenwärtigen Tat wiederholen wir ein Handeln aus der Kindheit. Befreien Sie sich, sehen Sie, welche Rolle die Vergangenheit in der Gegenwart spielt. Entscheiden Sie dann auf der Grundlage der Realität des augenblicklichen Geschehens und nicht nach dem, »was damals geschah«, was gegenwärtig am besten ist.

4. Ängste: *Angst ist die Wahrnehmung eines möglichen Verlustes.* Auch wenn wir noch gar nichts verloren haben, sei es das Leben, etwas Gekauftes oder unsere Schlüssel, fürchten wir, etwas zu verlieren. So hindern wir uns oft selbst daran, das Risiko einzugehen, etwas Neues zu leben. Die unbewußte Reaktion auf Angst besteht darin, daß wir uns zusammenziehen. Damit erstarren wir und vermeiden, uns mit dem auseinanderzusetzen, was darauf aus ist, uns oder unserem Besitz Schaden zuzufügen oder zu zerstören. Es ist besser, im Angesicht des Gegners zu zittern und zu zagen, denn das setzt wenigstens die Energien frei, die uns auf Aktivität und Bewegung vorbereiten können. Noch besser wäre ein zentrierter Umgang mit dem, was im Augenblick schwierig ist, und zwar ohne Angst aber mit einem lebendigen Bewußtsein. *Angst haben heißt,sich vor Dingen fürchten, die noch gar nicht existieren.* Wenn wir in jedem Augenblick voll präsent sind, fürchten wir uns nicht und handeln ohne Angst. Was auch immer dann geschieht ist ein Erfolg, denn wir haben uns im existierenden Augenblick voll eingesetzt. Eine gute Vorbereitung auf diese Art von Zentriertheit ist, sich darin zu üben, alles loszulassen, wovon Sie abhängig sind. Abhängigkeiten schränken uns ein. Wenn wir mit etwas oder jemandem identifiziert sind und deswegen Verlustangst haben, behindern wir uns. Sie müssen so handeln, als würden Ihre intensive Beziehung, die Dinge, die Sie gekauft oder geschaffen haben, das Leben, das Sie leben, schon morgen – wenn nicht bereits früher – dahin sein. Denn es ist eine Tatsache, daß das, was Morgen geschieht, neu und keine Wiederholung des Heutigen sein wird. Lassen Sie auch das Gute los, während Sie intensiv und ohne Angst leben. *Das freiwillige Opfer ist die einzige wirkliche Versicherung, die es gibt.*

5. Ängstlichkeit: *Ängstlichkeit ist Angst ohne einen konkreten Inhalt.* Um sich von Ängstlichkeit zu befreien, führen Sie all die konkreten Dinge auf, vor denen Sie Angst haben könnten, und überlegen sich, wie Sie damit umgehen können. Ängstlichkeit bezieht sich immer auf Vergangenheit und Zukunft. Wir sind mit etwas nicht gut zurechtgekommen und haben jetzt Angst, daß es noch einmal passiert. Wir fürchten das, was geschehen könnte, nicht das, was tatsächlich geschieht, wenn wir voll anwesend sind. Ganz im Augenblick leben heißt, daß Sie in diesem Augenblick wach sind und handeln und keine Zeit haben, ängstlich zu sein, weil Sie aktiv sind. *Handeln* Sie, um sich von Ängstlichkeit zu kurieren, und schauen Sie niemals zurück.

6. Ärger: *Ärger ist die Emotion unterdrückter Gefühle.* Energie zu unterdrücken erfordert Energie. Die defensive Persönlichkeit unterdrückt Gefühle und Emotionen, die dann schließlich explodieren, wenn man ihre Knöpfe drückt. Das erste Stadium von Ärger ist Unterdrückung. Wir wissen noch nicht einmal, daß wir verletzt oder ärgerlich sind. Das zweite Stadium ist Ausdruck. Wir wissen, daß wir ärgerlich sind, weil der Ärger plötzlich hochkommt, und wir drücken ihn aus. Aber wir sind noch nicht in Kontakt mit der Verletztheit und den Themen, die hinter dem Ärger stehen. Das dritte Stadium ist die Transformation des Ärgers. Wir wissen, daß wir ärgerlich sind, verleihen unserem Ärger sofort auf kreative Weise Ausdruck, kommen an die Gefühle und Themen heran, die dahinter stehen, und lösen das Thema oder die Situation, wenn möglich, sofort. Unser Ärger nimmt ab, und wir drücken unsere Gefühle – positive wie negative – besser aus.

7. Alpträume: In der Nacht kommen Träume, um uns unsere Lebensthemen zu zeigen. In der Kindheit hatten wir vielleicht Träume, die ein direkter Ausdruck unserer Angst waren, überwältigt zu werden. Das Gefühl, überwältigt zu werden, läßt sich beim Kind am besten als Selbstverlust beschreiben, als Verlust der persönlichen Identität. Das Kind wird gezwungen, Dinge zu tun, die es in dieser Phase seines Lebens nicht als natürlichen Selbstausdruck empfindet, wie zum Beispiel, sich sexuell verhalten zu müssen, bevor es emotional oder körperlich reif dafür ist. Nicht das Geschehen selbst ist schädlich, sondern der Verlust der persönlichen Identität, dessen, was der Mensch ist und wird. Also zeigen Alpträume uns, wie unser Ich überwältigt wird, sei es von einer großen Woge oder von einer Mörderhand. Ein mangelndes Selbstbewußtsein ist deswegen zerstörerisch, weil wir nicht wissen, wer wir sind und keine Entscheidungen treffen können, die uns als den Menschen bestätigen, für den wir uns selbst halten. Unsere Fähigkeit zu entscheiden und mit der Realität so umzugehen, wie sie ist, ist dann nur schwach ausgeprägt. Der Alptraum kommt und zeigt uns auf schockierende Weise, wie schlecht wir darauf vorbereitet sind, uns mit den Dingen auseinanderzusetzen. Vielleicht ist der Schock gut, wenn er dazu dient, das Kind und den Erwachsenen zu motivieren, mehr Selbstbewußtsein und Selbstbestätigung zu entwickeln. *Die Themen, die in Form von Alpträumen auftauchen, müssen bewältigt werden.* Wenn wir überhaupt existieren, können wir uns auch kontinuierlich selbst bestätigen und stärker darin werden, uns mit dem, was das Leben bringt, auseinanderzusetzen. Denn eine der großen Aufgaben im Leben besteht darin, sich mit dem Leben als ganzem auseinanderzusetzen, mit immer weiteren Aspekten, die auf uns zukommen, ohne irgend etwas auszuschließen. Das ist die Bedeutung der Redewendung, *mit der Angst gehen und etwas riskieren.*

8. Beziehung: Wir beziehen uns auf andere, um uns auf uns selbst zu beziehen. Wir werden in Beziehungen hineingeboren. Wir sind mit uns allein nicht ganz oder vollständig. Wir brauchen andere, und andere brauchen uns. Es ist besser, die simple Tatsache zu erkennen, daß wir aufeinander angewiesen sind, statt in die Falle gegenseitiger Abhängigkeit zu geraten. Co-Abhängigkeit heißt, daß wir versuchen, uns gegenseitig für unsere Bedürfnisse zu benutzen. Aufeinander angewiesen sein heißt, daß wir uns begleiten und einander uneingeschränkt geben, was wir haben. Ich beziehe mich auf dich, um mich auszudrücken. Ich finde in dir den Empfänger und Spender von Lebensenergie. Du bist zu beidem fähig und ich auch. Wenn wir in Beziehung miteinander treten, gleichen wir die Energie aus. Was wir nach draußen geben, nehmen wir auch nach innen. Was wir empfangen, geben wir wieder. Aber in der Kindheit erfuhren wir eine andere Art, uns zu beziehen. Wir erlebten, daß die Erwachsenen viel von uns wollten und wenig gaben. Andere Erwachsene wiederum gaben viel, konnten aber nicht gut annehmen, was wir zu geben hatten. Die Beziehung zwischen Eltern und Kind war ungleich, weil die Eltern zu viel oder zu wenig gaben. Wir erlebten Beziehungen als unausgewogen und konnten wenig dagegen tun. Aber warum sollten wir uns jetzt, als Erwachsene, mit einer einseitigen Beziehung zufrieden geben?

9. Depression: *Depression heißt Energiemangel aufgrund von Unterdrückung.* Wenn wir eine schwere Kindheit hatten, sind wir voller Abwehr und depressiv. Wir benutzen vitale Energie, um die vitale Energie in uns unten zu halten. Dadurch steht uns viel weniger Energie für die Lebensaufgaben zur Verfügung. Wir sind deprimiert und empfinden einen Mangel an Begeisterung für die Welt und das Leben selbst. Um daran zu arbeiten, müssen wir an den Ärger herankommen, den Protest gegen die Kindheit. Wir müssen diese Gefühle ausdrücken, mit der Wunde und den Verletzungen der Kindheit in Kontakt kommen, die im Erwachsenenleben in bestimmten Situationen wieder zutage treten, und all das durcharbeiten. Bleiben Sie außerdem in Bewegung, fahren Sie fort, sowohl Ihre alltäglichen Pflichten zu erledigen als sich auch körperlich und künstlerisch zu betätigen. Es ist wichtig, zumindest die Energie, die Sie haben, zu nutzen und damit kreative Ich-Entscheidungen zu treffen. Sie müssen nicht glauben, daß Ihre Einstellung richtig ist, nur weil Sie depressiv sind.

10. Einstellungen: *Einstellungen sind unbewußte Regeln, nach denen wir unser Leben leben.* Sie bilden den Rahmen, in dem wir unsere Entscheidungen treffen. In der Kindheit haben die Erwachsenen uns immer wieder bestimmte Regeln oder praktische Einstellungen zum Leben vorgegeben. Unsere Aufgabe in Bezug auf das Kindheitsmaterial besteht darin, die unbewußten Einstellungen, die unsere Eltern und unsere Gesellschaft uns vermittelten, zutage zu fördern, sie uns gründlich anzuschauen und dann zu entscheiden, ob wir danach leben wollen oder nicht. Was für frühere Generationen gestimmt hat, mag für die augenblickliche Generation nicht mehr befriedigend sein. *Sie werden frei von der Kindheit, indem Sie selbst entscheiden, nach welchen Einstellungen und Prinzipien Sie leben wollen.* Auch aus den Traumen der Kindheit, mit denen wir uns nur defensiv auseinandergesetzt haben, entstehen Einstellungen, wie zum Beispiel die, daß die Welt ein Ort voller Gefahren ist, was natürlich nur teilweise stimmt.

11. Elternschaft: Wir können von Eltern, die von ihren Eltern nicht gut versorgt wurden, nicht erwarten, daß sie ihren eigenen Kindern gute Eltern sind. Vielleicht machen sie ihre Sache besser als ihre Eltern, aber selbst dabei können sie ins andere Extrem gehen und ihren Kindern all die Zuwendung geben, die sie selbst nie bekamen. *Sie können Ihre eigene Kindheit nicht wieder gut machen, indem Sie Ihren Kindern eine gute Mutter oder ein guter Vater sind. Sie können sie nur heilen, indem Sie an Ihrem inneren Kind arbeiten und es mit Ihren inneren Eltern zusammenbringen.* Die beste Heilung durch eigene Kinder findet so statt, daß diese Ihnen Ihre Kindheit ins Bewußtsein bringen und Sie sich damit auseinandersetzen. Wenn Sie sich zu sehr auf die äußeren Kinder konzentrieren, auch wenn es Ihre eigenen sind, bringt Sie das von sich selbst weg, und damit werden Sie auch für Ihre Kinder eine Last. Denn Kinder müssen sich selbst entwickeln, indem sie ihren eigenen inneren Quellen folgen und nicht den Erwartungen der Erwachsenen, die darauf beruhen, daß diese ihre eigenen inneren Kinder auf die äußeren projizieren. *Sie bemuttern und bevatern andere am besten, indem Sie sich selbst bemuttern und bevatern.* Sie sollten lernen, alles, was Sie für Ihr Kind tun, auch für sich zu tun. Nutzen Sie Ihre Kinder als Katalysatoren für Ihr eigenes Wachstum, dann entwickeln Sie vielleicht genügend Objektivität, um sich weitgehend aus ihren Angelegenheiten herauszuhalten. Die besten Eltern sind die, die sich um sich selbst kümmern.

12. Entscheidung: *Entscheiden heißt, Energie in eine bestimmte Richtung und nicht in eine andere zu lenken.* Als wir Kinder waren, versuchten die Erwachsenen oft, uns unsere Entscheidungen abzunehmen. Damit begingen sie einen großen Fehler, denn das Kind muß sich so oft wie möglich darin üben, Entscheidungen zu treffen, um zum Erwachsenenleben übergehen zu können. Zeigen Sie dem Kind Alternativen, und stellen Sie es nicht vor absolute Entscheidungen, es sei denn natürlich, diese sind für seine Sicherheit nötig. Wahrscheinlich wurde uns die grundlegende Fähigkeit, Entscheidungen zu treffen und uns mit den Folgen auseinanderzusetzen, niemals beigebracht. Es ist an der Zeit, daß wir jetzt als Erwachsene diesen Prozeß lernen und leben.

13. Familienarchetyp: Der Familienarchetyp ist die projizierte Ganzheit der tatsächlichen Familie, die Menschen veranlaßt, bestimmte Rollen zu

312

spielen, um diesen Archetyp zu erfüllen. So verwickeln wir uns in alle möglichen Bemühungen, zum Beispiel um Harmonie in der Familie. Wer spielt Mutter und wer Vater? Wer spielt das gute Kind und wer das böse? Und selbst Hund und Katze als Repräsentanten der Instinkte und der Gefühlsfunktion werden einbezogen. Aber der Versuch, bestimmte Rollen einzunehmen, läßt individuelle Ganzheit nicht zu, und deswegen rebellieren einzelne Mitglieder der Familie gegen die Strukturen und bringen damit die anderen auf, die versuchen, die familiäre Ganzheit zu bewahren, indem sie nach den ihnen zugeteilten Rollen und den entsprechenden Einstellungen leben. Jede Gruppe, die sich bildet, erschafft den Familienarchetyp von neuem, und die Beteiligten agieren ihre ursprünglichen Kindheitsrollen wieder aus, indem sie versuchen, zu Eltern zu werden oder Eltern zu sein, zum Kind zu werden, indem sie Abhängigkeiten entwickeln und sich anpassen oder rebellieren – also das Übliche. Normal erscheinend, degenerieren moderne Erwachsene in Wirklichkeit zurück zur Ursprungsfamilie, wenn Gruppenprozesse schwierig werden. Um zu integrieren, sollten Sie Ihre Ganzheitsprojektionen auf die Familie kontinuierlich zurücknehmen, sowohl die auf Ihre Ursprungsfamilie als auch auf die neuen »Familien«, die Sie sich schaffen. Weigern Sie sich, für sich und andere bestimmte Rollen zu spielen. Verwandeln Sie Rollen in Funktionen, für die Sie sich frei entscheiden können.

14. Feinde: *Wir brauchen unsere Feinde, jene Menschen, die sich uns widersetzen, denn sie erfüllen oft die Funktion, uns Demut beizubringen.* Unsere Gegner in der Kindheit versuchten meistens, uns zu überwältigen, also fürchteten wir sie. Wer möchte denn schon gern aus der Existenz geboxt werden? Und trotzdem haben unsere Feinde uns etwas beizubringen. Denn die gegnerische Energie bringt eine andere Sichtweise und eine andere Form der Machtausübung ins Spiel, als wir sie von uns selbst kennen. Größere Flexibilität heißt, daß Sie mit Ihrem Feind verschmelzen und seine Energie nutzen, um etwas Gutes zu bewirken. *Das Geheimnis liegt darin, an sich selbst anzunehmen, was Sie an einem anderen Menschen am wenigsten mögen.* Wenn wir uns über Gegensätzlichkeiten aufregen, heißt das in jedem Fall, daß wir einen einseitigen Standpunkt einnehmen, der das Gegenteil nicht einschließt. Also kommt jemand anderes daher, um uns darauf hinzuweisen und uns Demut beizubringen. *Der Feind ist in uns.* Er wird unser Schatten genannt. Je intensiver wir uns auf unseren Schatten als Teil von uns beziehen, desto weniger werden wir von ihm beherrscht und müssen uns nicht unnötig

Feinde schaffen. Seien Sie lieber real statt gut, realistisch statt idealistisch, integrativ statt einseitig.

15. Freude: *Freude ist die fühlbare Erfahrung von Erfüllung.* Wir haben hart gearbeitet. Wir haben Opfer gebracht. Wir haben etwas geschaffen. Und jetzt steht die Aktualisierung neuer Möglichkeiten bevor, neues Leben, das dieses schöne, vitale Gefühl hervorruft, das sich einstellt, wenn alles zusammenwirkt, um etwas ganz Reales und Wertvolles zu schaffen. Es gab soviel Freude in der Kindheit, ob wir uns nun daran erinnern oder nicht, die Freude jener Augenblicke, in denen wir unsere spontane Kindlichkeit auslebten und schöpferisch umgingen mit allem, was gerade zur Hand war. Als Erwachsene sind wir heute auf der Suche nach Erfüllung, möchten erreichen, was unser Potential und unsere Bestimmung im Leben ist. Wir kennen dieses Gefühl von Erfüllung, nicht nur durch das, was wir erreichen, sondern auch als Freude, die Teil des kreativen Akts ist und auf diesen folgt. Wenn Sie nach Beendigung eines Projektes keine Freude und Erfüllung empfinden, haben Sie sich selbst nicht erfüllt, haben von sich nicht genug in Ihre Arbeit eingebracht, um glücklich damit zu sein. Vergessen Sie äußere Dinge. In einem Spiel, am Arbeitsplatz oder gar in einer Beziehung gewinnen bedeutet wenig, wenn keine natürliche Freude dabei empfunden wird. Um herauszufinden, was Ihre Aufgabe im Leben ist, sollten Sie sich darauf verpflichten, nur das zu tun, was möglich ist und Ihnen die natürliche Freude der Erfüllung einbringt. Arbeiten Sie nicht mehr, um die Erwartungen anderer zu erfüllen, sondern fangen Sie an, für das tiefere Selbst zu arbeiten. Den Unterschied zwischen dem Falschen und dem Richtigen werden Sie an der Freude erkennen, die das, was Sie erreichen, begleitet.

16. Freundschaften: Freundschaften werden in der Kindheit zwecks gegenseitiger Unterstützung geschlossen, auch wenn sie oft einseitig zu verlaufen scheinen. Ein Kind wird zum Anhänger und das andere zum Führer. Vielleicht wählen wir jemandem zum Freund oder zur Freundin, der oder die Eigenschaften oder Verhaltensweisen entwickelt hat, die wir noch nicht haben. So trifft sich unsere Freundin vielleicht bereits mit Jungen. Oder wir benutzen den anderen, um über unser Leben zu sprechen (oder werden von ihm dazu benutzt). Das ist eine natürliche Form von Therapie. Überprüfen Sie einmal, ob Sie in Beziehungen der empfängliche Zuhörer oder die unterhaltsame Gebende sind. Versuchen Sie, die Rollen zu tauschen. Vielleicht verlieren Sie diese Freundschaft, aber Sie können sich dann eine neue suchen, die ausgewogener ist. Denn was wir suchen ist Kameradschaft, eine Beziehung, die durch einen gemeinsamen Zweck geprägt ist. Wir gehen Beziehungen ein, um zu lernen und zu lehren. Halten Sie niemals an einer Beziehung fest, die Ihnen nichts mehr über das Leben beibringen kann. Sich gegenseitig zu unterstützen reicht nicht aus, denn damit wiederholen wir das Abhängigkeitssyndrom aus der Kindheit. Suchen Sie sich Freundinnen und Freunde, die Ihnen neues Leben bieten und das gleiche für sich suchen, dann wird es Ihnen leichter fallen, auf Ihrem Weg zu bleiben.

17. Gefühle: Die meisten von uns haben in der Kindheit ihre Gefühle unterdrückt, weil Eltern und andere Autoritäten uns dazu anhielten. Man mochte uns, wenn wir »brav« waren, wenn wir Mutti und Vati lieb hatten. Aber man mißbilligte, wenn wir andere haßten, wenn wir in der Öffentlichkeit in Wut gerieten und uns daneben benahmen. So bekamen wir also die Botschaft vermittelt, daß nur positive Gefühle erlaubt seien, was völlig daran vorbeigeht, daß Gefühle nun einmal Gefühle sind, seien sie gut oder schlecht. Ebenso wie es positive und negative elektrische Ladungen gibt, sind Gefühle positiv oder negativ. Es ist also natürlich, sich sowohl traurig, ärgerlich, verletzt, deprimiert und ängstlich zu fühlen, als auch ekstatisch, glücklich, begeistert und warmherzig. Um unsere Gefühlsfunktion, die wir in intimen Beziehungen als primäre Funktion brauchen, wiederzufinden, müssen wir zum natürlichen Kind zurückkehren, bevor es von der Kindheit abgetrennt wurde. Aber um mit dem natürlichen Kind wieder in Kontakt zu kommen, müssen wir das verletzte Kind noch einmal erleben. Als Erwachsene müssen wir jetzt lernen, die beiden wieder zu vereinen, indem wir sowohl positive als auch negative Gefühle ausdrücken, wenn sie hochkommen. Wir geben den Versuch auf, unsere Gefühle durch Intellektualisieren oder Zwangsverhalten wie Rauchen zu kontrollieren. Und schließlich können wir wieder fühlen, und das verbindet uns in jedem Augenblick neu mit dem Leben.

18. Geldprobleme: *Geldprobleme beruhen vor allem auf einem Mangel an positiver Selbsteinschätzung und einer schwach ausgebildeten Realitätsfunktion.* Wenn wir in der Kindheit die grundlegende Lektion nicht gelernt haben, daß alles seinen Preis hat, haben wir als Erwachsene nicht die richtige Einstellung, um die Ergebnisse unserer Bemühungen in Form von Bezahlung für unsere Arbeit schätzen zu können. Wir geben unsinnig viel Geld aus oder sind übertrieben geizig. Wir suchen uns keine Arbeit, die für uns persönlich und finanziell befriedigend ist. Es ist wichtig, Ihren Kindern beizubringen, daß sie einen Preis für Ihre Fürsorge zahlen müssen. Wenn Sie nicht darauf bestehen, daß sie im Haushalt mithelfen, bringen Sie ihnen bei, die Folgen ihrer Handlungen nicht zu sehen, und in der realen Welt des Erwachsenenlebens werden sie dann noch schlechter zurechtkommen. *Wenn Sie Ihren Kindern zu Hause Realitätssinn beibringen, werden sie ihn auch im Erwachsenenleben entwickeln.*

19. Glücklich sein: Waren Sie als Kind glücklich? Die meisten Menschen sagen vielleicht ja, bis sie dann tatsächlich mit ihrem Kindheitsmaterial in Berührung kommen. Wir unterdrücken die unangenehmen Aspekte des Lebens, um uns glücklich fühlen zu können. So verbirgt das Kind sein Leiden vor sich, weil auch die Eltern es nicht akzeptieren. Die meisten Menschen lernen, einen Glückszustand herzustellen, indem sie ihre Verletzungen und ihr Leiden unterdrücken. Das sieht in der Kindheit so aus, daß wir Glücksphantasien entwerfen, und wenn wir erwachsen werden, erfüllen Sex, Drogen, Medikamente, Essen, Wegdriften, zwanghaftes Reden oder Arbeiten diese Funktion. Dieses Glückserleben beruht nicht auf gesundem Verhalten und trägt deswegen zu Krankheiten bei. Der Schmerz wird so wirksam maskiert, daß der Mensch es vermeiden kann, sich mit dem psychischen Leiden auseinanderzusetzen. Eltern sagen häufig, sie möchten, daß ihre Kinder glücklich sind, ohne zu erkennen, daß sie zum Unglück ihrer Kinder beitragen, indem sie sie durch Unterdrückung krank halten. Es ist besser, real und bewußt und damit traurig und glücklich zu sein, wenn wir es wirklich auch sind.

20. Gott: In der Kindheit ist Gott das Sammelbecken für all die elterlichen Energien, die wir von unseren leiblichen Eltern nicht bekamen. Nur sehr wenige Kinder haben Eltern, die erfüllt sind und deswegen ihre Kinder darin unterstützen können, selbst Erfüllung zu finden. So wächst ein Vermächtnis, das aus all den Eigenschaften besteht, die wir bei unseren Eltern nicht fanden. Gott will uns vor Sünde, Zorn, Sex, Gier, Gewalt, Krankheit und ähnlichem bewahren. Gott liebt uns, ist allmächtig und allwissend, und heilt uns, wenn wir es verdient haben. Was heißt das anderes, als daß in der tatsächlichen Familie Ärger, Alkoholismus, Gier, Vernachlässigung, Schwäche, mangelnde Liebe, Gerissenheit, Mißachtung und anderes mehr existierten. Selbst wenn Ihre Familie die Kirche oder einen Tempel besuchte, wußten Sie als Kind, daß die dunkle Seite in der Familie verborgen oder auf ungesunde Weise zum Ausdruck gebracht wurde. Jetzt im Erwachsenenleben sind Menschen immer noch mit einer rauhen Wirklichkeit konfrontiert und suchen also weiterhin diese ideale Realität und die idealen Eltern in Gott, dem Königreich der Auserwählten, und schließlich, wenn dieses qualvolle, harte Leben beendet ist, im Paradies. Die andere Möglichkeit ist, Gott, die Quelle, Heilung oder wie wir »Es« sonst nennen mögen, jetzt zu finden, in Ihrer unmittelbaren Situation und in sich. Verabschieden Sie sich von zuviel Abhängigkeit und fangen Sie an, zum Mitschöpfer zu werden, indem Sie diesen Prozeß fördern und sich von ihm fördern lassen.

21. Haß: *Haß ist ein anhaltender, konkreter Ärger in eine bestimmte Richtung.* Meistens hassen wir andere aufgrund ihrer Schatteneigenschaften, und wahrscheinlich werden wir aus dem gleichen Grund gehaßt. Wenn Sie einen anderen Menschen kontinuierlich aus Ihrem Leben entfernen möchten, ob er nun tatsächlich anwesend ist oder nicht, projizieren Sie Ihren eigenen Schatten und hassen ihn. Denn was sonst sollte fortgesetzt Ärger in uns auslösen, wenn nicht unsere eigene Schattenseite, der Teil, den wir in uns so stark zu unterdrücken versuchen? *Haß ist immer Selbsthaß, ein geheimer Abscheu gegen eine starke eigene Seite. Letzten Endes sind wir immer nur auf uns selbst ärgerlich, und damit setzen wir uns auseinander.*

22. Heilung: *Heilung heißt, eine Situation, einen Zustand, einen Konflikt oder ein strittiges Thema lösen.* Wir alle gehen aus unserer Kindheit mit dem Gefühl hervor, Heilung zu brauchen. Wenn wir das nicht empfinden, werden wir später in unserem Leben von Angst, körperlicher Krankheit oder Depressionen geplagt oder fragen uns, was mit uns nicht stimmt. *Jede Krankheit besteht in Wirklichkeit in einer unbewältigten Kindheit.* Der ursprüngliche Schmerz – und die Mauer, mit der wir ihn unbewußt und bewußt umgeben – wurde niemals geheilt, so daß er vor allem bei Streß in unserem Erwachsenenleben wieder auftaucht. *Heilen Sie das Kind im Erwachsenen, um den Erwachsenen zu heilen.* Alle medizinischen Angestellten wissen, wie stark erwachsene Patienten regredieren, wenn sie zu einem Krankenhausaufenthalt gezwungen sind. Dann müssen wir die Kontrolle aufgeben, uns zurückbegeben in einen Schreckenszustand, der der Kindheit gleicht, wo wir immer wieder erlebt haben, daß wir keine Kontrolle über unser Leben hatten, einschließlich der Folgen. Wenn wir also als Erwachsene versuchen, die Dinge zu kontrollieren, erzeugen wir Streß und beschwören eine Krankheit herauf, die solange nicht geheilt werden kann, wie wir nicht loslassen und uns einem Heilungsprozeß hingeben, der Bewältigung und neues Leben mit sich bringt oder im Extremfall den Tod. Der nimmt dann die Bürde eines unglücklichen Lebens und einer unglücklichen Kindheit von uns und bringt uns schließlich auch endgültig nach Hause zurück.

23. Hochstimmung: Das Empfinden, daß eine neue Energie explodiert, das manchmal dem Hochgefühl entspricht, das mit einem neuen Potential einhergeht. Das kann uns den Weg weisen. Wir spüren, wie unsere Energie zunimmt, warum also nicht aktiv werden? Das scheint nur allzu gerechtfertigt. Aber das Gefühl von starker Energie muß im Alltag verwurzelt werden. Wie kann ich mein Gefühl von neu erschlossenen Energien sowohl zum Ausdruck bringen als auch kreativ damit umgehen?

24. Ich: Das Kind macht in dem Augenblick, in dem es seine eigene Identität erkennt, eine wichtige Erfahrung. Anfangs scheinen wir mit unserer Familie und Umgebung verschmolzen zu sein. Zuerst sagen wir »wir« und später erst »ich«. Dieses »Ich« ist die Differenzierung des Ich aus dem primären Familienarchetyp, der ursprünglichen Ganzheit. Oft beginnen wir ein Gefühl für unser eigenes Wesen und unsere Einstellung zu Dingen zu gewinnen, indem wir Nein sagen und den Einflüssen der anderen Widerstand entgegensetzen. Wir schaffen Bilder von uns, so wie Kinder Phantasiekostüme anziehen und Charaktere aus dem Leben spielen. Wir übernehmen eine Reihe von Einstellungen, kleine Lebensregeln. Wir machen sinnliche Erfahrungen mit unserem Körper. Und wir beginnen mit der lebenslangen Übung, uns selbst zu definieren. Wir sagen, was wir gerne essen und was nicht. Wir sagen, wer wir sind. Wir lösen uns allmählich von den Eltern, wenn diese die Entfaltung der natürlichen Entwicklungsprozesse zulassen. Wir gewinnen immer mehr Kontrolle über bestimmte Aspekte von uns selbst und des Lebens. Wir lernen, etwas zu schaffen und mit anderen zusammenzuarbeiten. Aber später kommt es für einige oder viele von uns zur Krise des Erwachsenen, weil wir nicht weiter dabei geblieben sind, ein unabhängiges und starkes Ich zu entwickeln. Wir regredieren im Berufs- und im Familienleben in bestimmte Rollen, um es uns leichter zu machen. Wir finden das Erwachsenenleben sogar noch schwieriger als die Kindheit. Wir müssen also jetzt dringender denn je ein schwaches, egozentrisches Ich aufgeben und es durch ein starkes, kreatives ersetzen, das im Dienste des umfassenderen Selbst steht, dem Zentrum allen Lebens und seines Sinns.

25. Innenleben: *Das Innere hat Vorrang vor dem Äußeren.* Das Innenleben ist das Leben, mit dem wir in der Kindheit gut vertraut waren. Es fing damit an, daß wir als Babys sowohl die Auswirkungen der Energien und Verhaltensweisen unserer Umgebung erlebten als auch die inneren Zustände unseres kleinen Körpers, wenn wir gefüttert wurden, die Windeln voll machten und so weiter. Aber als wir dann Kinder waren, forderten die Erwachsenen, die Gesellschaft und das Schulsystem ständig von uns, daß wir unsere innere Welt verlassen und im äußeren Leben aktiv werden sollten. Wir lernten, die Geschichten anderer Menschen zu lesen, statt weiterhin unsere eigenen zu erfinden. Wir lernten, Tests zu bestehen und uns nach außen hin gut zu präsentieren. Wir lernten, den Erwachsenen zu gefallen, die – so schien es wenigsten – nur an dem interessiert waren, was wir in der äußeren Welt vollbrachten. So wurde das Innenleben fast völlig vernachlässigt – die Phantasien, die Gefühle, die natürlichen Werte und inneren Einsichten, der intuitive Zugang zur Realität. Statt dessen begannen wir, aus Büchern zu lernen, autoritäre Aussagen von anderen zu übernehmen sowie den ganzen Krempel, den man sich aneignen mußte, wenn man als zivilisiert gelten wollte. Jetzt als Erwachsene haben wir das Gefühl, daß es uns im Leben an Energie und an Sinn mangelt. Wir haben zuviel von unserer vitalen Energie nach draußen gegeben, weg von uns. Irgendwo in unserem Inneren wissen wir, daß all die Errungenschaften, Belohnungen, Bankkonten und selbst die Urlaube meistens nur Schau und für uns als Wesen nicht real sind, denn sie gehören der Außenwelt an. Jetzt kehren wir zurück zur Kindheit und setzen uns damit auseinander, mit den Erinnerungen, dem inneren Wirken der Seele, der Psyche, damit, was es heißt, ein Kind zu sein, wieder fähig, mit sich allein zu sein. Wir wissen, daß sich hinter dem Erwachsenenleben immer noch der Mythos der Kindheit verbirgt und darauf wartet, geboren zu werden. Erinnerungen wachsen und verblassen nicht auf die gleiche Art und Weise wie äußere Errungenschaften. Sie sind wie Herolde, wie Flaggen, die als Wegweiser stehen bleiben, ob sie nun schlecht oder gut, bewußt oder unbewußt gelebt werden. Sie sind immer noch da, weisen zurück und nach vorn, bilden den Höhepunkt und den Kreis des inneren Lebens.

26. Kind: Das Kind ist die natürliche Seite von uns, die ein enormes Potential an Wachstum und neuem Leben enthält. Das Kindheitsproblem besteht darin, daß die meisten von uns aufgeben mußten, das Kind ganz zu leben, und in ihren Einstellungen und Verhaltensweisen zu früh erwachsen wurden. Wenn also Erwachsene wieder lernen zu spielen und kreativ zu sein, ist ihnen das anfangs peinlich, weil sie zuerst einmal in das Alter von etwa sechs Jahren regredieren müssen, wo sie sich verschlossen haben und aufgaben, ein Kind zu sein, das sich ohne Hemmungen ausdrückt. Als Erwachsener sollten Sie das Kind zulassen, wann immer Sie können. Das wird für Sie zu einer Quelle der Erneuerung und Freude im Leben werden. Wenn wir uns mit dem Kind nicht bewußt auseinandersetzen, äußert es sich in Zwanghaftigkeiten und Launen, was nicht gerade der beste Weg zu einem erfüllten Leben ist.

27. Körper: Unser physisches Wesen, dessen Bild durch unsere Kindheitserfahrungen meistens verzerrt wurde. Wurde uns das Gefühl vermittelt, daß jede körperliche Funktion etwas Schlechtes ist und versteckt werden muß? Der neue Weg besteht darin, sämtliche Körperfunktionen einschließlich Ausscheidung, Krankheit und Sex zu akzeptieren und offen darüber zu sprechen. Es gibt keine Unterschiede. Das alles ist der Körper. Das alles sind wir. Die Schwierigkeit der Liebe ist auch die Schwierigkeit der Liebe zum Körper. Wenn Sie Ihren Körper nicht so lieben, wie er ist, lieben Sie überhaupt nicht. Sie können keinen anderen Menschen lieben, wenn Sie nicht auch sich selbst lieben. Denn die Liebe zum anderen wäre dann lediglich eine Projektion des Bedürfnisses, sich selbst zu lieben und zu achten. Wir lieben unseren Körper, wenn wir ihn pflegen, nicht überstrapazieren, nicht vernachlässigen, wenn wir ihm Bewegung verschaffen und nichts Schlechtes wie zu viele Medikamente oder gefährliche Substanzen zu uns nehmen. Wir lieben unseren Körper, wenn wir in ihm bleiben und ihn voll spüren. Sich selbst im Körper lieben heißt, auch andere im Körper lieben können. Der Körper gedeiht durch Liebe und Akzeptanz all seiner Funktionen und Teile. Wenn wir heilend an unserem Körper arbeiten, bewältigen wir auch unsere Kindheit.

28. Kommunikation: Kommunizieren, uns anderen mitteilen, ist etwas, was wir in der Kindheit schwierig fanden. Denn viele von uns haben erfahren, daß wir hintergangen wurden und uns zurückziehen mußten, wenn wir anderen unser wahres Selbst zeigten, und das gilt selbst für unsere Eltern. Die Botschaft aus der Kindheit lautet also: Paß auf, was du mitteilst! Du könntest verletzt werden, wenn du zu offen bist. Aber in Erwachsenenbeziehungen führt es zu Schwierigkeiten und gefährdet die Verbindung, wenn wir Informationen oder Teile von uns zurückhalten. *Es ist besser zu kommunizieren und Dinge durchzuarbeiten, als sie zurückzuhalten und zu unterdrücken.*

29. Konflikt: *Ein Konflikt ist eine Situation, die von widersprüchlichen Kräften geprägt ist.* Konflikte sind in dem Sinne positiv, daß sie zur weiteren Differenzierung sämtlicher beteiligter Seiten führen können. Normalerweise suchen wir im Leben sowohl in uns selbst als auch mit anderen nach harmonischer Einheit. Aber zuviel oder zu lange aufrechterhaltene Einheit bedeutet, daß wir verschmelzen und unsere eigene Identität verlieren. Und so können Kampf und Konflikt auf den Plan treten, um die verschiedenen Teile einer Einheit voneinander zu trennen. Der alte Weg bestand darin, daß man versuchte, Meinungsverschiedenheiten zu lösen, indem die eine Partei die andere auslöschte, wie es bei den meisten Sportarten und in sämtlichen Kriegen der Fall ist. *Der neue Weg sieht so aus, daß wir die widersprüchlichen Kräfte ausbalancieren, so daß sie in ihrer Unterschiedlichkeit bestehen bleiben, ohne sich gegenseitig zerstören zu müssen. Das ist der Kampf innerhalb der Einheit.* In der Kindheit versuchten die meisten Eltern ihre Kinder zu besiegen, indem sie sie zu bestimmten Dingen zwangen. Oder ein Elternteil beherrschte den anderen. Wie in der Kindheit, so auch im Erwachsenenleben. Wir wissen nicht, wie wir mit Konflikten kreativ umgehen können, weil unsere Eltern es niemals taten. Lernen Sie es jetzt, und befreien Sie sich von der Vergangenheit.

30. Krankheit: Die Schlüsselfrage in Bezug auf Krankheit ist, ob wir ausgewogen leben oder nicht. Extremer Streß ist das gleiche wie Krankheit. Wenn wir in irgendeiner Hinsicht extrem sind, ob es um Sexualität, Sport oder Faulheit geht, bringen wir unser Energiesystem aus dem Gleichgewicht. Krankheit ist das Gegenteil von intensiver Lebendigkeit. Das extreme Ausdrücken von Vitalität führt zu Regression. Sämtliche Wunden der Kindheit sind Ihre Krankheit. Wenn Sie damals nicht gelernt haben, Ihre Energie im Gleichgewicht zu halten, sollten Sie es heute lernen. Sie allein sind dafür verantwortlich. Vielleicht müssen Sie einen Arzt oder eine Heilpraktikerin aufsuchen, wenn Sie aus dem Gleichgewicht geraten sind, aber das allein reicht als Behandlung kaum aus. Die einzige Behandlung besteht darin, daß Sie lernen, dafür zu sorgen, bei allem, was Sie tun, Ihre Lebensenergien auszubalancieren. Dafür müssen wir in jedem Augenblick wissen, wie wir uns fühlen, und unser Zwangsverhalten in freie Entscheidungen umwandeln können. Bei Krankheit regredieren wir zu Kindheitslaunen und entsprechenden Verhaltensweisen, um uns mit den damaligen Disharmonien auf einer neuen Ebene auseinandersetzen zu können. Bringen Sie sich ins Gleichgewicht, wie ein Kind es tut, indem Sie Widersprüche einschließen und zum Ausdruck bringen. Dann werden Sie Krankheit als einen Aspekt von Gesundheit begrüßen.

31. Kreativität: Die Quelle für Kreativität ist das innere Kind, die Seite von uns, die spontan ist und radikal offen für das Neue im Leben, nicht gefesselt an das Alte. Kreativität heißt, neue Lösungen für alte Probleme finden, und erfordert Offenheit für sämtliche Möglichkeiten sowie die Bereitschaft, den eigenen Standpunkt zu ändern. Zuerst akzeptieren wir die Situation so, wie sie ist, dann setzen wir die Energie schöpferisch um, schlagen Wege ein, um neue Lösungen zu finden und neue Möglichkeiten zu manifestieren.

32. Lachen: Lachen scheint so natürlich zu sein, warum lachen wir also nicht öfter? Kinder lachen, und Erwachsene sind ernst, es sei denn, sie unternehmen etwas, um sich zu entspannen. Wenn Sie auf ein ernstes Kind stoßen, können Sie sicher sein, daß es das Kindsein früh aufgeben mußte, um die Erwachsenenrolle zu übernehmen und für Vater oder Mutter Eltern zu sein. Wenn wir lachen, unterbrechen wir eine Verbindung. Geht etwas schief, hören wir auf, uns damit zu identifizieren, damit wir nicht zu sehr leiden. Wir lachen und machen – hoffentlich – weiter. Wir lachen oder lächeln auch, wenn wir nicht beim Schmerz verweilen, sondern dessen Bann brechen möchten. Manchmal ist Lachen also eine Form von Vermeidung. Zu manchen Zeiten müssen wir die Verbindung zu Menschen, Dingen oder Ereignissen abbrechen, und dann wieder müssen wir sie aufrecht erhalten, bis wir mit unseren Gefühlen in Berührung kommen und sie uns aktiv eingestehen. Lernen Sie von Kindern lachen. Sie stehen der Absurdität der Welt näher. Was wir selbstverständlich hinnehmen, betrachten sie als Spiel. Wenn wir die Welt mit den Augen des Kindes betrachten, können wir die richtige Perspektive entwickeln.

33. Leben: *Das Wunder des Lebens ist, daß wir sowohl für uns als auch für andere existieren.* Andere sind da, um uns zu bestätigen, daß wir existieren. Wir gehen eine Beziehung ein, wir finden ein Liebesobjekt, einen Geliebten, weil uns das hilft zu definieren, wer wir sind. Das Leben ist also nicht nur organische Materie in Bewegung, sondern die Existenz selbst. *Sich selbst zu kennen ist Leben.* Sich nicht zu kennen ist biologisches Leben, aber geistiger und spiritueller Tod. In der Kindheit erwachten wir zum ersten Mal als ein Ich, eine eigene Persönlichkeit. Wir haben uns an unseren frühesten Traum erinnert und an das, was er uns über die Verhaltensmuster zeigt, die wir in unserem Leben leben und wiederholen. *Um zu existieren, müssen wir uns selbst definieren.* Wir müssen das biologische Leben nutzen, um ein Bewußtsein davon zu entwickeln, wer wir sind und worum es im Leben geht. Die Rückkehr zum Kindheitsmaterial hat also den Zweck, daß wir heute realer werden, den Verlauf unserer Bestimmung sehen sowie unsere einzigartige Weise, Dinge zu tun und uns mit den Wendungen des Schicksals auseinanderzusetzen, sei es der Verlust eines Elternteils, ein Umzug oder ein anderes großes Ereignis, das nicht unserer Kontrolle unterliegt. Wir möchten ein bewußtes Leben führen und nicht einfach unbewußt dahinleben. Wir möchte vor allem spüren, wohin das Leben geht und wo die größten Chancen für unsere Erfüllung liegen. Das ist eine enorme Aufgabe. Es braucht all unser Tun, damit wir für das Leben lebendig werden.

34. Leiden: Beim Leiden geht es darum zu lernen, es kreativ zu erleben, ohne sich damit zu identifizieren. Leiden ist das Thema der Kindheit. Manche Menschen hatten eine zu schwere Kindheit voller Gewalttätigkeit und Vernachlässigung. Andere wurden zu sanft angefaßt, waren überbehütet und bekamen zuviel. Keines der beiden Extreme bringt uns bei, durch das Feuer der spirituellen und psychischen Transformation zu gehen. Beim Wiedererleben des Kindheitsmaterials bricht die Wunde auf. Vielleicht hatten wir alle ursprünglich eine schlechte Beziehung zu Schmerz, Verletztheit und Leiden. Wir verdammen das Leiden als unerwünscht. Wir fliehen davor in lustvolle Erfahrungen. Wir unterdrücken es, weil wir es zu intensiv finden, um uns damit auseinandersetzen zu können. Wir verursachen Leiden durch unser Zwangsverhalten. Wir sind erneut aufgerufen, uns unser Leiden anzuschauen und zu erfahren, die natürliche Wunde, deren Erbe wir sind, diesmal aber mit Akzeptanz und der Verpflichtung, uns um jeden Preis mit der zugrundeliegenden Dynamik auseinanderzusetzen. *Nur das Ich leidet, und sämtliches Leiden scheint deswegen zu existieren, weil wir von etwas abhängig oder mit etwas identifiziert sind, das angesichts der Wirklichkeit gehen muß.* Wenn wir in allem, was geschieht, völlig präsent wären, und im jeweiligen Augenblick ändern, was uns hindert, uns ganz auf den Moment einzustellen, würden wir kaum jemals leiden. Soviel Qual entsteht durch Festhalten und den Wunsch, Dinge auf eine bestimmte Art und Weise haben zu wollen. Schauen Sie sich an, warum und wann Sie etwas schmerzt, und fragen Sie sich: Was wird von mir gefordert, damit ich loslassen kann? Bringen Sie dann das Opfer, und werden Sie frei. *Widerstand gegen das Leben bewirkt Schmerz. Wenn wir uns dem Leben hingeben, werden wir frei, mit allem, was geschieht, kreativ umzugehen, und darin liegt Erfüllung und Sinn.*

35. Liebe: Probleme mit der Liebe gibt es im Erwachsenenleben deswegen, weil die meisten von uns das Gefühl haben, als Kinder nicht genug Liebe bekommen zu haben. Das stimmt! Das Bedürfnis nach Liebe ist oft größer als die Fähigkeit zu lieben. *Größer als die Liebe ist das Bedürfnis nach Liebe.* Wenn die anderen in der Kindheit uns nicht als das Kind liebten, das wir waren, konnten wir kaum lernen, das Kind in uns zu lieben. Im Erwachsenenleben sind wir auf der Suche nach jemandem, der schließlich doch das Kind in uns liebt, und sind oft enttäuscht. Aber nicht immer. Es gibt liebevolle Menschen in diesem Leben, Menschen, die erkannt haben, daß Liebe empfangen heißt, von ganzem Herzen zu lieben, ohne von anderen Beweggründen geleitet zu werden. Sie werden um der Liebe willen manipulieren, wenn Sie selbst nicht uneingeschränkt und ohne den Gedanken an äußere Belohnungen lieben können. *Das Schwierige an der Liebe ist, das bedürftige Kind in uns zu finden und zu erfüllen.* Wenn uns das gelingt, werden wir sowohl andere als auch uns selbst lieben können. *Liebe ist die Fähigkeit, das Potential für neues Leben zu hegen und zu bestätigen.* Jede liebevolle Berührung, jedes Streicheln, das bewirkt, daß wir uns gut fühlen, ist auch ein Signal für unsere Vitalität, weckt unsere Bewußtheit und Lebendigkeit für uns und andere. *Um einen anderen Menschen zu lieben, sollten Sie nur Dinge tun, die auch Ihre Selbstliebe ausdrücken.* Wenn Sie andere in irgendeiner Weise lieben, um Liebe zu bekommen, werden Sie Sex, Zuneigung und Zuwendung geben, um selbst geliebt und in Ihrem eigenen Wesen bestätigt zu werden. Das wird nicht gut funktionieren, denn der andere spürt Ihre Bedürftigkeit und weigert sich, darauf einzugehen, selbst wenn es ihm möglich wäre. *Lernen Sie das Kind in sich zu lieben, und Sie werden auch den Erwachsenen lieben.*

36. Macht: Der zentrale Punkt bei Macht ist, ob wir sie nutzen oder nicht. Uns allen ist sehr viel mehr Energie gegeben, als wir im Leben anwenden. In der Kindheit fangen wir an, unsere natürliche Energie zu verdrängen, weil die Erwachsenen uns unterdrücken. Sie mögen es nicht, wenn kleine Kinder ständig herumrennen und sich in alles einmischen. Sie sind nicht gern ständig mit einem Kind zusammen, das sie kreativ beschäftigen müssen. Und so führt Unterdrückung zu Verdrängung. Das Kind lernt, sich zurückzuhalten und zu dämpfen, weil es sonst verletzt wird. Die meisten von uns treten das Erwachsenenleben nicht so an, daß sie begierig darauf sind, voll in ihre Kraft zu gehen und ganz das Kommando über die Energie zu übernehmen, die ihnen zur Verfügung steht. *Macht ist die Fähigkeit, Energie effektiv einzusetzen.* Um etwas zustandezubringen, müssen Sie die Energie und die Mittel dazu haben. Sie müssen Geld verdienen und lernen, andere Menschen zu führen, damit Sie deren Energie ebenfalls nutzen können. Wir lernen das Machtspiel zu spielen. Wir sind aber auf dem falschen Weg, wenn wir versuchen, Macht um der Macht willen anzuhäufen und zum Beispiel ständig hinter mehr Geld oder politischer Macht her sind. *Es ist besser, nach Werten und Möglichkeiten zu suchen, die dem Leben mehr Sinn verleihen, und die vorhandene Macht maximal zu nutzen, um diese Werte und Möglichkeiten zu verwirklichen.* Wenn Sie sich ins Idealisieren zurückgezogen haben und die Wirklichkeit und damit ursprünglich Ihre Kindheit, so wie sie ist, ablehnen, werden Sie keine Macht suchen, um Ihre Werte zu verwirklichen. Der integrierte Mensch zögert nicht, sich um ein Maximum an Macht und Werten in einer realen Welt zu bemühen. Die Kindheit abschließen heißt die Welt so, wie sie ist, akzeptieren und verbessern.

37. Mißbrauch: Jemandem – vor allem aber Kindern – psychischen oder körperlichen Schaden zufügen. Hier geht es darum, daß Überlegenheit eingesetzt wird, um sich durchzusetzen. Extremer Mißbrauch ist gewalttätig oder sexuell und erzeugt Angst und Rückzug beim Kind, so daß es anfängt, sich vor dem Austausch mit Erwachsenen zu fürchten. Viele Eltern mißbrauchen ihre Kinder auch, wenn sie darauf bestehen, das Machtspiel zu gewinnen, indem sie ihre Kinder zu gewissen Dingen zwingen, statt ihnen die Wahl zu lassen und alternative Handlungsmöglichkeiten anzubieten. Mißbrauchte Kinder werden oft zu Erwachsenen, die andere mißbrauchen. Um diesen Zustand zu heilen, arbeiten Sie in der Therapie darauf hin, mit dem Ärger und der Verletztheit aus Ihrer Kindheit in Kontakt zu kommen. Drücken Sie diese tiefen Emotionen und Gefühle auf neue, kreative Weise aus, und befreien Sie sich auf diesem Weg von deren Zwanghaftigkeit. Sie können Ihrer Frustration Ausdruck verleihen, ohne sie gegen einen anderen Menschen zu richten.

38. Mutter: *Jeder Akt der Bindung ist eine Wiedervereinigung mit der Mutter zur Erlangung von neuem Leben und von Zuwendung.* Beim Liebesakt mit einem Partner oder einer Partnerin vereinigen wir uns also erneut mit der Großen Mutter, um neues Leben zu erfahren. Die Mutter als Quelle von Zuwendung ist überall im Leben zu finden, nicht nur in der sexuellen Erfahrung oder bei der Nahrungsaufnahme. Wir lernen allmählich, sie zu finden und uns bewußt zu machen, statt einer anderen Person oder Aktivität unsere sämtlichen Bedürfnisse an die Mutter aufzulasten. Wir alle müssen uns immer wieder neu mit den Quellen des Lebens verbinden. Ein Mensch, dem es gelingt, kontinuierlich genährt zu werden, ist weniger abhängig als einer, der sich selbst behindert, auf Bestätigung und Zuwendung wartet und hofft und zuviel Angst hat, aktiv zu werden und sich aufzubauen, wo immer es möglich ist. Wir lernen, das Leben nicht zu idealisieren, sondern uns kontinuierlich neu damit zu verbinden, um uns immer wieder zu regenerieren. Wer versucht zu bewahren, was er hat, landet unweigerlich dabei zu vertrocken. Wer aber ausdrückt und wachsen läßt, was er bekommen hat, und dafür sorgt, an der Quelle neu getränkt zu werden, wird immer wieder neues Leben finden, während er auf dem Weg zu seiner selbst gewählten Bestimmtung fortreist.

39. Perspektive: *Ihre Perspektive ist der Rahmen, durch den Sie Ihr Leben betrachten.* Wenn Sie keinen bewußten Rahmen haben, reagieren Sie auf der Grundlage von unbewußten Verhaltensmustern auf das Leben. Es ist besser, im Leben aktiv zu werden, als auf das Leben zu reagieren. Wir nutzen den Mythos der Kindheit hier als Lebensperspektive. Unser wichtigster Punkt dabei ist, daß wir im Erwachsenenleben die unbewältigten Abläufe und Verhaltensmuster, die ursprünglich in der Kindheit entwickelt wurden, ständig wiederholen und solange nicht zu reifen Erwachsenen werden können, wie wir das Kindheitsmaterial nicht neu erweckt und uns damit auseinandergesetzt haben. Wir gehen mit unseren Überlegungen sogar soweit, daß viele Lebensperspektiven, wie zum Beispiel die der meisten Religionen, in Wirklichkeit eine Wiederholung der Kindheitserfahrung sind, bei der wir im Bild Gottes die Eltern suchen, die wir niemals hatten. Unsere Methode besteht also darin, uns unsere Lebensperspektive zunächst einmal bewußt zu machen und uns dann für die Perspektive, Grundsätze und praktischen Verhaltensweisen zu entscheiden, mit denen wir unser Leben leben wollen. Auf diese Weise müssen wir uns nicht von den Kindheitserfahrungen beherrschen lassen und können dafür sorgen, daß wir Erfüllung finden.

40. Phantasien: Phantasien sind geistige Bilder. In der Kindheit haben viele von uns sich in bestimmte Phantasien geflüchtet, um einer harten oder abweisenden Realität zu entkommen. Wir fanden das Reich der Bilder und Gefühle viel lebendiger und realer als die düstere, bedrückende Außenwelt unserer tatsächlichen Kindheit. Dieses Reich ist für das Kind ein kreativer Aufenthaltsort, an dem sich zeigt, wie stark der Lebensdrang ist. Als Erwachsene müssen wir jedoch die Phantasiewelt verlassen und ihr Potential in der äußeren Realität umsetzen. *Wir können unsere Träume verwirklichen, wenn wir uns nur dafür öffnen und uns bemühen.* Phantasien zeigen uns den Weg, zeigen uns Möglichkeiten und das, was die Psyche will. Aber sie halten uns auch gefangen, wenn wir uns weigern, die Sicherheit der Bilder zu verlassen und die Welt der konkreten Dinge zu betreten. Der Spatz in der Hand ist besser als die Taube auf dem Dach. Vielleicht ist er nicht so hübsch, aber er ist realer.

41. Projektion: *Wir projizieren, was wir uns noch nicht bewußt gemacht haben.* Wenn wir auf die Kindheit zurückschauen, können wir sehen, daß wir ständig projiziert haben. Wir hielten unsere Eltern für wunderbar. Wir sahen in der Dunkelheit Schreckgespenster. Während wir heranwuchsen, lernten wir allmählich, immer mehr von dem, was wir nach außen gaben, in uns zurückzunehmen. Durch Integration wuchs unsere Persönlichkeit. Und so verläuft der Prozeß – zuerst projizieren wir das innere Material, machen es uns dann bewußt und integrieren es. Wir wandeln Bilder in Funktionen. Zuerst sind die Eltern als Bild außerhalb von uns in Aktion, und dann, wenn wir die elterliche Funktion für uns und andere selbst ausüben, können wir sie als etwas Inneres sehen. Wenn wir glauben, über einen anderen Menschen zu sprechen, sprechen wir in Wirklichkeit über uns. Erzählen Eltern von ihren Kindern, sagen sie damit aus, was sie auf das Kind projizieren. Denn wir alle haben eine selektive Erinnerung. Wenn wir uns schlecht fühlen, sehen wir auch Schlechtes in der Welt. Wir machen auch die Erfahrung, daß Menschen auf uns projizieren und uns in einem anderen Licht sehen als wir uns selbst. Ein wichtiger Schritt weg aus der Kindheit besteht darin, uns nicht länger mit dem zu identifizieren, was andere auf uns projizieren. Lieben sie uns? Das ist eine Projektion ihres eigenen Bedürfnisses nach Liebe. Wettern sie vor anderen gegen uns? Dann sprechen sie über die Seite, die sie an sich nicht ausstehen können. Und wir lernen all diesen Projektionen auf unsere Weise ausgleichend zu begegnen, indem wir uns darin üben, uns selbst zu definieren. Du sagst, ich sei so und so. Ich sehe mich aber so. *Was wir in anderen sehen, ist in Wirklichkeit in uns. Was andere in uns sehen, ist das, was sie in sich sehen müssen.*

42. Realität: Der Schlüssel für den ganzen Wachstumsprozeß ist, daß wir uns der Realität stellen, was für die meisten Menschen eine schwierige Aufgabe ist. Um sich zu testen, können Sie sich die Frage stellen: Akzeptieren Sie das ganze Leben so, wie es ist, und setzen Sie sich effektiv damit auseinander? Oder lehnen Sie bestimmte Aspekte des Lebens ab, bezeichnen sie als schlecht, meiden sie und flüchten vor ihnen? Phantasieren Sie, um Ihrem Alltagsleben zu entkommen, oder um in sich und im Leben neue Möglichkeiten zu entdecken und diese zu verwirklichen? In der Kindheit haben wir gelernt, uns in Phantasien zu flüchten und nur das Positive zu suchen. Wir gewannen eine verzerrte Sicht der Welt, besonders wenn unsere Eltern uns übermäßig beschützten. Als Erwachsene können wir uns nirgendwo hinflüchten. Wir können in Vorstellungen, Träume, Schlaf, Drogen, Alkohol, Meditation, das Spiel mit Kindern, den Beruf und andere Formen von Unbewußtheit entfliehen, aber wie lange? Mit der Zeit wächst das Leiden aufgrund all der Dinge, mit denen wir uns nicht auseinandergesetzt haben, und wir müssen uns nach Hilfe und Heilung umsehen. Die Realität ist die wahre Kur. Akzeptieren Sie das Leben so, wie es ist. Schließen Sie Kompromisse mit dem, was ist. Entscheiden Sie sich dafür, hier sein zu wollen, denn dies ist das einzige Reich, in dem Sie Erfüllung finden können. Willkommen zu Hause! Wenn Sie Ihre Kindheit als die, die sie war, akzeptieren können, indem Sie sie durcharbeiten, dann können Sie auch sämtliche Seiten des Erwachsenenlebens akzeptieren und sich damit auseinandersetzen. Diese Entscheidung steht Ihnen frei, zumindest heute!

43. Schuld: *Der Kern des Schulderlebens besteht darin, unser eigenes Potential nicht realisiert zu haben, und nicht darin, daß wir andere enttäuscht haben.* Sie können andere nicht enttäuschen, selbst wenn Sie nicht einhalten, was Sie versprochen haben. An uns nagt, daß wir uns selbst enttäuschen, denn dadurch entsteht ungelebtes Leben. Der nicht gegebene Kuß, die nicht ergriffene Chance können niemals wieder gelebt werden. Und so haben wir existentielle Schuldgefühle, weil wir den Augenblick verpaßt und uns enttäuscht haben. Andere werden versuchen, uns Schuldgefühle zu machen, weil wir sie in der einen oder anderen Weise enttäuscht oder verletzt haben. Uns allen wird von Geburt an beigebracht, uns zu entschuldigen. Was tut uns denn leid? Wir haben nichts Falsches getan, wenn wir einen anderen Menschen enttäuscht haben. Kleine Kinder entschuldigen sich nicht. Das bringen ihnen erst ihre Eltern bei. So wachsen sie mit einer unbestimmten Angst auf, jemand anderes könnte sich über ihr natürliches Verhalten aufregen, wo sie selbst doch ihre eigene Unvollkommenheit als Teil des Lebens akzeptiert haben. Wenn wir also andere enttäuschen und uns eingeredet wird, wir seien deswegen schlechte Menschen, bekommen wir Angst vor Risiken. Da wir uns bereits für einen schlechten Menschen halten und Schuldgefühle haben, riskieren wir keine neuen Schritte im Leben und enttäuschen also in Wirklichkeit uns selbst, wo wir etwas Neues hätten verwirklichen können. Um dieses Problem zu lösen, sollten Sie sich selbst und Ihren Standpunkt immer bestätigen, ganz gleich, was andere über Sie sagen. Gestehen Sie den anderen ihre Reaktionen zu, aber keine Urteile über Sie. Bestätigen Sie sich, indem Sie Ihre Unvollkommenheit akzeptieren, und gehen Sie dann zur nächsten Entscheidung über, jedes Risiko eingehend, das sie beinhaltet.

44. Sex: Ah, Sex! Die Gefahr ist, daß wir diese großartigste aller Erfahrungen als Ersatzbefriedigung benutzen. Was haben wir in der Kindheit getan, bevor wir sexuelle Beziehungen hatten? Auf welchem Wege haben wir uns damals Erfüllung verschafft? Nun, wir waren auf viele Umarmungen aus. Wir versuchten, anderen nahe zu sein und sie möglichst viel zu berühren. Wir drückten unsere Freude und Traurigkeit im Spiel aus. Als Kinder waren wir Gefühlswesen, was uns als Erwachsene vielleicht weitgehend verlorengegangen ist. Beim Sex können wir wieder in die Kindheit zurückkehren, um im Kontakt mit unserem Partner oder unserer Partnerin die primäre Mutter zu spüren, die intensive Energie, das Spiel, das Gelächter, die Gefühle und die Kreativität, die damit einhergingen. Sex scheint identisch zu sein mit Erfüllung, denn wir bauen dabei enorm viel Energie auf und lassen sie wieder los. Aber das gleiche gilt auch für die Aktualisierung unseres sonstigen Potentials. Finden Sie heraus, was Sie erfüllt, was für Sie ganz zentral ist, und unternehmen Sie dann, was notwendig ist, um Ihr Potential verwirklichen zu können.

45. Sich verbindlich einlassen: *Sich verbindlich einlassen heißt, sich für eine gewisse, festgelegte Zeitspanne für eine bestimmte Richtung entscheiden.* Es gibt ein Wissen, das wir nur gewinnen, wenn wir uns verbindlich einlassen. Denn um dem regressiven Sog zu widerstehen, der uns von dem selbst gewählten Pfad abbringen würde, müssen wir uns dauerhaft für etwas entscheiden, was auch immer passieren und versuchen mag, uns abzulenken.

46. Spirituelle Perspektive: In der Kindheit haben wir vielleicht erfahren, daß es etwas gibt, das viel größer ist als wir, das uns Ehrfurcht einflößte und das geheime Wissen verlieh, daß ein großes Mysterium vor uns lag, dessen Ergründung vielleicht unser ganzes restliches Leben lang dauern würde. Vor der Sexualität und unserer Konzentration auf die Welt lagen die frühen, transzendenten Jahre, die Jahre des angeboren Wissens, des Lebens als Teil eines größeren Seins, während wir noch nicht völlig in die Welt eingetaucht waren. Dann trat die Welt in den Vordergrund, und wir versuchten, unsere Konzentration von innen nach außen zu verlagern, um in diese Welt hineinzupassen und in ihr zu überleben. Und jetzt als Erwachsene begreifen wir erneut, daß die äußere, materielle Wirklichkeit uns nicht genügt. Immer noch liegt das Mysterium hinter den Dingen verborgen. Nach welchen Grundsätzen beschließe ich, mein Leben zu leben? Was verleiht dem Leben Sinn? Für welche Bestimmung bin ich geboren? Wie kann ich meine Bestimmung im Leben für mich und andere verwirklichen? Die spirituelle Perspektive ist sowohl eine Aufhebung der Identifikation mit der Welt als auch eine Suche nach der wesentlichen Wirklichkeit, die der Welt zugrundeliegt, den Grundsätzen, den Energiequellen, dem Sinn und der Bestimmung, für die jeder von uns geboren wurde. All das möchten wir finden und jetzt leben, während uns zugleich die Fülle des Lebens gehört. Der Tod wartet auf uns. Davor liegt die Tür, der Durchgang zum Mysterium.

47. Tod: *Das Wesentliche an der Todeserfahrung ist die Notwendigkeit, das Leben loszulassen.* Woran wir auch festhalten mögen, es wird uns auf die eine oder andere Weise doch genommen werden. Warum uns also nicht im Loslassen üben? Wenn wir in der Kindheit das Gefühl hatten, in der einen oder anderen Form wirklich benachteiligt zu sein, haben wir uns angewöhnt, zwanghaft nach Dingen zu greifen, um uns sicher zu fühlen und unsere Bedürfnisse zu befriedigen. Wir halten am Alten fest und haben Angst vor dem Neuen. Dann ist der Tod für uns die letzte und größte Herausforderung im Loslassen, im Loslassen unseres Körpers und des Lebens selbst. *Leben ist das Ziel des Lebens und Sterben der Prozeß.* Das natürliche Kind akzeptiert den Tod, akzeptiert, daß etwas zu Ende geht und zerstört wurde. Es nimmt das zur Kenntnis und bewegt sich dann auf neues Leben zu. Wir können das gleiche tun, indem wir täglich üben, das Leben loszulassen und uns dem Leben zu überlassen. Alles, wovon wir abhängig sind, fesselt uns und hält uns davon ab, andere Dinge zu tun, die ebenfalls lebensspendend sind. Oft sind unsere Abhängigkeiten aus der Kindheit übriggebliebene Bedürfnisse. Diese Bedürfnisse müssen zum Vorschein kommen, und wir müssen uns damit auseinandersetzen, um freier zu werden und weniger gefesselt zu sein durch unsere Zwanghaftigkeiten und tief sitzenden Wünsche. *Befreien Sie das Kind, und Sie befreien den Erwachsenen.*

48. Tränen: Sagen Sie statt »Weinen« besser »Loslassen«. Wenn Tränen kommen, lassen wir Verluste und Schmerzen los, um Gefühle freizusetzen, die sich angestaut haben. Und manches Weinen enthält auch viel Ärger. Vielleicht waren wir als Kind so frustriert darüber, uns nicht ausdrücken zu können, daß wir uns in Tränen auflösten. Vielleicht verhalten wir uns als Erwachsene genauso, indem wir uns klein machen und aufgeben, wo wir besser an unseren Absichten festhielten. Manchmal müssen wir loslassen und manchmal fest bleiben, und gesegnet ist der Mensch, der den Unterschied weiß. Hören Sie auch einmal auf zu weinen, um den Ärger spüren zu können oder Ihren Entschluß zu bekräftigen, statt sich zu schwächen, indem Sie sich mit Ihrer Verletzlichkeit identifizieren. Zu anderen Zeiten wiederum ist es heilsam loszulassen, die Kontrolle aufzugeben und die Verletzlichkeit zu zeigen. Lernen Sie Ihre Tränen kennen, so daß Sie wissen, wann Sie sie vergießen und wann nicht. Achten Sie darauf, welche Themen Sie berühren und warum das so ist. Finden Sie heraus, wie Sie in der Kindheit losgelassen haben – mit Tränen, Ärger, oder waren das einfach Jahre voller Unterdrückung, in denen Sie keinerlei Emotionen zeigten, um sich nicht in Schwierigkeiten zu bringen?

49. Traurigkeit: Ein unendlich tiefer Tränenbrunnen liegt dem Leben zugrunde, und das ist auch richtig so. Wir werden täglich aufs Neue mit unserer eigenen Sterblichkeit konfrontiert, begegnen unserem Schicksal und unserer Bestimmung. Jeder Tag unseres Lebens ist geprägt von Erfolgen und Fehlschlägen. Unsere Traurigkeit gilt den natürlichen Verlusten, dem ungelebten Leben, das welken und zur Vergangenheit werden muß, den kreativen Neuanfängen, die niemals irgendwohin führen, den Errungenschaften, die – wie großartig sie auch sein mögen – wir wieder aufgegeben müssen, wenn wir weitergehen wollen. Dieser Augenblick kann nicht dauern, und das ist das Allertraurigste. Denn wir haben die Fülle des Lebens ebenso erfahren wie seine Entbehrungen und begreifen auch, daß wir eines Tages wissend sein und nicht mehr leben werden. Ein unglückliches Gesicht ist etwas ebenso Großartiges wie ein lächelndes Gesicht. Manchmal lastet die Kindheit schwer auf uns, und Gott stehe uns bei, wenn man uns als Kindern ständig eingeredet hat, wir sollten ein fröhliches Gesicht machen. Es ist besser, gründlich zu leiden, als zu unterdrücken. Denn durch das Leiden werden wir frei für die Freude, durch Traurigkeit reinigen wir uns von unserem Bedauern, so daß wir lachen und den Augenblick so schätzen können, wie er auf uns zukommt. Rufen Sie sich die Kindheit ins Gedächtnis, um sich wieder daran zu erinnern, wie es ist, wirklich traurig zu sein, einsam zu sein, etwas zu verlieren, zu erleben, daß unsere Pläne fehlschlagen und wir bestimmte Dinge niemals bekommen, uns endlos zu streiten und zahllose Schwierigkeiten zu haben. Auch das alles ist real und Teil der Lebensqualität. Auch als Erwachsene haben wir unsere schwierigen Augenblicke und teilen sie mit denen, die uns akzeptieren und verstehen können. Wir müssen nicht mehr ständig glücklich sein. Die Last eines zu einseitigen Lebens ist von uns genommen, wenn wir uns erlauben, den Kummer zu teilen, der fast alle Menschen in unserem Alter betrifft.

50. Ungerechtigkeit: Wer hat denn jemals gesagt, die Welt sei gerecht? Hat Gott das gesagt? Oder ist Gerechtigkeit etwas, das Sie sich im Leben glühend wünschen? Für das Kind heißt Gerechtigkeit, »Ich bekomme das gleiche wie die anderen Kinder.« Das ist gerecht. Aber die Realität zwingt uns etwas anderes auf. Manchmal gibt es genug Lebensenergie für jeden, dann wieder entscheidet sich jemand dafür, zuerst einmal seine eigenen Bedürfnisse zu befriedigen und Sie folglich zu vernachlässigen. Daran ist nichts verkehrt. Stellen Sie sich darauf ein! Was Sie an einem Ort nicht finden können, finden Sie vielleicht woanders. Wenn Sie nur ein Fünkchen Energie verwenden, um dagegen zu protestieren, daß Sie etwas nicht bekommen haben, verschwenden Sie Energie und erschweren es sich zu bekommen, was Sie brauchen. Öffnen Sie die andere Tür, wenn die eine sich schließt. Bleiben Sie nicht vor der alten Tür stehen und stoßen Sie sich nicht ewig daran. Diese Tür ist verschlossen, mein Freund. Geh woanders hin. Ja, wir versuchen die Energie im Leben ins Gleichgewicht zu bringen, was aber nicht bedeutet, daß wir immer nur Harmonie erleben. Wenn wir im Ungleichgewicht sind, versuchen wir, wieder ins Gleichgewicht zu kommen oder unsere Position aufzugeben, damit sich eine neue Harmonie einstellen kann. *Schlagen Sie einen neuen Weg ein, wenn die Dinge nicht so laufen, wie Sie es wollen, um dahin zu gelangen, wo die Dinge gut laufen.*

51. Urteilen: Die Beurteilung in gut und schlecht ist deswegen problematisch, weil wir an diese Kategorisierungen glauben. Ein Mord ist nicht schlecht – er ist einfach ein Mord. Er ist zerstörerisch. Aufgrund unseres starken Selbsterhaltungstriebes haben die meisten von uns gegen diese Handlung eine starke Abneigung. In der Kindheit haben unsere Eltern und andere Autoritäten unser Verhalten nur allzuoft als gut oder schlecht bezeichnet. Sie haben niemals gesagt: »Ich mag wirklich, was du tust«, oder »Mir gefällt überhaupt nicht, was du da machst«. Sie versuchten, uns in absolute Kategorien zu pressen, wie auch die Religionen es tun. Die Folge ist, daß wir ständig urteilen und andere und ihr Handeln als richtig oder falsch bezeichnen, sie als guten oder schlechten, wunderbaren oder schrecklichen Menschen einstufen. Diese Kategorisierungen verlagern den inneren Prozeß nach außen. Wenn wir jemanden schlecht nennen, statt einfach zu sagen: »Ich fühle mich unwohl, wenn du das tust«, geben wir die Verantwortung für unsere eigenen Reaktionen nach außen ab. Wir erziehen unsere Kinder, indem wir sie und ihr Verhalten als gut oder schlecht bezeichnen. Zum Erwachsenen heranreifen heißt, alles was geschieht, als Realität zu akzeptieren. Um das zu erreichen, müssen wir unsere Kategorien aufgeben. Setzen Sie sich sowohl mit dem auseinander, was Ihnen nicht gefällt, als auch mit dem, was Sie sehr gern mögen. Erlauben Sie sich Ihre eigenen Reaktionen, und lassen Sie den anderen ihre Art zu reagieren. Verurteilen Sie andere Menschen nicht, auch wenn Sie sich ihnen widersetzen müssen, um sich selbst zu schützen.

52. Vater: So wie es einen biologischen Vater gibt, gibt es auch einen psychologischen oder inneren, ob wir nun tatsächlich einen Vater hatten oder nicht. *Unsere Aufgabe als Erwachsene besteht darin zu lernen, immer besser die Elternrolle für uns selbst zu übernehmen..* Wir verwandeln das Bild in die Funktion. Schauen Sie sich an, welche Form von Männlichkeit Ihr leiblicher Vater lebte oder nicht lebte. Wir brauchen Rollenvorbilder. Haben andere wichtige männliche Bezugspersonen für Sie als Kind väterliche Funktionen übernommen? Suchen Sie in Erwachsenenbeziehungen Aspekte des Vaters, die in der Kindheit nicht realisiert wurden? Das wäre nur natürlich. Denn wir verbringen unser ganzes Leben damit, in unseren Beziehungen nach Elternersatz zu suchen, damit wir diese Energien in uns selbst realisieren können. Die Aufgabe besteht darin, den gebrochenen Archetyp und damit den nur partiell realisierten Elternteil in uns zu heilen, indem wir sämtliche elterlichen Funktionen selbst erforschen und voll leben – oder zumindest gute Ersatzmöglichkeiten finden, wenn wir noch nicht bereit sind, eine bestimmte Qualität selbst ganz zu leben.

53. Verletztheit: *Niemand kann uns verletzen, nur wir selbst.* Ja, wir verspüren Schmerz, wenn ein Teil von uns angegriffen wird, aber sich wirklich verletzt fühlen heißt, wieder zum verletzten Kind regredieren, im Erwachsenenleben Opfer spielen. Wir können niemandem Vorwürfe machen. Niemand verletzt uns. Jeder Mensch lebt sein Leben einfach so gut er kann. Manchmal verursacht das Schmerz, Leiden, den Verlust von etwas, das uns lieb ist. Aber Verletztheit, die Identifikation mit dem Schmerz – da bin ich mir nicht so sicher. Es braucht einiges, bevor wir dahin gelangen, Schmerz und Lust im Leben als gleichwertige Erfahrungen, als verschiedene energetische Auswirkungen zu empfinden. Dafür müssen wir mit dem Schmerz und dem Trauma der Kindheit ins Reine gekommen sein und wissen, wie es ist, von der dunklen, zerstörerischen Seite fast überwältigt zu werden. Wenn Sie dann das Opfer in sich aufgespürt haben, müssen Sie nicht mehr in die Opferhaltung verfallen, in der sie sich ständig verletzt fühlen. Sie haben die Wahl, den Schmerz, den Sie empfinden, als heilende Energie zu sehen, mit der Sie sich auseinandersetzen müssen, oder als Verletztheit, von der Sie überwältigt werden, um dann endlose Klagen in die Welt hinauszuschreien.

54. Von zu Hause weggehen: Das Wichtige daran ist, daß es eine Wiederholung des primären Erlebnisses darstellt, den Mutterleib und die entsprechenden Bindungen aufzugeben. Vielleicht wollten wir gerne in der Wärme und dem Schutz bleiben, wollten, daß man sich weiter um uns kümmert. Aber während wir größer wurden, wuchs auch der Druck, den Schoß zu verlassen, und wir wurden herausgedrängt. Wenn in der Familie kein Druck existiert, der uns zur nächsten Lebensphase treibt, kann es gut sein, daß wir ihn selbst erzeugen, indem wir rebellieren, faul und unkooperativ sind. Das Abbrechen der Verbindung, das erneute Durchtrennen der Nabelschnur, wird als schmerzhaft empfunden. Aber wir lernen, damit umzugehen, lernen, im Leben weiterzugehen. Ja, jeder Gewinn hat seinen Verlust, den Verlust des Schoßes, den Verlust der Verbindung. Es ist besser, ihn zu spüren, wenn er eintritt, sonst werden wir uns Veränderungen widersetzen, weil wir das Leiden fürchten, das mit dem Abbrechen von Verbindungen einhergeht. Es passiert also oft im Leben, daß wir »von zu Hause weggehen« – nicht nur im ursprünglichen Sinne, sondern auch wenn wir unseren Arbeitsplatz wechseln oder Beziehungen beenden, ja, selbst wenn wir morgens zur Arbeit gehen oder in Urlaub fahren. Seien Sie darauf gefaßt, daß in diesen Übergangszeiten starke Gefühle hochkommen. Lernen Sie, sich darauf vorzubereiten und Trennungen zu bewältigen. Es gibt immer ein Tor zu einem neuen Leben, aber nur Sie selbst können es ganz öffnen. Sie können vor das Tor geschoben werden, aber ob Sie hindurchgehen oder nicht, ist Ihre Wahl. Natürlich kann es sein, daß sich ein Abgrund vor Ihnen auftut, der Sie auf *extreme Weise* in Ihre Zukunft stürzt. Lernen

Sie, von zu Hause wegzugehen, dann werden Sie im Leben niemals umkehren.

55. Ziele: Viele von uns hatten sich zum Ziel gesetzt, so schnell wie möglich erwachsen zu werden und die Kindheit hinter sich zu lassen. Wir haben in der Schule und zu Hause gelernt, uns auf etwas außerhalb von uns zu konzentrieren, das Ziel als Brennpunkt all dessen zu betrachten, was es zu erreichen gilt. Schon sehr früh im Leben wurden wir aus der Bahn geworfen, indem man uns beibrachte, uns äußeren Dingen zuzuwenden, statt im Leben eine innere Wachheit und Richtung zu entwickeln. Für Menschen, die hohe Kulturträger sind, ist zentral, daß sie – außer begabt zu sein – meistens bereits sehr früh innengerichtet waren. Sie wußten, wer sie waren und was sie taten. Sie waren nicht auf die Zukunft ausgerichtet, sondern auf eine starke Bestimmung, die sich jetzt und nicht später durch sie realisierte. Gestalten Sie Ihre Ziele also so, daß sie unmittelbar und greifbar sind und außerdem einen Bezug zu Ihrem Innenleben haben. Stellen Sie sicher, daß mit jedem äußeren Gelingen auch ein inneres einhergeht.

Definitionen

Ärger: Die Emotion eines unterdrückten Gefühls. Wenn wir uns nicht ausdrücken sondern verdrängen, bewirken wir, daß die Lebensenergie sich solange aufstaut, bis sie als Ärger explodiert.

Akzeptanz: Die Entscheidung, sich für die Dinge so, wie sie sind, zu öffnen.

Archetyp: Eine bestimmte Anordnung von Energie und Form, die der Existenz zu eigen ist. Ein grundlegendes Muster des Ausdrucks von Energie, das sich in Gestalt von Energie und Form, Bildern, Verhaltensmustern, inneren Funktionen der Persönlichkeit und äußeren Funktionen in der Gesellschaft, Gefühlen und schließlich auch in Vorstellungen und Symbolen manifestiert.

Beobachtendes Ich: Der individuelle Punkt des Bewußtseins, der Handlungen und geistige Zustände beobachtet und eine eigene Identität hat.

Bestimmung: Unser Umgang mit dem Schicksal auf der Grundlage unserer Entscheidungen. Wir entscheiden nicht, was uns widerfährt, aber wir können entscheiden, wie wir damit umgehen wollen.

Bewußtheit: Wachheit gekoppelt mit entsprechendem Verhalten. Wirklich bewußt sein heißt, mit dieser Wachheit zu handeln.

Dialog: Eine Methode der Traum- und Tagebucharbeit, mit der Sie sich Zugang zu Abläufen in Ihrer Psyche verschaffen, die nicht auf dem Ich beruhen, und ihnen eine Stimme verleihen.

Emotion: Ein in der Psyche vorherrschender energetischer Zustand, der bestimmte Gefühlszustände seinen Stimmungen unterwirft.

Entscheidung: Die Energie in eine Richtung und nicht in eine andere lenken. Ja sagen zu einer Sache, während man zu allem nein sagt, was ihr entgegensteht.

Ganzheit: Der fortlaufende Prozeß, sich sämtliche Teile der eigenen Person bewußt zu machen und sie – einschließlich der eigenen Schattenseiten – in ein harmonisches und differenziertes Ganzes einzubeziehen.

Gefühl: Die innere Erfahrung einer positiven (vorwärtsstrebenden) oder negativen (sich zurückziehenden) Energie, die mit der Stimme oder durch bestimmte Handlungen ausgedrückt wird.

Gegensätze: Primäre Energien oder Archetypen, die aufeinander bezogen harmonisch oder widersprüchlich existieren.

Gott: Eine außerhalb des Ich liegende Energiequelle, die mehr Macht und Weisheit hat, als das Ich aus sich selbst heraus entwickeln kann. Mit anderen Worten: Quelle, Göttlichkeit, Heiligkeit, Traum, Realität.

Ich: Die Persönlichkeitsfunktion, die das Bewußtsein lenkt, Entscheidungen trifft und der Sitz der individuellen Identität ist.

Individuation: Der lebenslange Prozeß, sich seiner eigenen wahren Natur bewußt zu werden und ihr zu folgen, statt kollektiven Werten und Einstellungen anzuhängen. Damit wir die eigene innere Natur entdecken und ihr folgen können, ist kontinuierliche Traumarbeit erforderlich.

Innere Erfahrung: Geistige und körperliche Zustände, die laut eigener Wahrnehmung von innen kommen und in Gefühle, Bilder, Handlungen und Vorstellungen umgesetzt werden.

Intuition: Die direkte Wahrnehmung der potentiellen Beschaffenheit einer Sache oder Erfahrung.

Lebenskraft: Die Energie und Fähigkeit, in sich selbst und im eigenen Leben Materie zu bewegen.

Leiden: Die Spannung zwischen dem augenblicklichen emotionalen Zustand eines Menschen und einem neuen Zustand, der von Kräften gefordert wird, die stärker sind als das Ich.

Lösung: Die Kunst, eine Veränderung konfliktträchtiger Verhaltensmuster oder Situationen zu initiieren, wodurch eine Harmonisierung oder Zerstörung der entsprechenden Dynamiken möglich wird.

Lust: Die Erfahrung, daß uns die Lebensenergie ungehindert durchströmt.

Das Männliche: Der Archetyp der Konzentration, Richtung und Zielorientierung.

Mandala-Traumarbeit-Training: Eine umfassende Herangehensweise an die Traumarbeit, bei der eine voll entwickelte Methodik für die Traumarbeit kombiniert wird mit der starken Ausrichtung auf das Wesen der spirituellen und psychologischen menschlichen Reise.

Meditativer Zustand: Ein geistiger Zustand innerer Wachheit, bei dem das Ich die Entfaltung innerer Abläufe zuläßt.

Mißbrauch: Ein destruktiver Akt gegen jemanden, der schwächer ist als der Täter. Er traumatisiert das Opfer und erschwert es ihm oder macht es ihm sogar unmöglich, ein erfülltes Leben zu leben.

Mythos der Kindheit: Das grundlegende Muster in uns, das unser erwachsenes Verhalten solange weiter beherrscht und beeinflußt, bis wir es bewußt gemacht und transformiert haben.

Numinos: Der energiespendende oder kreative Aspekt eines Symbols oder einer heiligen Erfahrung.

Objektivität: Die den Dingen inhärente Natur wahrnehmen, wobei sowohl die Wahrnehmung unserer eigenen subjektiven Neigungen als auch die direkte Erfahrung des äußeren Objekts unseres Bewußtseins mit einbezogen wird.

Partizipierendes Ich: Der individuelle Punkt des Bewußtseins mit einer eigenen Identität, der sich an Erfahrungen auch beteiligt und aktiv handelt.

Persona: Die positive Seite der Persönlichkeit, die aus Bildern der eigenen Identität und Einstellungen besteht, die vom Individuum und vielleicht auch der Gesellschaft, in der es zu Hause ist, für positiv gehalten werden.

Psyche: Die Totalität der inneren Welt eines Menschen, zu der das integrative Zentrum des Selbst, die Abläufe des Unbewußten, das Ich, die Persona, der Schatten und andere Dynamiken wie der Eltern-Kind-Komplex und archetypische Manifestationen gehören.

Realität: Das, was durch die Kraft seines Seins existiert. Die Auswirkungen von Energie und Materie, die sich über das subjektive Symbolsystem des Individuums hinwegsetzen.

Reise: Die Erfahrung, das eigene innere Bewußtsein und die eigene innere Entwicklung mit seinem äußeren Bewußtsein und seiner äußeren Entwicklung zusammenzubringen. Auch das Gefühl, nach seinen Veranlagungen und seiner Bestimmung zu leben.

Religion: Ein in Gruppen von Menschen kollektiv praktizierter Glaube.

Schatten: Die Seite der Persönlichkeit, die der Persona – der bewußten Seite – verborgen ist, und zwar aufgrund der Identifikation des Ich mit der Persona.

Schmerz: Die Erfahrung, der Lebenskraft Widerstand zu leisten.

Seele: Ein Wort zur Bezeichnung der Beziehung zwischen dem Ich, dem Zentrum der Psyche und dem Leben selbst. Die Seele ist der persönliche Aspekt des Selbst.

Selbst: Großgeschrieben ist das Selbst das integrative Zentrum innerhalb der Persönlichkeit. Es macht sich die Archetypen des Zentrums des Universums selbst zunutze und kann sich auch auf das Zentrum beziehen, das allen Dingen zu eigen ist.

Sex: Die Erfahrung der Lebenskraft durch den zentralen Archetyp der Einheit.

Spirituell: Die Erfahrung, die das Individuum mit Energiequellen macht, die nicht dem Ich entstammen. Spirituelle Erfahrungen sind individuelle und direkte Erfahrungen, die nicht auf einem kollektiven Glauben und kollektiven Praktiken beruhen.

Subjektiv: Die inneren geistigen Prozesse, die unsere Wahrnehmung dessen färben, was außerhalb von uns liegt.

Symbol: Eine Anhäufung von Bildern und Energien, die viele Bedeutungsebenen auslöst.

Symbolimmersion: Die Technik, mit Hilfe eines meditativen Zustands Bilder und Handlungen auf einer inneren Ebene zu erfahren.

Symbolsystem: Eine locker strukturierte Ansammlung von Bildern, Einstellungen und Vorstellungen, die Individuen und Gesellschaften als Grundlage für die Organisation ihres Verhaltens und ihrer Entscheidungsfindung benutzen. Kein Symbolsystem ist gleichzusetzen mit der Realität selbst, sondern ist lediglich eine Annäherung an das, was laut Behauptung des Wahrnehmenden der Realität gleicht.

Synchronizität: Bedeutungsvolles Zusammentreffen. Die Konvergenz sich getrennt ereignender Situationen und Abläufe, innerer wie äußerer, die zusammen ein bedeutungsvolles Muster ergeben, welches das spezielle Bewußtsein eines Menschen einbezieht.

Träume aktualisieren: Träume noch einmal erfahren und ihren Inhalt ins Alltagsleben bringen.

Traum: Eine innere Erfahrung mit Handlungen, Gefühlen, Bildern und manchmal auch Worten, die von einer Quelle außerhalb des Ich, nämlich der Traumquelle erzeugt wird.

Traumarbeit: Die Arbeit mit Träumen, um ihren Inhalt zu vertiefen und die Bedeutung zutage zu bringen, die sie für den Träumer oder die Träumerin haben.

Traum-Ich: Die Konzentration auf die Selbstidentität des Träumers während des Traumes. Das kann das Bild des Träumers sein oder lediglich das Gespür für die Präsenz eines Bewußtseins ohne konkrete Form oder von Bewußtsein in einer anderen Form.

Traumquelle: Das Zentrum in der Psyche, das im Schlafzustand des Menschen die bildnerische Funktion der Psyche nutzt, um eine sinnvolle innere Erfahrung zu kreieren.

Unbewußtes: Eine Bezeichnung für den Teil der Psyche, den wir niemals bewußt kennen können. Das Unbewußte ist nur ein Teil der ganzen Psyche.

Verarbeiten: Verborgene Abläufe und Themen enthüllen, indem man sie sich bewußt macht und ihre Auswirkungen auf der Gefühlsebene erlebt. Im Anschluß daran beschließt man, das Thema zum Abschluß zu bringen oder die damit verbundenen Abläufe zu integrieren.

Wahrheit: Das, was aufgrund von direkter Erfahrung wahr ist, entweder durch das eigene Erleben oder die eigene Intuition; die unmittelbare Wahrnehmung des innersten Kerns von konkreten Manifestationen.

Das Weibliche: Der Archetyp der Offenheit, des Fließens und der alles umfassenden Realität.

Widerstand: Der Versuch des Ich und anderer Seiten der Psyche, angesichts neuen Wachstums an vertrauten Verhaltensmustern und Einstellungen festzuhalten.

Wiedereintritt in den Traum: Eine Methode der Traumarbeit, bei der Sie sich in einen meditativen Zustand versetzen und vom Wachzustand aus in Ihren Traum zurückkehren, um ihn deutlicher wiederzuerleben und ihn möglicherweise zu entschlüsseln.

340

Adressen

Weitere Informationen geben die nachfolgenden autorisierten Zentren. Die Trainingsprogramme laufen im allgemeinen über ein Jahr und sind sowohl für Fachleute als auch Laien, die sich ernsthaft auf dem Weg befinden, geeignet.

Dreamwork Institute
Edvard Munchsvei 47
1063 Oslo 10
Norwegen

Für den deutschsprachigen Raum:

Roman Kess
Seminaragentur
Kaiserstr. 65
8000 München 40

Weiterführende Literatur

Strephon Kaplan-Williams: *Changing Your Life*. Journey Press, 1987. Auch erschienen unter dem Titel: *The Practice of Personal Transformation*. The Aquarian Press, 1986. (Dieses Buch ist ein grundlegendes Werk, da es detaillierte Methoden und den Hindergrund für die Arbeit mit psychischen Abläufen wie Treffen von Entscheidungen, Veränderung von Einstellungen, Ärger, Liebe und so weiter darstellt.)

Strephon Kaplan-Williams: *Durch Traumarbeit zum eigenen Selbst. Die Jung-Senoi Methode*. Interlaken: Ansata, 3. Aufl. 1987. (Dieses Buch bietet eine vollständige praktische Methode für die Traumarbeit, grundlegend für diejenigen Leserinnen und Leser, die, während sie ihre Kindheit durcharbeiten, gleichzeitig ihre Träume verfolgen möchten.)
Strephon Kaplan-Williams: *Traum-Arbeit. Der Schlüssel zum Unterbewußtsein*. München: Goldmann, 1993.

Strephon Kaplan-Williams: *The Elements of Dreamwork*. Element Books, 1990. (Ein kurzes Buch über die Grundlagen der Traumarbeit und ihre Anwendung auf das Leben, Beziehungen und Heilungsarbeit.)

Frances Gillespy Wickes: *Analyse der Kindesseele*. Die Auswirkungen elterlicher Probleme auf das Unbewußte des Kindes. Zürich: Rascher Verlag, 1969. (Dieses Buch ist ein wahrer Klassiker und enthält ausgezeichnetes Material. Ich empfehle es sehr.)

Alice Miller: *Das Drama des begabten Kindes und die Suche nach dem wahren Selbst*. Frankfurt am Main: Suhrkamp Verlag, 1983. (Auch dies ist ein Klassiker, dessen Hauptthesen darauf hinweisen, daß Erwachsene sehr viel tun, um das Kind in seinem natürlichen Wachstum zu behindern.)

Erich Neumann: *Ursprungsgeschichte des Bewußtseins*. Zürich: Rascher-Verlag, 1949. (Dies ist das große, von Jung geprägte Werk über die Entwicklung des Bewußtseins in der Kindheit bis in die Erwachsenenjahre.)

Tristine Rainer: *The New Diary*. Jeremy Tarcher and Angus & Robertson, 1980. (Trotz seines Titels das beste Buch über das Tagebuchschreiben, leicht und kreativ geschrieben.)

Register